DIE GESCHICHTE VON
PAVEL GOIA

WUNDER
ÜBER
WUNDER

GREG BUDD

IMPRESSUM

Originaltitel: One Miracle After Another
Original English edition copyright ©2009 by Review and Herald Publishing Association.
All international rights reserved.

Projektleitung: Dominik Maurer
Übersetzung: Siegfried Wittwer
Korrektorat: Britta Zimmermann
Layout & Satz: Simon Eitzenberger www.desim.de
Titelfoto: ©istockphoto/PeopleImages, ©pexels.com

3. Auflage 2024
© 2022 by Advent-Verlag Schweiz
Leissigenstrasse 17, CH-3704 Krattigen
www.advent-verlag.ch

Verlagsarchivnummer: 5441224

ISBN 978-3-906309-59-0

Die Bibelzitate sind – falls nichts anderes vermerkt ist – der Bibel nach der Übersetzung Martin Luthers, revidierte Fassung 2017, © 2016 Deutsche Bibelgesellschaft, Stuttgart, entnommen.

Ansonsten bedeutet:

NLB = Neues Leben. Die Bibel, © 2002, 2006 SCM Hänssler im SCM-Verlag GmbH & Co. KG, Witten.

ICH WIDME DIESES BUCH ALLEN, DIE MUTIG FÜR DEN GLAUBEN EINSTEHEN, OBWOHL SIE VON KORRUPTEN POLITISCHEN UND RELIGIÖSEN SYSTEMEN HEFTIG BEKÄMPFT WERDEN.

———

Auf der ganzen Welt erleiden viele Menschen in diesem Moment aufgrund ihres Glaubens Verfolgung, Gefangenschaft, Hunger und Tod. Es ist mein Wunsch, dass du, liebe Leserin und lieber Leser, motiviert wirst, für diese Menschen zu beten, wenn du die folgenden Seiten liest. In naher Zukunft werden noch viel mehr Menschen von denselben korrupten Kräften bekämpft werden, wenn der geistliche Kampf auf dem Planeten Erde auf seinen Höhepunkt zusteuert. Wenn du eines Tages für deinen Glauben einstehen musst, dann hoffe ich, dass die Geschichten in diesem Buch dir helfen, Gottes Treue nicht zu vergessen.

Dieses spannende, gut geschriebene Buch wird deinen Glauben stärken und dich ermutigen, Gott zu vertrauen und ihn näher kennenzulernen. Pavels Glaube an einen großen Gott inspiriert uns, zu glauben, zu vertrauen, zu beten, zu erwarten und zu empfangen.

Ruthie Jacobsen
North American Division Prayer Ministries

Ich habe nicht lange gebraucht, um zu erkennen, dass Pavel Goia – einer meiner Studenten – von Gott geführt wurde. Dieses Buch ist erstaunlich – es zeigt auf, wie Gott durch das Gebet führt und es erhört.

Jack J. Blanco, Professor Emeritus
Southern Adventist University

Während ich das Manuskript über Pavel Goias Erlebnisse las, war ich immer wieder von den unglaublichen Geschichten zu Tränen gerührt, wie Gott als Antwort auf Pavels Gebete eingegriffen hat. Ich wurde dadurch so sehr bewegt, mein eigenes Leben zu ändern und Gott zu vertrauen, was auch immer geschehen mag – genau wie Pavel es tat. Während ich diese Zeilen schreibe, unterrichte ich am rumänischen Seminar der Siebenten-Tags-Adventisten. Es liegt nur wenige Kilometer von dem Ort entfernt, an dem sich viele der Geschichten in diesem Buch zugetragen haben. Die Erkenntnis, dass Gott in Rumänien während der Tage der kommunistischen Verfolgung und der Prüfung solch mächtige Wunder vollbracht hat, führte dazu, dass sich meine Reisen in diesem Land anfühlen, als würde ich auf heiligem Boden wandeln! Ich empfehle dieses Buch allen, die ihren Glauben an den gebetserhörenden Gott gestärkt haben wollen, der immer noch wie in biblischen Zeiten mächtige Wunder wirkt.

Richard Davidson, Vorsitzender
Abteilung Altes Testament, Andrews University Theological Seminary

Die wunderbaren Erlebnisse von Pastor Goia sind der Stoff, aus dem die Apostelge-
schichte besteht: Wunder, Treue, erstaunliches Eingreifen durch den Gott des Himmels.
All das war möglich, weil ein Mann sich jeden Tag dafür entschied, Gott zu gehören, ihm
allein. Für Gott ist nichts unmöglich, und das gilt auch allen, die ihm treu dienen. Dieses
Buch wird dich, liebe Leserin und lieber Leser, dazu bringen, auf die Knie zu fallen und
dich voll und ganz einem Herrn hinzugeben, der sich danach sehnt, wunderbare Werke
unter seinen Kindern zu wirken.

Ron Clouzet, Direktor
North American Division Evangelism Institute

Pavel Goias Erfahrungen als adventistischer Christ im kommunistischen Rumänien sind
wirklich bemerkenswert. Dieses Buch zeigt, dass Gott gegenwärtig ist, um seinem Volk zu
helfen, wenn es sich für ihn einsetzt. Wir im Westen sind es gewohnt, in Freiheit und ohne
große Konflikte unseren Glauben ausleben zu können. Wir müssen Geschichten wie diese
lesen, um uns auf die herausfordernden Zeiten vorzubereiten, die laut Prophezeiung vor
uns liegen. Ich empfehle dieses Buch allen, die eine dynamischere Glaubenserfahrung
mit Gott machen wollen.

Donald W. Corkum, Präsident
Wisconsin Conference of Seventh-day Adventists

Dieses Buch ist voller wunderbarer Geschichten darüber, wie Gott in das Leben eines jun-
gen Mannes kam, der in den schwierigen und gefährlichen Zeiten des kommunistischen
Rumäniens aufwuchs, und wie konkret und persönlich Gott auf dem ganzen Weg mit
Pavel sprach. Es ist wirklich inspirierend vom Anfang bis zum Ende.

Ralph Hendershot

INHALTSVERZEICHNIS

SAG NICHT: ICH BIN ZU JUNG

„Ich glaube nicht, dass es einen Gott gibt!", schrie Pavel Goia in die Dunkelheit. „Ich habe genug von diesem ganzen Unsinn. Es ist, als würde ich verrückt werden! Wie konnte ich mich nur so täuschen lassen? Der Glaube an ein Wesen, das gar nicht existiert, hat mir den ganzen Spaß am Leben verdorben. Meine Freunde da draußen genießen ihr Leben, während ich hier liege und mich verloren und verdammt fühle. Wie viele Nächte muss ich mich noch schlaflos hin und her wälzen? Ich hasse es, die endlos tickende Uhr zu hören. Hier mit meinen Schuldgefühlen zu liegen, die endlos durch meinen Kopf kreisen, ist wie ein Albtraum. Alles würde ich dafür geben, diese quälende Stimme zum Schweigen zu bringen: ‚Pavel, wenn du heute Nacht stirbst, bist du für immer verloren!'"

Die Gedanken bombardierten den aufgewühlten jungen Mann regelrecht, während er der Folter seiner Seele zu entkommen versuchte. Armer Pavel – er konnte nirgendwo hinlaufen oder sich verstecken.

Aber er hatte beschlossen, seinem Elend ein Ende zu setzen. „Ich muss diese verrückten Ideen über Gott hinter mir lassen und einfach das Leben genießen, so wie es alle meine Freunde tun", sagte Pavel halblaut, während er die Decke zur Seite zog.

„Das war's. Ich gehe in die Stadt, um mich zu amüsieren – ich kann auf keinen Fall schlafen", murmelte er vor sich hin, während er das Zimmer nach seiner Hose absuchte.

Seine Kleidung im Schatten des dunklen Raumes zu finden, war keine leichte Aufgabe, aber schließlich gelang es ihm. Sorgfältig seine Flucht planend, schlich er auf Zehenspitzen aus dem Zimmer und über den Flur, um seine Eltern nicht zu wecken. Doch als er am offenen Wohnzimmer vorbeikam, blieb er stehen. Im Mondlicht, das durch ein Fenster fiel, zeichnete sich die Silhouette seines Vaters ab, der im Gebet versunken kniete. Pavel hatte seinen Vater schon oft beten sehen, aber warum gerade heute? Sein betender Vater war das Letzte, was sein aufgewühlter Geist sehen wollte, als er von zu Hause und dem Gott seiner Eltern floh.

Sein Schritt beschleunigte sich, als er in die Dunkelheit hinaustrat. Er blickte auf die Schatten, die Häuser, Büsche und Bäume im schummrigen Licht der Straßenlaternen warfen. Das beklemmende Bild seines betenden Vaters verfolgte ihn von Schatten zu Schatten, während er zur Stadt und seinen wartenden Freunden eilte.

„Hey, Pavel! Schön, dass du es geschafft hast!", rief einer seiner Freunde etwas lallend, als er zu ihrem Stammplatz kam.

Einer der zentralen Parks, bekannt als „Kleiner Markt", war zu einem beliebten Ort für seine Freunde geworden, um die Abendstunden mit Trinken und Rauchen zu verbringen. Es war auch ein idealer Ort, um nach jungen Frauen Ausschau zu halten, die zufällig vorbeikamen. Viele Fabrikarbeiter mussten auf ihrem Heimweg von der Arbeit, wenn die zweite Schicht endete, an diesem günstig gelegenen Ort vorbeigehen. Wann immer die jungen Männer das Glück hatten, dass es eine Frau war, stand diese sofort im Mittelpunkt ihrer Aufmerksamkeit.

Mit lautem Pfeifen begrüßten sie jede näherkommende interessante Frau, und es folgte eine Flut anzüglicher Aufforderungen, wenn sie an ihnen vorbeiging. Das lief fast jedes Mal gleich ab. Die jungen Frauenhelden setzten ihre kleinen Spielchen enthusiastisch fort, bis klar war, dass die Zielperson von ihren Anspielungen wenig beeindruckt weiterging.

„Wir haben wirklich eine gute Zeit", tönte jemand. Seine Behauptung wurde umgehend durch lautes, betrunkenes Gelächter bestätigt. Im schummrigen Licht konnte Pavel es mit einem Blick sehen: Die „Clique vom Markt" war offensichtlich viel früher als er angekommen. An den achtlos weggeworfenen Zigarettenstummeln und den fast leeren Flaschen, die seine Freunde in der Hand hielten, war unschwer zu erkennen, dass sie sich schon seit geraumer Zeit zu amüsieren versuchten.

„Pavel, kannst du nicht einen deiner Witze erzählen? Hast du heute Abend einen für uns?", rief jemand. Innerhalb weniger Augenblicke stand Pavel im Mittelpunkt der Aufmerksamkeit, als er einen seiner Lieblingswitze aus seinem Repertoire an schrägen Späßen vortrug. Als Entertainer war er in seinem Element.

Niemand bot ihm etwas zu trinken oder zu rauchen an, denn er hatte keine Lust, sich ihren Lastern anzuschließen. Aber er wusste, wie man sie zum Lachen brachte. Pavel kannte mehr schmutzige Witze als sie alle zusammen. Allerdings passte er nicht wirklich zu diesem rauen und rüpelhaften Haufen, auch wenn er viel Zeit mit ihnen verbrachte. Viele von ihnen hatten wenig Interesse an der Schule, und fast alle kamen aus Elternhäusern, in denen ihnen kaum moralische Werte vermittelt wurden.

Pavel dagegen stammte aus einer christlichen Familie in der dritten Generation und hatte in allen Klassen fast perfekte Noten. Oft fühlte er sich wie ein Außenseiter in dieser Gruppe von jungen Männern, die sich ziellos durchs Leben treiben ließ. Sie lebten von einer Party zur anderen. Niemand schien sich daran zu stören, dass Pavel ein wenig anders war. Sein schneller Witz und seine Fähigkeit, Geschichten zu erzählen, ließen sie Abend für Abend stundenlang lachen.

Wieder einmal brachte er die Jugendlichen mit seinen abendlichen Gags zum Grinsen und Lachen. „Hey, seht euch mal die Braut da drüben an. Sie kommt geradewegs auf uns zu", rief jemand aus Pavels angeheitertem Publikum dazwischen.

Dass sich ihnen unerwartet eine junge Frau näherte, sorgte für eine sofortige Ablenkung. Jetzt hatte sie die ungeteilte Aufmerksamkeit der

Jugendlichen. Unzüchtige und obszöne Anspielungen, begleitet von lautem Pfeifen, folgten, als die ahnungslose junge Frau näher kam.

Als sie versuchte, an den betrunkenen jungen Männern vorbeizugehen, umringten sie diese. Verzweifelt suchten ihre weit aufgerissenen Augen nach einem Ausweg, aber sie war völlig umzingelt. Verängstigt flehte sie die Jugendlichen an, sie gehen zu lassen, aber es war sinnlos. Pavel sah entsetzt zu, wie seine Freunde begannen, sie mit einigen sehr anzüglichen und unangemessenen Gesten zu verspotten. Sie schienen ihren Verstand verloren zu haben! Schon bald konnte er ihr unverschämtes Verhalten nicht mehr ertragen. Pavel wandte sich an die Jugendlichen, die sie festhielten, und schrie: „Lasst sie gehen!"

Das Lachen, das vor kurzem noch über ihre Gesichter gezogen war, als sie seinen Geschichten und Witzen gelauscht hatten, verwandelte sich in wütende Blicke und verächtliches Grinsen, als Pavel ernsthaft gegen ihr Verhalten protestierte.

„Kommt schon, Leute, lasst sie gehen! Was ihr tut, ist falsch", flehte Pavel mit allem Mut, den er aufbringen konnte.

Sein Versuch, der Frau zu helfen, lenkte die Aufmerksamkeit der Jugendlichen für einen kurzen Moment von ihr auf ihren Verteidiger. Wütend fauchte ihn einer der Anführer an: „Was glaubst du, wer du bist, dass du uns sagen willst, was richtig und falsch ist? Ich kann mich nicht erinnern, dich gefragt zu haben, was wir tun sollen!"

Angewidert von ihrem Verhalten trat Pavel einen Schritt zurück. Er wollte nichts mit ihrem verrückten Wahnsinn zu tun haben und wünschte sich nur, der schluchzenden jungen Frau irgendwie helfen zu können. Er wusste, dass die Jugendlichen die Frauen zwar mit obszönen Bemerkungen anmachten, aber er hatte nie erlebt, dass sie tätlich geworden waren. Bisher hatten sie die Frauen jedes Mal passieren lassen. Da er dies wusste, zog er sich weiter zurück.

„Hau ab und lass dich hier nie wieder blicken!", höhnten sie.

Also machte er auf dem Absatz kehrt und verließ die betrunkene, fluchende „Clique vom Markt". Waren das dieselben Typen, die er noch vor wenigen Minuten für seine Freunde gehalten hatte? Nichts an ihnen zog ihn jetzt mehr an. Diese Nacht war völlig anders verlaufen, als er es gehofft hatte.

Pavels Versuch, vor seinem schlechten Gewissen zu seinen Freunden in der Stadt zu fliehen, hatte seine aufgewühlten Gedanken nicht zur Ruhe gebracht oder ihm den Frieden gegeben, den er so verzweifelt suchte. Während seiner Rückkehr nach Hause fühlte er sich noch elender als bei seiner Flucht in die Dunkelheit.

Der Rest der Nacht war alles andere als friedlich. Sobald er im Bett lag, wälzte er sich nur noch hin und her. Zu seinem schlechten Gewissen gesellte sich die frische Erinnerung an die schluchzende Stimme der jungen Frau, die flehentlich darum gebeten hatte, sie gehen zu lassen.

Schon am Beginn des nächsten Tages wurde er wieder von beklemmenden Gefühlen gequält. Die Szenen vom Vorabend wollten ihn nicht loslassen, und jetzt fühlte er sich miserabler als je zuvor. Was ihn so sehr bedrückte, wurde schon bald zum aufgeregten Tagesgespräch der Nachbarschaft. Voller Abscheu erzählte einer dem anderen: „Haben Sie schon von den Jugendlichen gehört, die gestern Abend in der Stadt eine junge Frau vergewaltigt haben? Die Polizei hat sie alle festgenommen. Ich hoffe, dass keiner von ihnen jemals wieder das Licht der Freiheit erblickt! Wenn sie die Gefängnisschlüssel wegwerfen, wäre das noch zu gut für diese nichtsnutzigen Drecksäcke."

Als Pavel vom Schicksal des Mädchens erfuhr, war er entsetzt. Seine Schuldgefühle, die ihn schon in der Nacht gequält hatten, kehrten sofort zurück. Diejenigen, die er für seine Freunde gehalten hatte, würden ohne Zweifel viele Jahre hinter Gittern verbringen. Doch er war verschont worden. In Wirklichkeit wusste er, dass er jetzt selbst im Gefängnis sitzen könnte, um auf seinen Prozess zu warten, wenn er nicht gegangen wäre.

Mit einem Mal war er der „Clique vom Markt" dafür dankbar, dass sie ihn rausgeworfen hatten. Er dachte wieder daran, wie die verängstigte junge Frau sie angefleht hatte, sie gehen zu lassen. Das nahm ihm jegliches Mitleid mit denen, die er bisher für seine Freunde gehalten hatte. Das Bild von seinem betenden Vater trat ihm vor Augen, als ihm bewusst wurde, wie knapp er einer langen Haftstrafe entkommen war.

Auch die folgende Nacht konnte Pavel nicht schlafen. Nachdenklich lag er in seinem Bett und betrachtete die gleichen Schatten an der Decke, die er schon in den Nächten zuvor angestarrt hatte. Doch diesmal

SAG NICHT: ICH BIN ZU JUNG

war die Nacht ganz anders als die letzten, die ihn mit angsterfüllten, schuldbeladenen Gedanken gequält hatten. Diesmal wollte er Gott nicht davonlaufen, sondern ihm näherkommen. In der Stille der Nacht begann Pavel, über die vergangenen Jahre seines Lebens nachzudenken.

Es war nicht einfach gewesen, im kommunistischen Rumänien in einer christlichen Familie aufzuwachsen. Das Christentum wurde als Krücke für die schwachen und einfachen Gemüter betrachtet. Wer eine Kirche besuchte, wurde belächelt, Bibeln waren verboten. Alle, die zu ihrem Glauben standen, mussten mit eingeschränkten Arbeitsmöglichkeiten rechnen – und das war nur eine der zu erwartenden Konsequenzen. Oftmals musste auch seine Familie Repressalien ertragen, weil sie Gott treu geblieben war.

Als Pavel die vielen Herausforderungen, mit denen seine Familie konfrontiert worden war, Revue passieren ließ, konnte er nicht anders, als Gott für das starke christliche Erbe zu danken, das sein Großvater ihm weitergegeben hatte. Dankbarkeit erfüllte ihn nun und verdrängte die verärgerten, bitteren Gefühle der Nacht zuvor. Was für ein Perspektivwechsel von einer Nacht zur anderen!

Er verstand nun, dass er nur deshalb nicht mit seinen Kameraden in einer kalten Betonzelle eingesperrt hockte, weil sein Vater Nacht für Nacht für ihn gebetet hatte. Zweifellos erlebten diese nun auch schlaflose Nächte.

Pavel musste lächeln, als er sich wieder an Erlebnisse aus seiner frühen Kindheit erinnerte. Als er in Turnu Severin im Südwesten Rumäniens an der Donau aufwuchs, konnte er ein großes Abenteuerland entdecken, und der Fluss bot ihm und seinen Schwestern in den heißen Sommermonaten fantastische Plätze zum Schwimmen. Auch die antiken römischen Ruinen unweit seines Zuhauses wurden zu einem beliebten Ort für Erkundungen. Nur die Vorstellungskraft eines kleinen Jungen konnte all die historischen Ereignisse wieder zum Leben erwecken, die hier seit unzähligen Jahrhunderten in aller Stille geruht hatten.

Angenehme Erinnerungen an seine Kirchengemeinde und die Liebe, die ihm dort entgegengebracht worden war, kehrten zurück, als er auch in den nächsten Stunden nicht einschlafen konnte. Schon als kleiner Junge hatte er ein außergewöhnlich gutes Gedächtnis. Jede Woche freute er sich darauf, den Gemeindegliedern auswendig gelernte Bibelstellen vortragen zu können. Den älteren Mitgliedern gefielen seine Beiträge ganz besonders.

Er liebte das Lob und die Aufmerksamkeit, die ihm nach jeder seiner perfekten Darbietungen zuteilwurden. Die Belohnungen bestanden nicht nur aus blumigen Komplimenten, sondern waren oft auch Süßigkeiten und andere Schätze, die Kinder glücklich machen. Die vielen Belohnungen motivierten ihn, seine Leistungen zu steigern, und schon bald rezitierte er ganze Kapitel aus der Bibel, sehr zur Freude der Gemeinde. Da er die besondere Aufmerksamkeit seiner Bewunderer genoss, erweiterte er sein kirchliches Repertoire um das Singen geistlicher Lieder.

Soweit er sich erinnern konnte, war Gesang immer ein fester Bestandteil der Andachten in seiner Familie. Mit seiner begabten Stimme und einem guten Gedächtnis fiel es ihm leicht, Lieder zu lernen, die er in der Kirche vortragen konnte. Viele wohlmeinende Gemeindeglieder waren zweifellos zu großzügig mit ihren Komplimenten, mit Lob und kleinen Geschenken. So begann er schon sehr früh, sich anderen Christen gegenüber geistlich überlegen zu fühlen.

Die Frisuren der Jungen änderten sich mit der Zeit, aber nicht die von Pavel. Um sein Image als „braver Junge" seiner Kirche weiter zu festigen, ging er alle zwei Wochen zum Friseur. Während er so über seine Kindheit nachdachte, musste er zugeben, dass er sicherlich einer der jüngsten Pharisäer der Welt gewesen sein könnte. Er war ein „Musterknabe" – und er wusste es.

Während er auf seinem Bett lag und in die Dunkelheit starrte, ging seine Lebensreise weiter. Einer seiner denkwürdigsten Momente ereignete sich, als er gerade fünf Jahre alt war. Ein Pastor besuchte die Kirche, um als Gastredner einen besonderen Gottesdienst zu halten. Schon oft hatte Pavel sich an Teile dieser Veranstaltung erinnert. In die Gesichter der Gemeindeglieder blickend, hatte der Gastredner seine Predigt mit den Worten eingeleitet: „Mein Textabschnitt für diesen Abend stammt aus Jeremia 29,11." Er nahm seine Bibel und lud die Anwesenden ein, den Text mitzulesen:

„Denn ich weiß wohl, was ich für Gedanken über euch habe, spricht der HERR: Gedanken des Friedens und nicht des Leides, dass ich euch gebe Zukunft und Hoffnung."

Pavel hatte aufmerksam zugehört, als der Pastor den Bibeltext ausführlich erklärte. „Es spielt keine Rolle, wie jung oder alt du bist oder wie deine augenblickliche Lebenssituation ist. Gott hat einen Plan für dich."

Während der Pastor weitersprach, versuchte der kleine Pavel zu begreifen, wie dies auch für einen Fünfjährigen gelten konnte. Es war nicht schwer zu glauben, dass Gott einen Plan für seinen Großvater hatte, denn er war ihm sein ganzes Leben lang treu gefolgt. Wenn er seinen Vater und seine Mutter ansah, konnte er verstehen, dass Gott auch für ihr Leben einen Plan hatte – aber für einen Fünfjährigen? Es schien ihm, als ob dies über die eigentliche Aussage des Bibeltextes hinausging.

Am Ende der Predigt war klar, dass die Gemeinde durch das wunderbare, frische Bild eines persönlichen Gottes gesegnet und belebt worden war. Einer nach dem anderen gingen die Gemeindeglieder am Pastor vorbei und dankten ihm für seine Botschaft, während sie die Kirche verließen.

Endlich war es für Pavel an der Zeit, den Redner anzusprechen. Er stand direkt vor dem Pastor, schaute ihm in die Augen und fragte mit kindlichem Ernst: „Hat Gott wirklich einen Plan für mich oder bin ich zu jung?"

Ein freundliches Lächeln versicherte ihm, dass Gottes Pläne auch einen Fünfjährigen miteinschließen.

„Hast du jemals gebetet und Gott gefragt, ob er einen Plan für dich hat?", wollte der Pastor wissen.

„Nein, das habe ich wohl nicht", antwortete Pavel nachdenklich, während er zur Tür ging.

Er machte sich auf den Weg zu einem großen Apfelbaum, der auf dem Platz vor der Kirche stand. Dabei dachte er über die Aufforderung des Pastors nach. Er hatte schon viele Male unter diesem Baum gespielt, aber heute war es anders. Er war gekommen, um Gott eine sehr wichtige Frage zu stellen.

Er schloss die Augen und begann, Gott seine Fragen vorzutragen: „Lieber Gott, ich bin nur ein kleiner Junge von fünf Jahren. Hast du wirklich auch für mich einen Plan?" Für mehrere Minuten brachte er im Gebet alle seine Gedanken und Gefühle vor Gott. Wenn Gott einen Plan für sein Leben hatte, wollte er ihn kennen.

Als er meinte, seinen Fall ausreichend dargelegt zu haben, wartete er ängstlich auf eine Stimme vom Himmel, die ihm den Plan bekannt geben sollte. Was würde Gott ihm sagen? Still wartete er auf eine Stimme von oben, doch nur das Geräusch von raschelnden Blättern durchbrach die Stille.

Enttäuscht, aber nicht entmutigt, erblickte Pavel eine andere Möglichkeit, eine Antwort auf seine Frage zu erhalten. Sein Vater stand mit einer Bibel in der Hand vor der Kirche und unterhielt sich mit einem anderen Mitglied der Gemeinde. Schnell machte Pavel sich auf den Weg zu ihm, schaute ihn direkt an und sagte: „Ich habe gerade gebetet und Gott gefragt, ob er einen Plan für mich hat, aber er hat mir nicht geantwortet." Ein breites Lächeln zog über die Gesichter der Männer, die von Pavels Not hörten.

Ohne darauf zu warten, dass einer von ihnen reagiert, nahm er seinem Vater die Bibel aus der Hand. Er hielt das heilige Buch in beiden Händen und überlegte, wie er Gottes Plan für sein Leben aus den Bibelversen erschließen könnte. Wahllos schlug er die Seiten auf und legte seinen Finger auf einen Vers. Sicherlich würde Gott ihm den Plan für sein Leben in seinem Wort zeigen. Er schaute wieder zu seinem Vater empor und fragte: „Würdest du bitte diesen Vers vorlesen?"

Langsam nahm der Vater Pavels Finger von Jeremia 1,5 und begann, den Vers zu lesen. Als er die Bedeutung der Textpassage unter dem Finger seines Sohnes erkannte, verschwand sein Lächeln. Mit einer sehr nachdenklichen Stimme begann er zu lesen:

„Ich kannte dich, ehe ich dich im Mutterleibe bereitete, und ich sonderte dich aus, ehe du von der Mutter geboren wurdest, und ich bestellte dich zum Propheten für die Völker. Ich aber sprach: Ach Herr HERR, ich tauge nicht zu predigen; denn ich bin zu jung. Der HERR aber sprach zu mir: Sage nicht: ‚Ich bin zu jung', sondern du sollst predigen alles, was ich dir gebiete." (Verse 5–7)

Als Pavel auf seinem Bett lag und den Moment noch einmal erlebte, zog ein Lächeln über sein Gesicht. Er fühlte erneut die Aufregung von damals.

Vor Freude hüpfend erzählte er allen Gemeindegliedern, die sich noch vor der Kirche unterhielten: „Ich werde Pastor oder Missionar."

Er wollte sich für Gott einsetzen. Gott hatte ihm mit den Worten „Sage nicht, ich bin zu jung" klargemacht, dass er nicht zu klein war, um schon einen Plan für sein Leben zu haben. Er war auserwählt worden, Gottes besonderer Botschafter zu sein.

Auf der Stelle nahm er seinen Auftrag als Gottes Bote an. Er wollte jeden Einzelnen sorgfältig prüfen, um dessen geistlichen Zustand und die daraus resultierenden Bedürfnisse zu bestimmen. Alle, die (nach seiner Einschätzung als kindlicher Pastor und Evangelist) im Glauben zu kurz kamen, wollte er ermutigen. Jeden, der sich seiner Meinung nach noch nicht bekehrt hatte, wollte er eindringlich aufrufen, dass es ihm zu Herzen geht. Er wollte die Menschen vor ihrem Schicksal warnen, wenn sie weiter ohne Gott lebten.

Kurz nach seiner Einschulung verlagerte Pavel den Schwerpunkt seiner evangelistischen Bemühungen auf seine Klassenkameraden. Es dauerte nicht lange, bis er seine Einschätzung ihrer geistlichen Bedürfnisse abgeschlossen hatte. Als Evangelist bewertete er seine gesamte Klasse als mangelhaft, natürlich mit Ausnahme von sich selbst! Was für eine Gelegenheit für seine erste große evangelistische Kampagne!

Würdevoll wie ein Prediger marschierte er vor die Klasse und begann seine Ansprache an die fünfundvierzig Schüler. „Ihr müsst alle anfangen, in die Kirche zu gehen, sonst werdet ihr in der Hölle brennen!"

Sein Vortrag war kurz gewesen, aber das Publikum hatte bis zum Schluss konzentriert zugehört. Er war überzeugt, dass er ihnen genau die geistliche Erleuchtung vermitteln konnte, nach der sich seine Mitschüler gesehnt hatten.

Was sollte schon schiefgehen?, hatte sich Pavel damals gefragt, als er aus dem Fenster blickte. Es war Zeit, zur Kirche aufzubrechen, doch kein einziger Klassenkamerad stand vor dem Haus. Er hatte sich schon vorgestellt, wie eine lange Schlange von Mitschülern draußen auf ihn wartete, doch niemand war gekommen! Kein einziger Bekehrter war aufgrund seiner ersten Predigt aufgetaucht.

Enttäuscht, aber ohne von seinem Kurs abzuweichen, begann Pavel, eine Strategie für seine nächste Verkündigung zu entwickeln. Vielleicht hatte er die drohende Strafe nicht ausreichend betont. Das nächste Mal würde er jedenfalls die Bestrafung mit keinem Wort beschönigen.

Nach ein paar Tagen fühlte er, dass die Zeit gekommen war, seine Predigt zu wiederholen. Am Ende seines zweiten Vortrags war er sich sicher, dass niemand seinen Punkt übersehen oder auf die leichte Schulter nehmen konnte. Zu seinem Erstaunen blieb die Stimmung seiner Mitschüler unverändert. Mehrmals stellte er sich vor die Klasse, um seine Kameraden daran zu erinnern, dass sie bald die ewige Strafe erleiden müssten, wenn sie nicht seinem Beispiel folgen würden. Nach mehreren Aufrufen beschloss Pavel, seine Strategie zu ändern. Wenn Angst sie nicht überzeugen konnte, würde vielleicht eine Taktik sein Ziel erreichen, die auf Belohnung basierte.

Noch einmal stellte Pavel sich vor seine Mitschüler und begann einen letzten Aufruf. „Ich möchte mit euch das Geheimnis meiner unübertroffenen Beliebtheit teilen. Der Grund, warum ich der ‚Coolste' in der Schule bin, ist, dass ich in die Kirche gehe. Wenn ihr auch so ‚cool' sein wollt wie ich, müsst ihr mit mir in die Kirche gehen."

In der nächsten Woche führte Pavel zum Erstaunen der Gemeinde seine gesamte Klasse – die auf der Suche nach der versprochenen Belohnung war – durch den Mittelgang der Kirche nach vorne. Jeder von ihnen kehrte jedoch nach Hause zurück und fühlte sich nicht „cooler" als vor dem Gottesdienst. So endete die Teilnahme seiner Gäste an den Gottesdiensten schon nach ihrem ersten Besuch, trotz der Erleuchtung, die Pavel ihnen verschafft hatte.

Offensichtlich hatten sie die Tatsache übersehen, dass mehrere Besuche nötig waren, um so zu werden wie er. *Was war nur mit ihnen los?*, fragte sich Pavel. Zweifellos waren sie blind dafür, wer sie wirklich waren. Wenn sie noch nicht bereit waren, „cool" zu werden, sollte er ihnen vielleicht bei der Entwicklung ihres Charakters helfen. Jetzt wurde ihm alles klar – ihr Problem war die Demut!

Pavel musste schmunzeln, als er an seinen Eifer als junger Pastor und Evangelist dachte. Er hatte sein ganzes Herz in seine Berufung gesteckt, musste aber feststellen, dass es schwieriger war, als er es sich vorgestellt hatte.

Während er allein mit sich in der Dunkelheit lag, dachte er über die Veränderungen nach, die sich langsam in seinem Leben vollzogen hatten. Allmählich war die Begeisterung über seine persönliche Berufung

SAG NICHT: ICH BIN ZU JUNG

durch Gott verblasst. In den letzten Jahren war er nur noch wegen seines Vaters in die Kirche gegangen. Mehr und mehr wollte er seinen Freunden gefallen statt Gott. Das nächtliche Herumtreiben mit seinen Freunden hatte eindeutig zum Verfall seines Glaubens beigetragen. Oftmals hatte Gottes Stimme ihn an sein besonderes Gebet unter dem Apfelbaum erinnert sowie an die Antwort, die aus der Bibel seines Vaters gekommen war. Aber immer wieder ignorierte er diese leise kleine Stimme, die ihn einlud, zu einem Leben in Frieden und Glück zurückzukehren.

Gefühle der Trauer und des Bedauerns überkamen ihn jetzt, als er an die Entscheidungen dachte, die er in den letzten Jahren getroffen hatte. Er schlug die Decke zurück und kniete neben dem Bett nieder. Dann öffnete er Gott sein Herz und begann zu beten: „Herr, wenn du nicht zornig auf mich bist, und wenn du mich immer noch haben willst, möchte ich zu dir zurückkommen. Wenn es wirklich du warst, der zu mir vor der Kirche gesprochen hat, als ich fünf Jahre alt war, dann möchte ich deinen Ruf annehmen. Ich weiß nicht, wie du jemandem wie mir verzeihen kannst. Kannst du mich überhaupt noch annehmen, nachdem ich dich so oft verleugnet habe? Gibt es da noch eine Möglichkeit?"

Stunde um Stunde schüttete er vor Gott sein Herz aus, während er ausgestreckt auf dem Boden lag. Um 5 Uhr morgens erfüllte ihn plötzlich ein wunderbarer Friede. Gott hatte ihn angenommen!

Pavel öffnete seine Bibel und betete: „Herr, bitte sprich noch einmal aus deinem Wort zu mir." Als er wahllos die Seiten aufschlug, fiel sein Blick auf Jesaja 54,8–10:

„Ich habe mein Angesicht im Augenblick des Zorns ein wenig vor dir verborgen, aber mit ewiger Gnade will ich mich deiner erbarmen, spricht der HERR, dein Erlöser. Ich halte es wie zur Zeit Noahs, als ich schwor, dass die Wasser Noahs nicht mehr über die Erde gehen sollten. So habe ich geschworen, dass ich nicht mehr über dich zürnen und dich nicht mehr schelten will. Denn es sollen wohl Berge weichen und Hügel hinfallen, aber meine Gnade soll nicht von dir weichen, und der Bund meines Friedens soll nicht hinfallen, spricht der HERR, dein Erbarmer."

Pavels Augen füllten sich mit Tränen der Freude, als die mutmachenden Worte tief in sein Herz sanken. Er war sich nun sicher, dass Gott ihn angenommen und von der Last seiner Sünde befreit hatte.

Deshalb dankte er ihm und versprach feierlich: „Von nun an werde ich jeden Morgen so lange mit Andacht und Gebet verbringen, bis ich sicher weiß, dass du bei mir bist."

Überglücklich verließ Pavel sein Schlafzimmer, um seine Eltern zu wecken, damit sie an der Freude über seine erneute Hingabe an Gott teilhaben konnten. Wieder einmal fand er seinen Vater betend auf den Knien. Als dieser aufstand, um ihn zu begrüßen, flehte Pavel ihn an: „Bitte, bete weiter für mich. Ich habe lange gekämpft, aber heute Nacht habe ich Gott mein Leben übergeben."

Sein Vater sah ihm in die Augen und sagte: „Jedes Mal, wenn du gesehen hast, wie ich gebetet habe, war es für dich. Ich weiß, wie man sich fühlt, wenn man mit sich zu kämpfen hat. Auch ich musste als junger Mann kämpfen, aber inmitten meiner Probleme gab Gott mir einen Vers aus der Heiligen Schrift. Es war, als ob er nur für mich geschrieben worden war. Folgenden Bibelvers hat Gott mir zugesprochen, als ich jung war:

„Er wird sich unser wieder erbarmen, unsere Schuld unter die Füße treten und alle unsere Sünden in die Tiefe des Meeres werfen." (Micha 7,19)

Mit einem Lächeln fuhr sein Vater fort: „Vielleicht gibt Gott auch dir einmal einen Vers."

„Das hat er schon", antworte Pavel strahlend vor Freude. Dennoch war er wegen der vielen schlaflosen Nächte hundemüde. Er zog sich deshalb in sein Bett zurück. Zum ersten Mal seit vielen Jahren schloss er seine Augen und schlief sofort tief und fest ein. Was für ein entspannter Schlaf!

ICH WERDE MICH UM DICH KÜMMERN

Noch bevor der erste Schein der Morgendämmerung durch das Fenster seines Schlafzimmers fiel, schlüpfte Pavel unter der Bettdecke hervor und kniete sich neben dem Bett nieder. Er war entschlossen, sein Versprechen zu halten, das er in der Nacht zuvor gegeben hatte. *Wird Gott auf mich warten? Wird er heute wieder zu mir sprechen?*, fragte er sich, während er den Kopf senkte.

„Vater, ich bin's, Pavel. Ich bin hier, wie ich es versprochen habe. Bitte hilf mir, dir ein wahrer Freund zu sein. Ich bin so dankbar, dass du mich noch willst. Bitte verändere mein Herz. Mach mich wieder zu einem Menschen, wie du ihn haben willst", betete er leise.

Pavel spürte wieder Gottes Gegenwart, so wie in der Nacht zuvor. Er war Gott dankbar, dass er ihn wegen seiner Rebellion nicht verlassen hatte. Lächelnd nahm er seine Bibel zur Hand. Er hoffte von ganzem Herzen, dass die Worte der Heiligen Schrift wieder lebendig würden, und tatsächlich war ihm, als wäre jeder Text nur für ihn geschrieben worden.

Als er so das Wort Gottes plötzlich ganz neu verstand, schaute er auf und betete: „Vater, du bist so wunderbar. Du bist jenseits aller Vorstellungskraft." Niemals hätte er sich träumen lassen, dass der Schöpfer des riesigen Universums so persönlich mit jemandem sprechen würde, der es wie er nicht verdient hatte. Es überwältigte ihn, dass Gott ihm gnädig war. Wie in der Nacht zuvor war er sich sicher, dass Gott ihn durch den Tag begleiten würde. Als sein morgendliches Treffen mit Gott beendet war, zog ein breites Lächeln über Pavels Gesicht.

Was für eine wunderbare Art, den Tag zu beginnen!, dachte er, während er diesen Morgen mit so vielen anderen in den letzten Jahren verglich. Seine neue Freundschaft mit Gott hatte ihn auf eine Weise gesegnet, die er sich nie hätte vorstellen können.

Während Pavel sich noch darüber freute, wie gut ihm die Zeit mit Gott getan hatte, erinnerte er sich wieder an all das Chaos seiner jugendlichen Suche nach Freiheit. Szene um Szene spielte sich vor seinen Augen ab. Spielfilme im Fernsehen hatten den größten Teil seiner Freizeit in Anspruch genommen – auch der Zeit, in der eigentlich Wichtiges erledigt werden musste. Bis tief in die Nacht sah er sich einen Film nach dem anderen an. Das Fernsehen war zu einer täglichen Routine geworden, statt ihm nur hin und wieder Ablenkung zu verschaffen.

Erschöpft und mit schweren Augenlidern kletterte Pavel nach seinem Film-Marathon morgens um 07:45 Uhr aus dem Bett. Da die Schule um 8 Uhr begann, stand er täglich vor dem Problem, dass er zu Fuß zwanzig Minuten zur Schule brauchte. Wie ein Verrückter suchte er jeden Morgen nach seinen Kleidungsstücken. Es war ein Wettlauf gegen die Zeit, und sein Schlafzimmer war die Rennstrecke. Seine Haare standen manchmal wirr vom Kopf, wenn er schließlich mit offenen Schnürsenkeln aus der Haustür trat, um zur Schule zu laufen.

Jeden Tag betrat Pavel fast zur gleichen Zeit das Klassenzimmer – immer zehn bis fünfzehn Minuten zu spät, wenn der Lehrer bereits mit dem Unterricht begonnen hatte. Eines Morgens hatte er sich eine geniale, narrensichere Ausrede für sein Zuspätkommen einfallen lassen, von der er sicher war, dass selbst die klügsten Lehrer sie nicht durchschauen würden.

Er stürzte in das Klassenzimmer, während der Unterricht bereits lief, und begann sich zu entschuldigen. „Heute Morgen habe ich mich schon früh auf den Weg zur Schule gemacht, um einer der Ersten zu sein. Ich habe sogar zusätzliche Zeit für den dichten Verkehr eingeplant. Deshalb war ich sicher, dass ich zu früh sein würde. Alles war in Ordnung, bis ich zum Central Boulevard kam. Ich konnte nicht ahnen, dass genau in dem Moment, als ich die Straße überqueren wollte, ein Leichenzug vorbeifahren würde. Die Prozession musste für irgendeinen Würdenträger der Regierung sein, denn die Autoschlange reichte, so weit das Auge sehen konnte. Ich wartete und wartete, dass sie endlich passierte. Die Prozession kam kaum voran – sie bewegte sich im Schneckentempo, halb so schnell wie die meisten Beerdigungsumzüge. Es schien, als ob sie nie enden würde. Nach fünfzehn oder zwanzig Minuten wurde mir klar, dass ich wahrscheinlich ein wenig zu spät kommen würde, da nur die Hälfte der Autos vorbeigefahren war. Ich wollte mich schon wie ein Verrückter durch die Prozession drängen, aber aus Respekt vor dem Verstorbenen entschied ich mich, geduldig zu warten. Sobald das letzte Auto vorbeigefahren war, lief ich, so schnell ich konnte, hierher."

Als er seine dramatische Schilderung beendet hatte, ging Pavel zu seinem Platz. Er war sich sicher, so überzeugend gewesen zu sein, dass selbst der größte Skeptiker durch seine Redegabe mitgerissen worden war.

Am nächsten Morgen dachte er sich, da alles so glatt verlaufen war: *Warum nicht noch einmal dasselbe narrensichere Alibi verwenden?* Jeden Tag kam ein neuer Leichenzug auf dem Central Boulevard an, und zwar genau zu dem Zeitpunkt, an dem er die Straße überqueren wollte. Nach zahlreichen dramatischen Schilderungen entschloss sich der Lehrer für eine zeitsparende Alternative, um die Entschuldigung abzukürzen. Wenn Pavel durch die Tür kam, fragte er einfach, ohne aufzuschauen: „Goia, noch eine Beerdigung?"

Pavel brauchte nur zustimmend zu nicken und zu seinem Platz zu gehen. Sein Plan entpuppte sich als noch genialer, als er zunächst gedacht hatte! Jetzt genügte ein einfaches Ja oder ein Nicken, um seine Klasse für dumm zu verkaufen. Einen Faktor hatte Pavel jedoch nicht gründlich bedacht. Er hatte für die Beerdigung von viel mehr Würdenträgern gesorgt, als es im ganzen Land gab! Woher kamen all diese wichtigen Leute? Und wie traurig, dass so viele nacheinander sterben mussten!

Als ihm seine jüngste Vergangenheit wieder vor Augen trat, fühlte er sich erneut dankbar. Sein Leben war geradezu chaotisch gewesen! Der größte Schock kam an dem Tag, an dem er tatsächlich zu früh zur Schule kam. Die ganze Klasse starrte ihn ungläubig an. Diesmal keine Beerdigung! Sicherlich war der Bestatter der Stadt für die kleine Verschnaufpause sehr dankbar.

Jeden Tag vertiefte sich Pavels Liebesbeziehung zu Gott mehr. Die Verheißungen der Bibel, die er als Kind auswendig gelernt hatte, kamen ihm wieder in den Sinn. Jetzt waren sie nicht mehr nur schöne Worte, sondern Zusagen Gottes für ihn persönlich. Sich im Gebet Gott gegenüber zu öffnen, war wie ein Gespräch mit seinem besten Freund. Jeden Morgen öffnete er seine Augen mit einem Gefühl der inneren Spannung und einer Vorfreude auf das, was der Tag bringen würde. Er konnte es kaum erwarten, all das Gute zu entdecken, das ihn erwartete. Die Bibel wurde zu einem Buch, das ihm innere Kraft gab. Immer wieder erlebte er, wie der morgendliche Bibeltext ihn mit genau der geistlichen Energie versorgte, die er für den Tag brauchte. Als er auf die Worte Jeremias in Klagelieder 3,22.23 stieß, konnte er nur zum Himmel schauen und sagen: „Herr, dein Wort ist wahr. Das ist genau das, was du jeden Tag für mich tust."

„Die Güte des Herrn ist's, dass wir nicht gar aus sind, seine Barmherzigkeit hat kein Ende, sondern ist alle Morgen neu, und deine Treue ist groß."

Oft, wenn Gott persönlich zu ihm sprach, stiegen ihm Tränen in die Augen. „Herr, wie konnte ich das alles nur übersehen?", flüsterte er. Es war eine Sache, die Worte aus Jesaja 50,4 zu lesen – aber es war etwas ganz anderes, sie persönlich zu erleben:

„Er weckt mich alle Morgen, er weckt mir das Ohr, dass ich höre, wie Jünger hören."

„Danke, Herr, dass ich heute Morgen keinen Wecker brauchte, um geweckt zu werden. Du bist treu, genau wie es dein Wort sagt. Die ersten Gedanken, die mich jeden Morgen begrüßen, sind deine Worte. Es ist aufregend, wenn du mich rufst und mir leise sagst: ‚Ich habe auf dich gewartet.‘ Deine Liebe und Güte sind wirklich unbegreiflich", betete Pavel, wenn er über die Begeisterung nachdachte, die er in seiner neu gefundenen Freundschaft mit Gott erlebte.

Pavel wusste, dass ohne Gottes Hilfe sein Wunsch, „cool" sein zu wollen, wieder die Kontrolle über sein Leben gewinnen würde. Der Wunsch, von seinen Freunden akzeptiert zu werden, hatte ihn schon einmal weit von Gott weggeführt. Deshalb beschloss er, nie wieder zuzulassen, dass Stolz sein Leben beherrschte. Im Gebet bekannte er offen seine Schwäche, bevor er morgens das Haus verließ. Gott solle ihm helfen, sich mehr darum zu kümmern, wie sein himmlischer Vater ihn sah, als darum, was andere über ihn dachten.

Pavel machte eine bemerkenswerte Veränderung durch. Während er jeden Morgen über Gott nachdachte und mit ihm sprach, wurde er seinem neuen Freund immer ähnlicher. Dinge, mit denen er anfangs zu kämpfen hatte, begannen ihren Reiz zu verlieren. Das Verlangen war einfach weg. Gott veränderte ihn, genau wie er es versprochen hatte.

Das Bild seines im Gebet knienden Vaters hatte ihn in seiner Kinder- und Jugendzeit immer wieder verwirrt – bis vor ein paar Tagen. Warum jemand so viel Zeit damit verbrachte, um mit einem Gott zu sprechen, den er weder sehen noch hören konnte, war ihm ein völliges Rätsel gewesen. Aber jetzt verstand er es.

Die im Markusevangelium geschilderte Gewohnheit Jesu wurde zu seinem Vorbild für jeden neuen Tag:

„Und am Morgen, noch vor Tage, stand er auf und ging hinaus. Und er ging an eine einsame Stätte und betete dort." (Markus 1,35)

Die Gewohnheit, jeden Tag an einem stillen Ort mit Gott zu sprechen, befähigte Jesus zu seinem Dienst. Pavel wollte es ihm von nun an gleichtun. Was für eine Erfahrung! Das Leben hatte eine ganz neue Bedeutung bekommen. Mit dem Psalmisten konnte er sagen:

„Alle meine Quellen sind in dir!" (Psalm 87,7)

Ein Test seiner Treue ließ nicht lange auf sich warten. Pavel hatte Gott vor ein paar Wochen versprochen, niemals das Haus zu verlassen, ohne die Gewissheit, dass er mit ihm war. Nachdem er Gott am Abend gebetet hatte, ihn für ihre gemeinsame Zeit zu wecken, war er zwischen

4 und 5 Uhr morgens aufgewacht. Aber aus irgendeinem Grund war er wieder eingeschlafen. Als sein Blick schließlich auf den Wecker fiel, stöhnte Pavel: Es war 07:30 Uhr!

„Wie konnte das nur passieren?", fragte sich Pavel. Was sollte er jetzt tun? Er musste sich entscheiden, ob er seine Verabredung mit Gott einhalten oder sich auf den Weg zu Schule begeben sollte. Ein heftiger Kampf begann in ihm. Sein Unterrichtsplan hatte sich geändert. Anstelle seines Lehrers, der unerwartet verstorben war, hatte er den strengsten kommunistischen Lehrer der Schule bekommen. Jeder fürchtete ihn. Der Mann gab allen zu verstehen, dass es nicht klug sei, ihn zu verärgern. Schlimmer noch, er verspottete offen den Glauben an einen Gott. Wer zu spät zu einem seiner Kurse erschien, kam auf eine schwarze Liste.

Bilder, wie der Lehrer seinen Ärger über ihn ausschüttete, beunruhigten Pavel. Eine innere Stimme drängte ihn, sein Versprechen nur dieses eine Mal zu brechen. Schließlich wollte Gott doch, dass er ein guter Schüler wird.

Was soll er tun?

Eine andere Stimme begann leise zu ihm zu sprechen: „Wirst du mir vertrauen und dir die nötige Zeit nehmen, um zu wissen, dass ich dich begleite? Ich bin dir vorausgegangen, um deine Probleme zu lösen und deine Schwierigkeiten auszuräumen. Wirst du mir auch diesmal vertrauen?"

Pavel wusste, dass es wirklich nur eine Entscheidung gab, die er treffen konnte, um sich an seine Abmachung zu halten. Innerlich ruhig und gefasst begann er seine Zeit im Gespräch mit Gott.

Von Zeit zu Zeit tauchten Bilder eines wütenden Lehrers vor seinem inneren Auge auf, doch jedes Mal überließ er sie Gott. Es dauerte fast zwei Stunden, bis er den Frieden und die Gewissheit verspürte, die er für diesen Tag brauchte.

Pavel betete mit jedem Schritt seines längsten Schulwegs. Was würde passieren? Würde man ihn aus der ersten Unterrichtseinheit werfen? Er wusste, dass es ein Pflichtfach für den Schulabschluss war. Bei jedem Gedanken, der an seinem inneren Frieden nagte, sagte er einfach: „Gott, ich übergebe ihn dir."

Es war schließlich fast 10 Uhr, als Pavel die Klasse betrat. Er hatte die erste Stunde komplett verpasst, und die zweite Stunde war bereits voll im Gange.

Als er Platz nahm, schaute er zu einem Freund in der nächsten Reihe hinüber. Erstaunt erwiderte dieser seinen Blick. Pavel beugte sich ein wenig vor, und sein Freund flüsterte ihm zu: „Woher wusstest du, dass der Lehrer von der ersten Stunde heute krank ist? Dein Timing ist erstaunlich! Und das ist noch nicht alles. Der Lehrer, der für ihn eingesprungen ist, hat irgendwie vergessen, die Anwesenheit der Schüler zu notieren. Kannst du das glauben? Das ist mir noch nie passiert. Goia, du bist doch der größte Glückspilz auf Erden!"

Pavel seufzte erleichtert. Gott hatte ihn dafür gesegnet, dass er ihm treu geblieben war! Das sollte nicht das letzte Mal so sein. Immer wieder konnte er erleben, wie kleine Details zusammengefügt wurden, um Probleme zu lösen, denen er hilflos gegenüberstand.

Gottes Segen begleitete ihn nicht nur während seiner Schulzeit, sondern auch bei seiner Arbeit. Seitdem er sein Leben Gott übergeben hatte, wuchs in ihm der Wunsch, ein Handwerk zu erlernen. Als Bauunternehmer hatte sein Vater einen ausgezeichneten Ruf. Weil sie seinem Können und seinem Fachwissen vertrauten, waren die Leute bereit, für ihre Projekte sogar lange Wartezeiten in Kauf zu nehmen. Nach Schluss des Unterrichts bot dieses Familienunternehmen Pavel die Möglichkeit, verschiedene Aspekte des Bauens zu erlernen und etwas Taschengeld zu verdienen.

Von allen Fertigkeiten, die er erlernte, war das Zuschneiden von Glas eine seiner Lieblingsarbeiten. Gott segnete ihn bald mit einer Geschicklichkeit und Genauigkeit, die nur wenige Handwerker jemals erlangen. Mehrere Projekte in Gewerbegebieten erforderten feuerfestes Drahtglas in Türen und Fenstern von Gebäuden. Doch nur wenige Handwerker hatten Erfahrung im Schneiden dieses speziellen Glases. Mit Hilfe seines Vaters erlernte Pavel deshalb die Berufsgeheimnisse dieser besonderen Technik.

Kurz nachdem Pavel sechzehn Jahre alt geworden war, erhielt er die Gelegenheit, zu beweisen, dass er tatsächlich ein kompetenter Handwerker war und nicht nur ein ausgeflippter Teenager, der in der Firma mithalf. Der Baudezernent des Landkreises verließ sich darauf, dass Pavels Vater ihm jedes Mal aushalf, wenn er mit Fertigstellungsterminen in Verzug war. Oft traten nämlich unvorhergesehene Probleme auf, die zu kostspieligen Verzögerungen führten. Manchmal sah es so aus, dass ein Projekt auf keinen Fall rechtzeitig fertig werden würde. Verzweifelt kontaktierte dann der Dezernent den Bauunternehmer Goia, ihm zu helfen, den Termin einzuhalten.

Immer wieder hatte Gott Pavel Goia senior gesegnet und ihm geholfen, weit mehr zu erreichen, als andere für möglich hielten. Es war jedoch stets ein wunder Punkt, wenn das Wochenende kam und Bauunternehmer Goia ankündigte, dass er am nächsten Tag nicht zur Arbeit kommen würde, weil dies sein Ruhetag war. Zwar wurde er dann gebeten, dennoch zu arbeiten, aber Pavel Goia senior blieb seiner Überzeugung treu.

Wieder einmal steckte der Baudezernent des Bezirks in der Klemme. Eines der größten Autoreparaturzentren des Landes war im Bau. Es sollte ein hochmodernes Gebäude mit einem mehrstöckigen Parkhaus sein. Das Projekt sollte bis Ende Oktober fertiggestellt werden und war erheblich in Verzug geraten. Erschwerend kam hinzu, dass der Präsident des Landes für Ende Oktober einen Besuch in der Stadt geplant hatte. Die Besichtigung dieses architektonischen Meisterwerks stand mit auf seiner Agenda.

Eine der Arbeiten, die in Rückstand geraten waren, war das Zuschneiden und Einsetzen von Drahtglas. Mehrere Türen und Fenster erforderten gemäß den Bauvorschriften dieses spezielle Glas. Der Baudezernent hatte überall nachgefragt, aber nur wenige Handwerker hatten das Wissen und Können, diese Art von Glas zu bearbeiten. Bauunternehmer Goia war zufällig einer der wenigen, die ihm helfen konnten. Verzweifelt bat der Dezernent ihn deshalb ein weiteres Mal um Rettung.

„Es tut mir sehr leid, dass ich Ihnen diesmal nicht helfen kann. Ich bin bis Januar mit eigenen Terminen fest verplant", antwortete Pavel Goia senior entschuldigend. „Aber ich kenne jemanden, der es für Sie erledigen könnte. Mein Sohn ist sehr geschickt im Zuschneiden von Drahtglas. Er kann es genauso gut wie ich. Ich bin mir sicher, er hilft Ihnen gerne."

Der Dezernent war nicht begeistert, einen 16-Jährigen mit einer solch schwierigen Aufgabe zu betrauen, aber bei zwei Monaten Arbeit, die in weniger als einem Monat erledigt werden musste, blieb ihm keine andere Wahl.

Pavel war begeistert, sich als Handwerker beweisen zu können. Er war für das Vertrauen dankbar, das ihm aufgrund seines neuen Lebens geschenkt worden war. Sobald er aus der Schule kam, lief er direkt zur Baustelle. Als er den Bauleiter fand, stellte er sich als Glasschneider vor, der vom Dezernenten engagiert worden war. Der arrogante Bauleiter war darüber nicht erfreut. Sofort verdüsterte sich sein Gesicht. Verärgert brummte er, dass man ihm „ein Kind" und keinen Mann geschickt habe. Er bräuchte einen Spezialisten und keinen dahergelaufenen Teenager, der noch grün hinter den Ohren sei. Er hätte schon genug Probleme und habe keine Lust, zusätzlich noch den Babysitter spielen zu müssen.

Obwohl sein neuer Vorgesetzter fluchte und schimpfte, ging Pavel fröhlich an die Arbeit. Jedes Mal, wenn er seinen Diamant-Glasschneider ansetzte, folgte ein perfekter Schnitt. Das Einsetzen der Glasscheiben gelang ihm ebenso fehlerlos. Noch nie zuvor hatte er seine Arbeit so perfekt ausgeführt. Mit dem Spachtel glättete er den Kitt um die Glasscheibe ohne jeden Makel. Pavel war selbst erstaunt, wie er jede Tür- und Fensterscheibe in Rekordzeit und ohne Fehler fertigstellen konnte. Abend für Abend arbeitete er bis spät in die Nacht, um den Termin einzuhalten.

Als das erste Wochenende kam, kündigte Pavel an, dass er am nächsten Tag nicht zur Arbeit kommen würde, da er Christ sei und den Gottesdienst besuchen werde. Ein Schwall von Flüchen ergoss sich über Pavel, wie er es noch nie zuvor erlebt hatte. Außer sich vor Wut schrie ihn der Bauleiter an, dass er ihn sowieso nicht auf der Baustelle haben wolle. Der Mann war sich sicher gewesen, dass Pavel die Arbeit nicht erledigen konnte, doch als dieser bewiesen hatte, dass er sie perfekt und im Zeitplan umsetzte, hasste ihn der Vorgesetzte umso mehr. Es gab keine Möglichkeit, es dem Mann recht zu machen. Trotz all der Drohungen und Beleidigungen besuchte Pavel am nächsten Tag den Gottesdienst in der Kirche.

Als Pavel am nächsten Tag auf die Baustelle zurückkehrte, wurde er auf jede erdenkliche Weise beleidigt. Es war klar, dass sein Vorgesetzter entschlossen war, ihm das Leben so unerträglich wie möglich zu machen. Er wolle hier kein Kind herumlaufen haben! Die Tatsache, dass Pavel Christ war, machte alles nur noch schlimmer. Pavel konnte auf der Baustelle nicht einmal von einem Ort zum anderen gehen, ohne von derben Flüchen und Gesten begleitet zu werden. Trotzdem erledigte er gewissenhaft seine Arbeit und ertrug die täglichen Beschimpfungen, ohne ein Wort zu sagen.

Schließlich war das Bauprojekt abgeschlossen. Pavel fühlte sich erschöpft, war aber auch stolz wegen der Qualität und der Geschwindigkeit, mit der er seine Arbeit erledigen konnte.

Alle Arbeiten wurden nach einer festen, ausgehängten Lohntabelle vergütet. Einige Arbeiten wurden auf Stundenbasis entlohnt. Manche Arbeiter erhielten einen festgelegten Betrag für die erledigte Aufgabe. Bei den Glasarbeiten gab es für jeden eingesetzten Quadratmeter Glas eine feste Vergütung. Deshalb führte Pavel über jedes Fenster und jede Tür eine genaue Liste der verarbeiteten Quadratmeter Glas. Damit verdiente er weit mehr als die Männer um ihn herum. Die Handwerker erhielten 1600 bis 1800 Lei pro Monat an Stundenlohn. Der Bauleiter, der ihn so sehr verachtete und verspottete, verdiente 2400 Lei im Monat. In den drei Wochen, in denen Pavel das Drahtglas verarbeitet hatte, verdiente er jedoch 5500 Lei!

Zwei Monate und zwei Männer waren für diese Arbeiten vorgesehen gewesen. Mit Gottes Hilfe hatte Pavel es aber in nur drei Wochen geschafft. Mit einem Lied im Herzen verließ er die Baustelle.

Aber das Lied verklang schnell, als er seinen Lohn abholen wollte. Das Gesicht seines Vorgesetzten verzerrte sich in einem Wutanfall. Fluchend schrie der Mann: „Ich verdiene hier nicht so viel Geld wie du, und ich bin der Bauleiter! Ich werde nicht irgendeinem dahergelaufenen Teenager das Doppelte von dem zahlen, was ich erhalte. Ich gebe dir 1200 Lei und nicht mehr!"

Pavel protestierte zwar und verwies auf die ausgehängte Lohntabelle, doch es war vergeblich.

Traurig machte er sich auf den Heimweg. War das die Art und Weise, wie er für all die langen Stunden, die er gearbeitet hatte, entschädigt werden sollte? Das war nicht fair! Deshalb wollte er sich nicht ohne Protest damit abfinden. Der Baudezernent des Bezirks hatte ihn eingestellt, und bei ihm würde er Einspruch erheben. Ihm war nicht ganz wohl bei dem Gedanken, in das Kreisbauamt zu gehen. Wer würde schon auf den Protest eines Jugendlichen gegenüber einem altgedienten Bauleiter hören?

Als er der Sekretärin des Kreisbauamtes sein Anliegen vortragen hatte, sagte sie: „Kommen Sie morgen früh um Punkt 8 Uhr wieder, dann gebe ich Ihnen die ersten fünf Minuten auf dem Zeitplan des Dezernenten." Mit einem Lächeln bedankte sich Pavel bei ihr. Sein unsichtbarer Partner setzte sich also immer noch für ihn ein.

Am nächsten Morgen schreckte er in seinem Bett empor. Es war 07:45 Uhr. „Oh nein, ich habe schon wieder verschlafen", stöhnte er.

In nur fünfzehn Minuten sollte er im Kreisbauamt sein! Er warf sich seine Kleidung über und wollte zur Tür hinaus. Als er die Hand schon auf der Türklinke hatte, hörte er eine Stimme sagen: „Pavel, hast du gebetet? Willst du heute das Haus ohne mich verlassen?"

„Aber ich habe einen Termin beim Baudezernenten. Was wird er von mir denken, wenn ich nicht erscheine?", warf Pavel ein.

„Willst du mir auch dieses Mal vertrauen, oder gehst du heute auf eigene Faust?", antwortete die leise Stimme.

Er wollte Gott vertrauen – komme, was wolle! Deshalb beschloss er, nicht eher das Haus zu verlassen, bis er die Gewissheit hatte, dass Gott ihn begleitete. Es war schließlich 10 Uhr, als der vertraute Frieden in sein Herz zurückkehrte. Er schaute auf die Uhr und überlegte, ob die Fahrt in die Stadt sich jetzt überhaupt noch lohnte. Aber dann dachte er: „Was habe ich schon zu verlieren? Ich kann genauso gut hingehen und sehen, was passiert."

Das gleiche höfliche Lächeln begrüßte ihn, als er an den Schreibtisch der Sekretärin trat, um sich für seine Verspätung zu entschuldigen. Sie versicherte ihm, er solle sich keine Sorgen machen. Der Premierminister sei überraschend gekommen und habe den ganzen Vormittag über Besprechungen mit jedem der Abteilungsleiter gehabt.

„Kommen Sie morgen wieder. Dann werde ich sehen, was ich für Sie tun kann", sagte sie. Erleichtert wandte sich Pavel zum Gehen. Gerade als er die Tür erreichte, rief sie ihm zu: „Warten Sie."

Genau in diesem Moment öffnete der Baudezernent die Tür des Konferenzraums und ging über den Flur zur Toilette. Er kam kurz zum Schreibtisch der Sekretärin hinüber, um zu sehen, worum es bei der ganzen Aufregung ging. Nachdem er einen Moment zugehört hatte, wies er die Sekretärin an, Pavels Geschichte von der Baustelle schriftlich zu bestätigen und einen vollständigen Bericht darüber zur Überprüfung vorzubereiten.

Am nächsten Tag erhielt Pavel einen Anruf von der Sekretärin: „Sie können zum Kreisbauamt kommen und Ihren Scheck abholen."

So schnell er konnte, lief Pavel in die Stadt und kehrte kurz darauf mit einem Drei-Monats-Scheck in der Tasche fröhlich pfeifend nach Hause zurück.

ÄRGER MIT DER GENOSSENSCHAFT

ch könnte mich selbstständig machen, dachte Pavel, als er vom Büro des Baudezernenten nach Hause ging. *Ich könnte richtig Geld verdienen, wenn ich weiter Glas zuschneiden würde.* Das Geld, das er mit dem kommerziellen Bauprojekt verdient hatte, motivierte ihn, sein eigenes Geschäft aufzumachen. Damit würde er mehr Taschengeld verdienen, als die meisten Handwerker für den Unterhalt ihrer Familien erhielten.

Er wusste, dass die Regierung alle Unternehmen kontrollierte. Nur wer sich bei der Genossenschaft unter der Kategorie „Privates Mandat" registrierte, konnte sein eigenes Geschäft betreiben. Regelmäßig wurden Revisionen durchgeführt, um sicherzustellen, dass die Geschäftsinhaber die Vorschriften einhielten. Das System war recht einfach: Der Geschäftsinhaber durfte 35 Prozent des Gewinns behalten, während 65 Prozent über die Genossenschaft an die Regierung abgeführt werden mussten. Niemand stellte dieses System in Frage. Es war einfach so, wie es war.

Nachdem er seine Genehmigung erhalten hatte, mietete er einen Raum, der an ein anderes Geschäft angrenzte. Die Lage war ideal. Seine Werkstatt lag an einer Hauptstraße in der Nähe des Stadtzentrums. Nachdem er ein paar Werkzeuge gekauft hatte, war er bereit, Aufträge anzunehmen.

Die große staatliche Genossenschaft, die sich im Zentrum jeder Stadt und Gemeinde befand, regelte den Verkauf aller Baumaterialien. Die Genossenschaft bestand aus einem Komplex von großen Lagerhäusern. In einem separaten Gebäude befanden sich die Materialien für jedes Gewerbe. Nachdem Pavel die Glasabteilung der örtlichen Genossenschaft ausfindig gemacht hatte, füllte er die notwendigen Papiere aus, um Glas auf Kommission zu kaufen, sodass er nur für die verarbeiteten Materialien bezahlen musste. In dem riesigen Lager standen Lattenkisten mit Glasscheiben in allen Größen und Stärken. In einem Bereich waren dekorative Spezialgläser ausgestellt wie Milchglas, strukturiertes Glas sowie auch Drahtglas.

Pavel wählte zwei Kisten mit den gebräuchlichsten Glasgrößen als Vorrat für seine neue Werkstatt. In jeder Kiste lagerten zweiundzwanzig Glasscheiben mit einer Größe von 1,80 x 2,10 Metern. Die beiden mit Glas gefüllten Kisten wogen jeweils mehr als 1,8 Tonnen. Ein spezieller Lieferwagen, der mit einem Kran ausgestattet war, transportierte das Glas vom Lager zum Bestimmungsort. Mit der Lieferung der Glasscheiben hatte Pavel nun ein betriebsbereites Geschäft.

Schon nach kurzer Zeit war er damit beschäftigt, Fensterglas für neue Häuser und Umbaumaßnahmen zu schneiden. Sein sympathisches Lächeln und seine freundliche Persönlichkeit gewannen schnell das Vertrauen der Kunden. Viele Sonderanfertigungen stellten ihn vor Herausforderungen, denen er vorher nicht begegnet war, aber mit Gottes Segen verließ jeder Kunde zufrieden die Werkstatt, und viele von ihnen warben begeistert für die Arbeit des jüngsten Glasers im Land. Seine handwerklichen Fähigkeiten und seine Liebe zum Detail sorgten dafür, dass sich schnell herumsprach, wie gut der neue Glaser sein Handwerk verstand. Bald war sein Betrieb einer der erfolgreichsten in der Stadt, mit mehr Kunden, als er bedienen konnte. Nachdem Pavel sich einen Namen gemacht hatte – wobei er Schule und Arbeit unter einen Hut bringen musste –, verdiente er mehr als das Doppelte als die meisten Männer, die sieben Tage die Woche arbeiteten.

Jeden Freitagnachmittag schloss er die Glaserei bis zum folgenden Montag. Die Möglichkeit, noch mehr Geld zu verdienen, reizte ihn nicht im Geringsten, am Wochenende seine Werkstatt zu öffnen.

Pavel wurde in das Leitungsteam seiner Kirchengemeinde gewählt. Er war hauptsächlich für die Jugendarbeit verantwortlich. Einmal im Monat bildete er mit den Jugendlichen ein Anbetungsteam, das den gesamten Gottesdienst gestaltete. Außerdem machte es ihm Freude, den Chor zu leiten. Gemeinsam mit anderen Gottesdienst zu feiern, war für ihn die schönste Zeit der Woche, die er um nichts in der Welt missen wollte.

Eines Tages betrat der große, Achtung gebietende Vorsitzende der Genossenschaft seine Werkstatt, um ihm zum Erfolg seines neuen Betriebs zu gratulieren. Mit einem Lächeln sagte er: „Pavel, Sie verdienen eine Menge Geld für uns. Wir können nicht glauben, dass Sie so erfolgreich sind, auch wenn Sie nur in Teilzeit arbeiten. Wenn Ihnen die Schule nicht im Weg stünde, könnten Sie Ihren Gewinn zweifellos verdoppeln. Wir möchten, dass Sie die Schule verlassen und Ihre Glaserei in Vollzeit betreiben."

„Nein, das kann ich nicht", sagte Pavel und schüttelte den Kopf.

„Warum nicht? Sie haben einen gut laufenden Betrieb mit einem guten Gehalt – was wollen Sie mehr?" Als er sich umdrehte und zur Tür ging, rief er über die Schulter: „Wenn Sie über meinen Vorschlag in Ruhe nachdenken, werden Sie mit Sicherheit Ihre Meinung ändern."

Ein paar Wochen später kehrte der Vorsitzende der Genossenschaft zurück und hoffte, dass der 17-jährige Unternehmer inzwischen die Weisheit seines Vorschlags erkannt hatte. Betroffen musste er jedoch feststellen, dass Pavel keinen einzigen Gedanken daran verschwendet hatte. Das freundliche Lächeln verschwand daraufhin aus dem Gesicht des Vorsitzenden.

Offensichtlich frustriert brummte er: „Morgen arbeiten Sie nicht, weil Sie zur Schule gehen. Samstags arbeiten Sie nicht, weil Sie die Kirche besuchen. Sonntags arbeiten Sie nicht, weil dies Ihre freie Zeit ist. Sie müssen endlich anfangen, an den Wochenenden zu arbeiten! Das ist die Zeit, in der die meisten Leute ihre Häuser renovieren oder umbauen."

„Ich verdiene bereits eine Menge Geld. Ich brauche nicht am Wochenende zu arbeiten."

„Sie haben wohl meinen Standpunkt nicht verstanden. Ich schlage Ihnen nicht vor, die Wochenenden zu nutzen. Ich möchte Ihnen vielmehr klarmachen, dass Sie dazu verpflichtet sind!"

„Nun, es tut mir leid, aber ich kann einfach nicht an den Wochenenden arbeiten", erwiderte Pavel, ohne mit der Wimper zu zucken.

Sichtlich unzufrieden verließ der Vorsitzende die Werkstatt.

Eine Woche später kehrte der Mann zurück. Er war fest entschlossen, das Problem zu lösen, dass Pavel am Wochenende nicht arbeiten wollte. „Ich habe eine von meinem Vorgesetzten unterzeichnete Anweisung. Er besteht darauf, dass Sie ab sofort an den Wochenenden arbeiten!"

„Okay, ich werde ab jetzt sonntags arbeiten, um die Regierung zufriedenzustellen, aber samstags werde ich auf keinen Fall für irgendjemanden arbeiten!", antwortete Pavel fest entschlossen.

Am nächsten Sonntag begann er dem neuen Arbeitsplan zu folgen. Nach ein paar Wochen bewiesen die Einnahmen, dass die Theorie des Präsidenten richtig war. Jetzt verdiente er noch mehr Geld. Das Geschäft boomte.

Ein weiteres Mal betrat der Vorsitzende der Genossenschaft die Werkstatt. Seine Besuche wurden allmählich zu einem regelmäßigen Ereignis. Ohne Zeit für einen Smalltalk zu verschwenden, sagte er: „Ich dachte, ich hätte mich klar und unmissverständlich ausgedrückt. Samstags arbeiten Sie! Ich bin es langsam leid, dass Sie meine Anweisungen missachten. Ich hoffe, Sie haben mich jetzt endlich verstanden. Ab sofort werden Sie sowohl samstags als auch sonntags arbeiten! Sie haben keine andere Wahl."

„Ich kann nicht!", war Pavels Antwort.

„Niemand sagt mir gegenüber Nein! Was ich sage, gilt ohne Wenn und Aber! Meine Anweisung abzulehnen, ist für Sie keine Option!"

Ruhig blickte Pavel den Vorsitzenden an. Der wurde von Minute zu Minute aufgebrachter.

„Hören Sie mir zu! Entweder Sie arbeiten samstags oder Sie sind arbeitslos."

„Das liegt an Ihnen. Ich habe Ihnen bereits gesagt, dass ich am Samstag nicht arbeiten werde. Sie zwingen mich also, meine Werkstatt zu schließen."

Wütender denn je stürmte der Vorsitzende der Genossenschaft aus der Werkstatt. Es gab nichts mehr zu besprechen. Er hatte nicht damit gerechnet, dass Pavel bereit sein würde, die gut laufende Glaserei einfach aufzugeben. Sein Bluff war nach hinten losgegangen.

Ein paar Wochen lang genoss Pavel die freie Zeit, die er durch seine geschlossene Werkstatt gewonnen hatte. Doch nach einem Monat rief ihn der Vorsitzende der Genossenschaft an. Er teilte ihm mit, dass der Ruf der Genossenschaft gelitten habe, weil die Gewinne rückläufig seien. Nicht nur die Glasverarbeitung lag unter dem Durchschnitt, auch alle anderen Bereiche waren eingebrochen. Die fehlenden Einnahmen aus Pavels Glaserei würden die Lage noch mehr verschlechtern. Statt zu den Top-Genossenschaften zu gehören, befänden sie sich nun am unteren Ende. Pavel müsse deshalb zurückkommen und seine Werkstatt wieder öffnen. Der war damit einverstanden und nahm sofort wieder die Arbeit auf.

Einige Wochen später stand der Vorsitzende wieder in der Tür. Seine massige Gestalt füllte den ganzen Rahmen aus. Mit seinem Auftreten wollte er zeigen, dass er entschlossener war denn je zuvor. Diese Werkstatt sollte auch samstags geöffnet werden!

„Wenn Sie nicht bereit sind, am Samstag zu arbeiten, dann werde ich Sie dazu zwingen!", zischte er. Wie die Nadel eines Schallplattenspielers, die in einer Rille hängen geblieben war, wiederholte er seine alten Drohungen.

„Ich kann nicht", erklärte Pavel.

„Seien Sie nicht so stur. Wenn Sie sich mit mir anlegen, werden Sie verlieren!"

„Hören Sie, es geht mir nicht darum, stur zu sein. Ich *kann* samstags nicht arbeiten."

„Doch, Sie können!"

„Nein, ich kann nicht!"

„Doch, Sie können und Sie *werden*!", erwiderte der Vorsitzende. „Niemand hat mir jemals derart frech widersprochen! Ich werde Ihnen eine Lektion erteilen, die Sie nie vergessen werden! Ich verspreche Ihnen, wenn ich mit Ihnen fertig bin, werden Sie meine Autorität und meine Anordnungen respektieren. Warten Sie nur ab – schon bald werden Sie meine Befehle mit Freuden befolgen!", brüllte er und knallte die Tür ins Schloss.

Einige Zeit später war Pavels Glasvorrat fast aufgebraucht. Es war Ende der Woche, und er würde mehr Glas brauchen, um die Arbeit in der folgenden Woche wieder aufnehmen zu können. Er rief im Lagerhaus an und gab wieder eine Bestellung für zwei Kisten Glas auf.

Als er am Sonntag zurückkehrte, stand etwas Vertrautes direkt vor der Tür seiner Werkstatt. Es waren die beiden mit Glasscheiben bestückten morschen Kisten, die seit zwei Jahren draußen vor dem Lager standen! Nie hätte er sich träumen lassen, dass man sie einmal an ihn liefern würde. Alle, die im Lager ein und aus gingen, kannten diese Holzkisten, die allmählich in Wind und Wetter verrotteten. Jetzt standen sie hier und versperrten seinen Eingang.

Glas ist sehr empfindlich. So kann ein einziger Regenguss ein ganzes Gestell mit Glasscheiben ruinieren. Schon wechselnde Temperaturen und die dadurch entstehende Feuchtigkeit können zwischen den Scheiben ein solch starkes Vakuum erzeugen, dass sie praktisch alle miteinander verklebt werden, sodass man sie nicht mehr voneinander trennen kann. Doch die Glasscheiben in den morschen Kisten waren nicht nur einem einzigen Regenguss ausgesetzt, sondern Hunderten in den letzten zwei Jahren. Wie jemand das bröckelnde Holz der morschen Kisten beim Transport aus dem Lager zusammenhalten konnte, war Pavel ein Rätsel.

Jetzt hatte er zwei massive Glasblöcke mit einem Gewicht von je 1,8 Zentnern vor seiner Werkstatt stehen, in hölzernen Transportkisten, die zu morsch waren, dass man sie bewegen konnte. Wie versprochen, hatte der Vorsitzende der Genossenschaft diese Sonderlieferung veranlasst. Er wollte Pavel damit eine Lektion erteilen, die er nie vergessen würde.

Der Mann wartete neben den morschen Kisten und begrüßte Pavel mit einem fiesen Lächeln. „Ich habe diese Kisten gestern hierher liefern lassen. Als sie abgestellt wurden, waren sie wie neu. Aber Sie sehen ja, was mit ihnen passiert ist, weil Sie am Samstag nicht zur Arbeit gekommen sind. Die Verantwortung liegt bei Ihnen, denn Sie waren nicht auf der Arbeit, wie es Ihnen aufgetragen wurde. In unserem Land wird erwartet, dass die Leute samstags arbeiten", sagte er mit einem gemeinen Grinsen. „Beheben Sie den Schaden, sonst müssen Sie alles bezahlen! Von hier aus werde ich sofort zum Gericht gehen und ein Verfahren gegen Sie einleiten. Ich gebe Ihnen zehn Tage Zeit, das Glas entweder instand zu setzen oder es vollständig zu bezahlen. Wenn Sie das nicht tun, landen Sie im Gefängnis", sagte er spöttisch.

Pavel wusste, dass der Wert des Glases etwa drei Monatsgehältern entsprach – weit mehr als ein Bußgeld, das ihm ein Gericht auflegen würde. Die Aussicht auf Gefängnis war jedoch keine leere Drohung. Schon oft waren Leute wegen veruntreuten Geldes ins Gefängnis gegangen, obwohl sie es nicht genommen hatten.

Hätte er doch nur etwas von dem Geld gespart, das er eingenommen hatte! Es war „wie gewonnen, so zerronnen." Anstatt zu sparen, war er auf Reisen gegangen und hatte sich gedankenlos Motorräder, eine Campingausrüstung oder was immer ihm gerade gefiel, gekauft. Jetzt befand er sich in einer ernsten Zwangslage. Hätte er etwas von dem Geld gespart, statt es leichtfertig auszugegeben, wäre er nicht in dieser Situation.

Wiederholt ging er zum Büro des Vorsitzenden und versuchte, mit ihm zu verhandeln. Jedes Mal wurde der Mann nur noch wütender und rücksichtsloser. Pavel solle das Glas entweder instand setzen oder bezahlen. Wenn er das nicht täte, würde das Gefängnis auf ihn warten. Und wenn Pavel ihn noch einmal belästige, würde er ihm sofort die Polizei auf den Hals hetzen.

Nach ein paar Tagen beschloss Pavel, den Vorsitzenden trotz dessen Drohung noch einmal aufzusuchen. Nachdem er das Büro betreten hatte, versuchte er ein letztes Mal, den Mann umzustimmen: „Sie können mich ins Gefängnis werfen, aber was nützt das Ihrer Genossenschaft? Sie denken, dass Sie mich so dazu bringen werden, samstags zu arbeiten, und dass Sie dadurch Ihre Gewinne wieder steigern können. Aber selbst wenn ich meine Freiheit verlieren sollte, werde ich nicht am Samstag arbeiten. Sie können also entweder Ihren Beschluss zurückziehen oder mein Leben ruinieren. Ihnen ist aber auch klar, dass Ihre

Genossenschaft nichts dadurch gewinnt, wenn ich im Gefängnis sitze. Sie werden mit Ihrem niedrigeren Ertrag vor dem Bezirksrevisionsausschuss nur noch schlechter aussehen. Was haben Sie also davon, wenn Sie Ihren Plan weiterverfolgen? Eins ist klar, ich werde samstags nicht arbeiten! Warum lassen Sie mich dann nicht meine Stunden am Sonntag erhöhen, so dass Ihre Zahlen dementsprechend steigen? Wenn Sie es wollen, werde ich sogar meine Stunden unter der Woche erhöhen", schlug er dem Mann vor.

„Okay, wenn Sie die beiden Glaskisten unbeschädigt und in gutem Zustand zurückbringen, können Sie Ihre Werkstatt weiterführen. Wenn das Glas jedoch beim Transport beschädigt wird, müssen Sie es in voller Höhe bezahlen. Ich werde Sie abstrafen und Ihnen solch eine Lektion erteilen, dass Sie Ihre sture Haltung mit Sicherheit ändern werden. Also machen Sie schon und versuchen Sie, das Glas zurückzubringen", sagte der Vorsitzende mit einem fiesen Lächeln. Da die Holzkisten so marode waren, dass man sie unmöglich bewegen konnte, war sein Angebot nichts weiter als ein hinterlistiger Schachzug.

Seit Tagen hatte Pavel für die Lösung seines Problems gebetet. Jetzt aber glaubte er, dass alles über ihm zusammenbrechen würde. Als sein Vater sein langes Gesicht sah, wollte er wissen, was ihn beunruhigen würde. Pavel erklärte ihm seine Notlage. Daraufhin erzählte ihm sein Vater von seiner eigenen Erfahrung mit Gott.

„Du musst Gott nicht ständig anflehen. Du hast ihm ja einmal von deiner Not erzählt. Glaubst du etwa nicht, dass er dich gehört hat?", fragte er. „Du musst ihn nicht immer wieder um das Gleiche bitten. Überlass ihm einfach dein Problem."

„Ich weiß nicht, wie man das macht", erwiderte Pavel verunsichert.

„Wie schon gesagt, wenn du einmal gebetet hast, lege Gott nicht immer wieder dieselbe Sache vor. Du hast ihn gebeten, dein Problem zu lösen. Warum lässt du es ihn nicht so machen, wie er es für am besten hält?"

„Aber es passiert nichts."

„Nun, Gott hält sich nicht immer an unseren Zeitplan. Sei geduldig und warte darauf, dass Gott handelt. Du willst doch nicht wie König Saul sein. Der wartete sieben Tage auf die Rückkehr des Propheten Samuel, um Gott ein Opfer zu bringen. Schließlich war er es leid, länger auf den Propheten zu warten, und beschloss, das Opfer selbst darzubringen. Du weißt, wie die Geschichte ausgegangen ist. Wenn Saul doch nur ein wenig länger gewartet hätte! Wenn du betest, musst du Gott vertrauen und darfst nicht ungeduldig werden. Er wird zu seiner Zeit und auf seine Weise antworten."

Ein letztes Mal ging Pavel zum Büro des Vorsitzenden der Genossenschaft, um ihm seine endgültige Entscheidung mitzuteilen.

„Ich werde samstags nicht arbeiten, was auch immer geschehen mag!", sagte er mit fester Stimme. „Morgen lasse ich die Glaskisten in Ihr Lager zurückbringen."

Am folgenden Nachmittag mietete er einen Lieferwagen mit Kran und beauftragte den Fahrer, die Holzkisten von seiner Werkstatt abzuholen. Dort wartete schon der Vorsitzende der Genossenschaft mit einigen seiner Mitarbeiter. Sie wollten die drohende Katastrophe nicht verpassen. Kunden aus anderen Geschäften schlossen sich ihnen neugierig an. Als sie die Menschenmenge sahen, blieben auch einige Passanten stehen, um zuzuschauen.

Als der Fahrer des Lieferwagens ankam und die Kisten inspizierte, wollte er sie auf keinen Fall bewegen.

„Diese Kisten wiegen jeweils fast zwei Zentner, und sie sind so morsch, dass sie niemals zusammenhalten werden", sagte er kopfschüttelnd.

„Ich übernehme die volle Verantwortung", versicherte ihm Pavel.

„Trotzdem, ich rühre diese Kisten nicht an, es sei denn, Sie unterschreiben eine Verzichtserklärung für alle Verbindlichkeiten."

Nachdem er das unterschriebene Dokument erhalten hatte, schwang der misstrauische Fahrer seinen Kran in Position und ließ vier Drahtseile zu den Kisten hinunter. Dann hängte er sie an die Transportösen der ersten Kiste und begann sie vorsichtig anzuheben. Atemlos beobachtete Pavel, wie sich die Drahtseile spannten und die morsche Holzkiste hoben. Sie knarrte und schaukelte ein wenig, als sie den Boden verließ. Behutsam hob der Fahrer die Kiste weiter an, bis sie etwa einen Meter über dem Gehweg schwebte.

Er wollte gerade die Kiste zum Lkw schwenken, als deren Boden ausbrach und krachend zu Boden schlug. Die vielen Monate in Wasser und

Schlamm hatten ihn so morsch werden lassen, dass er einfach abfiel. Der Würfel aus verklebten Glasplatten begann aus der offenen Kiste zu rutschen. Doch dann blieb er einfach in der Luft stehen! Leicht schwang die bodenlose Kiste über dem in der Luft schwebenden 1,8 Zentner schweren Glasblock hin und her!

Ein ungläubiges Raunen lief durch die Reihen der Zuschauer. Minutenlang wagte niemand ein Wort zu sagen. Sie konnten nicht glauben, was sich vor ihren Augen abspielte. Atemlos und wie gebannt starrten die Menschen auf den Glasblock. Die Zeit schien für sie stillzustehen.

Pavel spürte, wie seine Knie zu schlottern begannen. Fassungslos umklammerte der Fahrer die Steuerungshebel des Krans. Schließlich blickte er Pavel verunsichert an. „Was soll ich tun?", flüsterte er mit heiserer Stimme.

„Ich weiß es nicht", war alles, was Pavel herausbringen konnte. Doch dann schoss ihm eine Idee durch den Kopf. „Lassen Sie die Kiste wieder über den Glasblock herunter", sagte er zum Fahrer.

Langsam senkte dieser die Kiste zurück über den in der Luft schwebenden Würfel aus Glas. Als die Kiste ihn schließlich vollständig umschloss, ließ der Mann sie zusammen vorsichtig auf den Boden zurücksinken.

Mit zitternden Fingern wickelte der Fahrer Stahlseile um die Kiste, bevor er sie vorsichtig auf die Ladefläche seines Lkws hob. Anschließend verlud er auch die zweite Kiste. Die Zuschauer standen immer noch schweigend und wie angenagelt vor der Werkstatt, als der Lkw wegfuhr. Hatten sie nur geträumt oder schwebte gerade tatsächlich vor ihren Augen ein riesiger Glasblock in der Luft?

Der Vorsitzende der Genossenschaft kam mit unsicheren Schritten zu Pavel herüber. Ihm fehlten einfach die Worte. Blass und schockiert versuchte er, etwas zu sagen, brachte aber kein Wort hervor.

Mit zitternden Lippen flüsterte er schließlich: „Liefern Sie das Glas einfach zurück zum Lagerhaus. Sie brauchen sich um die Bezahlung keine Gedanken zu machen und auch nicht um die Anzeige bei der Polizei. Ich werde mich um alles kümmern. Verlassen Sie einfach Ihre Werkstatt und kommen Sie nie wieder! Und bitte, verfluchen Sie mich oder meine Familie nicht."

Er machte auf dem Absatz kehrt und eilte davon. Offensichtlich war er davon überzeugt, dass Pavels Gott – der zwei Zentner Glas in der Luft schweben lassen konnte – auch ihm und seiner Familie an den Kragen gehen konnte, sollte Pavel es so wollen.

Von diesem denkwürdigen Tag an erlebte Pavel immer wieder, wie Gott ihm voranging, Hindernisse beseitigte und Probleme löste, wenn er ihn zur Nummer eins im Leben machte. Er vergaß nie Gottes wunderbares Versprechen: „Wenn du mich an die erste Stelle setzt, werde ich mich um dich kümmern."

WO SIND IHRE BÜCHER?

Das Telefon läutete schrill.

„Wer könnte nachts um zwei Uhr anrufen?", dachte Bauunternehmer Goia, während er einen Blick auf den Wecker neben seinem Bett warf. In der Dunkelheit tastete er nach dem Telefon. Seine Stimme klang schläfrig, aber er schaffte es, zu antworten: „Hallo, hier Goia."

„Sie haben keine Zeit zu verlieren! Holen Sie schnell Ihre Bücher aus dem Haus!", rief die Stimme am anderen Ende der Leitung.

„Wer ist da?", fragte Pavel Goia senior, nun hellwach.

„Das kann ich Ihnen nicht sagen. Nur eins, Sie haben keine Zeit zum Reden! Es ist höchste Eisenbahn – schaffen Sie Ihre Bücher sofort aus dem Haus!"

Ein Summen aus dem Telefonhörer signalisierte, dass der Gesprächsteilnehmer aufgelegt hatte.

„Raus aus den Betten! Beeilt euch! Wir haben keine Zeit zu verlieren!", riss Goia seine Familie aus dem Tiefschlaf. „Die Beamten der Geheimpolizei sind auf dem Weg hierher, um unser Haus nach religiösen Büchern zu durchsuchen!"

Wie der Blitz sprangen Pavel und seine Schwestern aus den Betten und liefen zu ihren Eltern, die bereits die Bücher aus Regalen und Schränken räumten. Niemand brauchte ihnen zu sagen, wie ernst die Lage war. Familie Goia besaß eine der umfangreichsten Bibliotheken des Landes mit religiösen Büchern. Regale mit zahlreiche Bibelübersetzungen, Kommentaren und erbaulicher Literatur säumten die Wände des Arbeitszimmers von Pavels Vater. Diese Bücher waren die wichtigste Quelle für die Gemeindearbeit in Rumänien. Immer wieder wurden sie kopiert, wenn dies möglich war. So schnell sie konnte, räumte Familie Goia die Bücher aus den Regalen und verpackte sie in Kartons.

Als die ersten Kartons voll waren, verstaute Pavels Vater sie im Beiwagen seines Motorrads. Bevor er losfuhr, rief er noch über die Schulter, dass er in ein paar Minuten zurück sei. Sie sollten keine Pause machen und weiter die Bücher verpacken. Ohne sich Zeit zu nehmen, den Reißverschluss seiner Jacke zu schließen, raste er mit seiner kostbaren Fracht davon.

In Rekordzeit kehrte er auf dem Motorrad von Opa Goias Bauernhof zurück, der außerhalb der Stadt lag, um eine weitere Ladung mitzunehmen. Schon bald raste er wieder mit dem Motorrad durch die Nacht, beladen mit vollen Bücherkartons. Erleichtert lud die erschöpfte Familie schließlich die letzten Kartons mit Büchern in den Beiwagen, um sie auf dem Bauernhof in Sicherheit zu bringen.

Erst als das Motorrad wieder auf seinem Parkplatz stand, wagte es Pavels Vater, sich zu entspannen und durchzuatmen. Er war völlig erschöpft, aber sie hatten den Wettlauf mit der Zeit gewonnen. Gemeinsam knieten sie nieder und dankten Gott, dass er die Bücher und sie selbst beschützt hatte. Als sie aufstanden, löschten sie das Licht und schlüpften wieder in ihre warmen Betten.

Bam! Bam! Bam! Fäuste schlugen gegen die Haustür und forderten sofortigen Einlass. Familie Goia hatte noch nicht einmal Zeit gehabt, die Bettdecke über sich zu ziehen! Die Schläge gegen die Haustür machten ihnen klar, dass diejenigen, die dort Einlass forderten, nicht zu einem Freundschaftsbesuch gekommen waren.

„Wir haben einen Durchsuchungsbefehl für Ihr Haus", erklärte ein Beamter in Zivil. „Wir suchen nach verbotenen religiösen Büchern." Pavels Vater blickte an dem Beamten vorbei zu den wartenden Männern der Geheimpolizei hinüber. Ihre Gesichter waren ernst und entschlossen.

„Wir haben Informationen darüber, dass Sie einen großen Vorrat an illegalen religiösen Büchern besitzen", sagte der Einsatzleiter. Er schob Goia einfach zur Seite und betrat das Haus. Hinter ihm strömten die Beamten in Zivil mit schwarzen Handschuhen in das Haus und begannen, Möbel zu verschieben, Bilder abzuhängen und Teppiche aufzurollen. Sorgfältig durchsuchten sie jeden Winkel im Haus, in dem man Bücher verstecken konnte.

Nachdem die Männer einige Minuten lang erfolglos gesucht hatten, begann Pavels Vater, sie herauszufordern, so wie der Prophet Elia die Baals-Priester auf dem Berg Karmel provoziert hatte: „Ihr seid doch Profis. Warum findet ihr die angeblich versteckten Bücher nicht?"

„Keine Sorge, wir werden schon fündig werden! Gehen Sie uns einfach aus dem Weg", schnauzte ihn der frustrierte Einsatzleiter an.

Sie setzen ihre Suche mit erneutem Eifer fort. Zum Ärger des Einsatzleiters stellte der Hausherr weiterhin ihre Kompetenz in Frage, während sie alles durchwühlten. Nachdem sie alles auf den Kopf gestellt hatten, standen die frustrierten Beamten mit leeren Händen da. Als der Einsatzleiter schließlich die Durchsuchung abbrach, schienen alle froh zu sein, das Haus endlich verlassen zu können. Goias ständige Sticheleien hatten sie genervt, während der Mann sie offenbar genossen hatte.

Als die Lichter der Polizeiwagen in der Dunkelheit verschwunden waren, kniete die Familie nieder und dankte Gott, dass er sie durch einen Unbekannten rechtzeitig vor der Razzia gewarnt hatte.

Danach schliefen sie schnell und entspannt ein. Am nächsten Morgen hatten sie ein unglaubliches Chaos aufzuräumen, aber das war für sie in Ordnung, denn Gottes Bücher waren in Sicherheit.

Obwohl Pavel noch das Gymnasium besuchte, hatte er bereits mehr Prüfungen seines Glaubens erlebt als die meisten Christen in ihrem ganzen Leben. Der Widerstand der Regierung war unerbittlich und stellte seine Familie vor immer neue Probleme. Aber zusammen mit den anderen Mitgliedern ihrer Kirchengemeinde versprachen die Goias, weiterhin treu den Gottesdienst zu besuchen und ihren Glauben anderen Menschen zu bekennen.

Es war fast unmöglich, Bibeln zu bekommen. Einige, die erst kürzlich zum Glauben gefunden hatten, kannten vorher die Bibel noch nicht einmal vom Aussehen. Deshalb trafen sich die Gemeindeleiter zu einer Gebetsgemeinschaft und entschlossen sich danach für eine äußerst gefährliche Lösung des Problems.

Jemand schaffte es, einen Kontakt zum Ausland herzustellen. Der versprach ihnen, für sie Bibeln zu beschaffen. Nachdem zwei rumänische Fahrer ein Visum für eine „Geschäftsreise" erhalten hatten, fuhren sie zu der angegebenen Adresse, entfernten die Türverkleidungen des Autos und versteckten ihren Schatz dahinter. Ohne Schwierigkeiten an der Grenze kehrten sie nach Hause zurück.

In der nächsten Woche sagte in der Kirche niemand ein Wort über neue Bibeln. Viele begeisterte Gottesdienstbesucher fanden jedoch eine Heilige Schrift in ihrer Kirchenbank. Nachdem sie mehrfach erfolgreich Bibeln nach Rumänien schmuggeln konnten, fühlten sich die Verantwortlichen ermutigt, einen noch viel riskanteren Plan zu verfolgen.

Eines der Gemeindemitglieder hatte ein Unternehmen, das mit ausländischen Firmen Geschäfte machte. Deshalb musste es mit seinem Lieferwagen häufig über die Grenze fahren. Das war die perfekte Gelegenheit, um ihre geheime Schmuggelaktion auszubauen. Mehrere Nächte lang wurde der Lieferwagen des Mannes im Schutze der Dunkelheit zu einem Schmuggel-Transporter für Bibeln umgebaut. Ein professioneller Schweißer fertigte einen doppelten Boden für den Wagen an, der dem Original perfekt ähnelte. Jetzt konnten sie endlich Bibeln transportieren – nicht ein Dutzend auf einmal, sondern kistenweise!

Der Schmuggel von Bibeln war voll im Gange, als Pavel einen Anruf vom örtlichen Chef der Geheimpolizei erhielt. Er bat ihn, das Klavier in seinem Haus zu stimmen. Als kleines Nebengeschäft hatte Pavel nämlich mit dem Stimmen von Klavieren begonnen. Sein feines Gehör für Töne und seine Liebe zur Musik hatten ihn zu einem der besten Klavierstimmer in der Gegend gemacht.

Während er das Klavier stimmte, entwickelte sich zwischen ihm und dem Polizeichef so etwas wie Freundschaft.

„Ich mag dich, Pavel. Du bist ein guter Junge", sagte der Mann mit einem Lächeln. „Kann ich etwas für dich tun?"

Da Pavel in einem Regierungssystem aufgewachsen war, das von Korruption, Bestechungsgeldern und Gefälligkeiten durchsetzt war, verstand er sehr gut, was der Polizeichef damit sagen wollte.

„Nein, ich brauche nichts."

„Schön, aber ich will dir trotzdem ein paar Insider-Informationen geben. Deine Kirchengemeinde hat siebenundzwanzig Informanten, die für uns arbeiten. Ich dachte nur, dass diese Information für dich nützlich sein könnte", sagte er, als Pavel mit seiner Arbeit fertig war.

„Danke, dass ich für Sie das Klavier stimmen konnte und natürlich auch für das Trinkgeld", sagte Pavel höflich und trat aus der Tür.

Pavels Insider-Informationen machten ihm klar, dass ihre Bibel-Schmuggel-Operation auffliegen würde, wenn die falschen Mitglieder etwas mitbekämen. Mit äußerster Vorsicht wurden die Pläne für die erste „Geschäftsreise" mit dem neu gestalteten Lieferwagen vorangetrieben.

Die kleine Gruppe von Männern, die einige Tage später in der Nacht hinter der Kirche auf die Rückkehr des Lieferwagens wartete, fragte sich voller Sorge: „Hat der Fahrer es geschafft?"

Angespannt beobachteten sie die Lichter der sich nähernden Fahrzeuge. Als schließlich der Lieferwagen mit den geschmuggelten Bibeln ankam, erloschen die Scheinwerfer, und der Transporter fuhr im Dunklen weiter zur Rückseite der Kirche.

Zusammen mit dem örtlichen Pastor holte Pavels Vater die Kisten voller Bibeln aus dem Geheimfach. Sie waren überglücklich, als sie die letzte Kiste ausluden und erkannten, wie viele Familien nun ihre erste eigene Bibel erhalten würden. Die nächste Frage war, wo man sie solange verstecken sollte. Kirchen wurden oft durchsucht, also mussten sie schon ein sehr gutes Versteck finden. Einige der geheimen Orte, die sie zuvor für ein paar Bibeln benutzt hatten, kamen nun wegen der großen Menge nicht mehr in Frage. Die Männer hatten keine Idee, welches Versteck für eine Lieferung dieser Größenordnung geeignet war.

„Wie wäre es mit dem Kirchturm?", schlug jemand vor. Doch ihnen wurde schnell klar, dass die Geheimpolizei den Kirchturm wahrscheinlich zuerst durchsuchen würde.

„Und was ist mit dem Holzschuppen?", fragte der Pastor.

Pavels Vater und der Pastor gingen zum Schuppen hinüber, der halb voll mit Brennholz war. Schnell wurden sie sich einig, dass dies die beste Möglichkeit war. Sofort machten sie sich an die Arbeit, räumten die Holzstapel beiseite und verstauten die Kisten mit den Bibeln an der Rückwand. Nachdem sie das Holz wieder davor aufgeschichtet hatten, kehrten sie in ihre Häuser zurück und baten um Gottes besonderen Schutz für den versteckten Schatz.

Am folgenden Wochenende feierten die Jugendlichen ein Kirchenfest. Sie spielten Spiele und genossen zur Mittagszeit ein leckeres Essen. Als Dessert wurden Wassermelonen aufgeschnitten und serviert. Mit Stücken von der Wassermelone in der Hand liefen die Jugendlichen auf dem Gelände der Kirche herum und genossen ihren Nachtisch.

Als das Fest zu Ende war und die Jugendlichen schon nach Hause gegangen waren, blieben die Leiter für die letzten Aufräumarbeiten zurück. Pavel warf dabei einen Blick zum Holzschuppen hinüber. Die Tür war nur angelehnt! So schnell er konnte, lief er zum Schuppen und blickte hinein.

„Was für eine Sauerei", rief er, als er sah, dass einige Jugendliche dort ihre Melonenschalen auf den Boden geworfen hatten. Zum Aufräumen hatte er jetzt keine Zeit mehr, obwohl er als Jugendleiter dafür verantwortlich war. Es war schon spät geworden, und alle wollten nach Hause gehen.

Ein paar Tage später verbreitete sich die Schreckensbotschaft unter den Kirchenleitern: „Die Polizei durchsucht die Kirche! Sie hat den Tipp bekommen, dass dort eine große Ladung Bibeln versteckt ist!"

Die Männer beteten, während sie zur Kirche eilten, um zu sehen, was mit ihrem Schatz geschehen würde. Aus sicherer Ferne beobachteten sie den Polizeieinsatz und baten Gott inständig, dass er sein geschriebenes Wort beschützen möge.

Wie gut, dass sie nicht den Kirchturm als Versteck gewählt hatten! Dort oben konnte man Polizeibeamte sehen, die alles durchwühlten.

Danach ging die Suche in den Räumen der Kirche weiter. Nachdem sie dort nichts gefunden hatten, begannen die Beamten auf dem Kirchengelände nach Verdächtigem zu suchen.

Atemlos beobachteten die Kirchenleiter aus ihrem Versteck, wie einer der Polizisten zum Holzschuppen ging. Als er die Tür öffnete, sprang er zurück. Ein Schwarm wütender Wespen schwirrte um seinen Kopf. Sie waren offensichtlich nicht erfreut darüber, dass der Mann sie bei ihrem Melonenschmaus störte. Die Melonenschalen schienen jede Wespe im Umkreis von fünf Kilometern zu einer Party eingeladen zu haben. Infolgedessen glich der Holzschuppen eher einem Bienenstock als einem Lager, in dem Holzscheite darauf warteten, die Gemeindemitglieder in den kalten Wintermonaten zu wärmen.

„Hier ist nichts außer ein großes Wespennest", rief der Beamte den anderen zu, als er vor dem Schwarm wütender Wespen flüchtete. Wild um sich schlagend rannte er zu den anderen Beamten zurück.

Frustriert und voller Überzeugung, dass sich nirgendwo auf dem Kirchengelände Bibeln befanden, stiegen die Polizisten in ihre Dienstwagen und fuhren davon.

Die Gemeindeleiter atmeten erleichtert auf. Gott hatte sogar jugendlichen Leichtsinn benutzt, um sein kostbares Wort zu bewahren! Diese Erfahrung stärkte ihren Glauben ungemein.

Als weitere Bibeln und religiöse Literatur gebraucht wurden, planten die Gemeindeleiter weitere „Geschäftsreisen". Jeder Einsatz war ein extrem gefährliches Unterfangen, aber den Gemeindeleitern war bewusst, dass sie mit Gott zusammenarbeiteten. Außerdem war es für sie eine große Belohnung, wenn sie sahen, wie Gemeindeglieder mit einem fröhlichen Lächeln ihre Bibeln in den Händen hielten, als wäre es ihr größter Schatz.

ES GIBT SIE JA GAR NICHT

Was soll ich nur mit meinem Leben anfangen?, fragte sich Pavel. *Die meiste Zeit habe ich davon geträumt, Pastor zu werden. Aber das erscheint mir inzwischen ziemlich unrealistisch, da die kommunistische Regierung fast alle theologischen Seminare abgeschafft hat. Außerdem, warum soll ich ein kümmerliches Dasein fristen, wenn mir viele Türen offenstehen?*

Vielleicht sollte ich Musiklehrer werden ... oder Ingenieur, dachte er, während er überlegte, welchen Weg er einschlagen sollte. Sorgfältig wägte er jede Option ab. *Ich habe Musik immer geliebt. Vielleicht sollte ich das zu meiner Lebensaufgabe machen. Andererseits, wenn ich Ingenieur werden würde, könnte ich nicht nur einen guten Job bekommen, sondern auch mein eigenes Haus bauen. Die Jahre, die ich mit meinem Vater im Baugeschäft verbracht habe, wären für mich als Ingenieur sicher vorteilhaft.* Mehrere Tage lang rang er mit sich, welchen Beruf er ergreifen sollte.

Ein weiteres Hindernis für seine Träume dämpfte Pavels Begeisterung. Seine Schulzeit im Gymnasium endete schon bald, und dann musste er wie jeder junge Mann im Alter von 18 Jahren zum Wehrdienst-Registrierungszentrum. Wer sich nicht registrieren ließ oder sich vor dem Militärdienst drücken wollte, musste mit einer harten Gefängnisstrafe rechnen. Bevor Pavel seine Ausbildung fortsetzen konnte, würde er also seinem Land als Soldat dienen müssen.

Die Regierung hatte zwei Optionen für den Militärdienst. Wer die Aufnahmeprüfung an einer der Universitäten bestanden hatte, musste nur neun Monate Dienst leisten. Das war wesentlich attraktiver als die zweite Option. Wer keine Universität besuchte, musste eineinhalb Jahre Militärdienst leisten. Pavel musste sich also schon bald für einen Beruf entscheiden. Natürlich war die erste Option für alle Jugendlichen die erste Wahl, und für Christen war sie sogar mehr als nur eine gute Idee.

Das Militär machte keine Ausnahmen für junge Männer, die Theologie studieren und als Pastoren Gott dienen wollten. Von dem was Pavel gehört hatte, würde es die schwierigste Erfahrung seines Lebens werden, beim Militärdienst Gott treu zu bleiben. Obwohl er wusste, was ihn erwartete, wollte er so schnell wie möglich das Wehrdienst-Registrierungszentrum aufsuchen. Ohne eine Registrierungskarte waren ihm die Hände gebunden. Sie wurde für alles Wichtige benötigt, vom Führerschein bis zur Bewerbung an der Universität. Deshalb konnte er die Registrierung nicht länger aufschieben, er brauchte diese Karte.

„Ich möchte mich für meine Einberufung registrieren", sagte Pavel zum Offizier am Empfang der Behörde.

„Füllen Sie dieses Formular aus und unterschreiben Sie es mit Ihrem vollen Namen", wies ihn der Mann an. Nachdem Pavel das Formular ausgefüllt hatte, schob er es am Schalter zum Offizier hinüber, damit dieser es bearbeiten konnte. „Pavel Goia", murmelte der Mann leise, während er zu den Aktenschränken ging, die die Wand säumten.

Nachdem er mehrere Minuten die Aktenschränke durchsucht hatte, schaute der Offizier frustriert auf. „Das ist unmöglich", sagte er. „So etwas ist mir noch nie passiert, solange ich hier arbeite. Unsere Unterlagen werden regelmäßig aktualisiert und geprüft, aber wir haben keine

Akte über Sie. Sie existieren einfach nicht. Es ist, als wären Sie nie geboren worden", sagte er ungläubig.

Die ganze Sache erschien Pavel ein wenig lustig. Er grinste, während er überlegte, was jemand machen konnte, der mit keinen Konsequenzen rechnen musste. Wenn er nicht wirklich existierte, was konnte man ihm dann schon wollen?

„Sie meinen also, wenn ich Ihnen jetzt eine Ohrfeige gebe, können Sie mir nichts antun, weil ich nicht wirklich hier bin", scherzte Pavel.

„Ich glaube nicht, dass dies für Sie eine tolle Nummer wäre. Sollten Sie es versuchen, werden Sie schnell herausfinden, dass *ich* sehr wohl hier bin. Es gibt Sie, keine Frage – ich kann Sie nur nicht in unserem System finden. Es tut mir leid. Es gibt nichts, was ich für Sie tun kann", sagte der verwirrte Offizier.

Pavel stand unschlüssig da und fragte sich, was er als Nächstes tun sollte. Er hatte immer gedacht, er würde existieren. Es war ein völlig neuer Gedanke, dass seine Existenz in Wirklichkeit nur eine Illusion gewesen war.

„Nun, wenn es mich nicht gibt, muss ich ja auch nicht zum Militär. Das ist eine gute Nachricht", sagte er und sah plötzlich die positive Seite der Angelegenheit. Doch dann fiel ihm wieder der Grund seines Kommens ein. Er brauchte seine Registrierungskarte, um sich an der Universität bewerben zu können. „Die schlechte Nachricht ist, dass ich nicht zur Uni gehen kann", erklärte er ernst.

„Das ist richtig", stimmte der Offizier zu. „Man würde Sie außerdem ins Gefängnis stecken, wenn Sie Ihren Militärdienst nicht wahrnehmen. Sie müssen also persönlich erscheinen und sich registrieren."

„Ist Ihnen eigentlich klar, *wer* ins Gefängnis gehen würde?", erwiderte Pavel. „Ich bin hierhergekommen, um mich zu registrieren, aber Sie haben mich nicht eingetragen. Also würden Sie doch ins Gefängnis gehen. Sie müssen mich also unbedingt in den Akten finden. Ohne meine Registrierungskarte kann ich mich nicht an der Universität anmelden. Deshalb kann ich ohne diese Karte nicht von hier weggehen. Sie müssen etwas tun", flehte Pavel nun.

Der Offizier verschwand für einen Moment im Nebenraum und kam mit dem General zurück. Nach einer kurzen Einweisung durch den Offizier durchsuchte der General selbst jeden Aktenschrank, aber die Dokumente waren nirgendwo zu finden.

Schließlich ging der General zum Schreibtisch hinüber, um Stift und Papier zu holen. „Ich werde Ihnen einen Bescheid über eine vorübergehende Befreiung schreiben, damit Sie sich an der Universität einschreiben können. Aber Sie müssen mir versprechen, dass Sie wiederkommen, nachdem wir Zeit hatten, nach Ihren Unterlagen zu suchen. Das darf ich eigentlich nicht, aber ich werde darauf vertrauen, dass Sie wiederkommen", sagte er mit einem Lächeln. Pavel bedankte sich und versicherte ihm, dass er auf jeden Fall wiederkommen werde. Mit einem Schreiben in der Tasche, das die Unterschrift des Generals trug, ging er zur Tür hinaus und dankte und lobte Gott.

Da er bereits einige Jahre Erfahrung auf dem Bau hatte, war es für Pavel am besten, Bauingenieur zu werden. Als Nächstes musste er sich deshalb an der Universität für ein Ingenieurstudium einschreiben. Er wollte unbedingt Bauingenieur werden!

Im kommunistischen Rumänien war dies jedoch nicht so einfach möglich. Nur eine Handvoll der begabtesten Studenten wurde für die verschiedenen Studiengänge angenommen. Pavel war mit dem System nur allzu vertraut. Seine Schwester hatte sich jahrelang mit Musik beschäftigt und Klavier geübt, um an der Universität einen Studiengang in Musik ergattern zu können. Die einzige Möglichkeit, die geforderte Exzellenz zu erreichen, war der Unterricht durch einen Privatlehrer. Nach jeder Unterrichtsstunde musste sie täglich acht Stunden üben. Das hatte sie durchgehalten – nicht über Monate, sondern über viele lange Jahre hinweg. Endlich, mit Gottes Segen, hatte sie ihr Ziel erreicht. Von den 1200 Bewerbern, die sich für ein Klavierstudium an der Universität beworben hatten, hatte sie einen der fünf Plätze erhalten. Pavel war auf seine Schwester sehr stolz, weil sie diese großartige Auszeichnung erhalten hatte. Welcher Bruder wäre das nicht?

Er wusste, dass es eine ebenso große Herausforderung sein würde, einen Studienplatz an einer der Universitäten zu erhalten, die einen Abschluss in Ingenieurwissenschaften anboten. Nur die zehn besten Bewerber würden angenommen werden. Bei solch geringen Chancen wagten es nur Einser-Schüler, sich für die Eignungsprüfung anzumelden. Obwohl Pavel seit der Grundschulzeit zu den Besten seiner Klasse gehörte, wusste er, dass dies ein Konkurrenzkampf sein würde, wie er ihn noch nie erlebt hatte. Wie dankbar war er für seine Freundschaft mit dem allwissenden Gott des Universums. Er betete ernsthaft und legte ihm seinen Plan vor.

Als er die nächsten Tage morgens betete und die Bibel studierte, kam ihm die Geschichte von Daniel und seinen drei Freunden in den Sinn. Gott hatte sie aufgrund ihrer Treue mit einer Weisheit gesegnet, die jeden anderen Schüler im Land weit übertraf. In jedem Wissensbereich war ihre Kenntnis zehnmal so groß wie die der anderen Jugendlichen. Pavel bat Gott wiederholt, ihn auf die gleiche Weise zu segnen, wenn es seinem Namen Ehre und Ruhm bringen würde.

Mit seinem Schreiben, das die Unterschrift des Generals trug, machte er sich auf den Weg, um sich an einer nahegelegenen Universität einzuschreiben. Nachdem die Registratorin sich Pavels kurze Erklärung zu dem Schreiben angehört hatte, lehnte sie seinen Antrag ab. An ihrer Universität würden keine Ausnahmen gemacht. Entweder man hatte seine Registrierungskarte oder man hatte sie nicht. Pavel war ein wenig enttäuscht, aber da es noch andere Universitäten gab, wollte er es einfach an einer anderen versuchen. Aber jeder Registrator gab ihm eine ähnliche Antwort: keine Registrierungskarte, keine Bewerbung.

Nachdem er erfolglos versucht hatte, sich an fünfzehn Universitäten einzuschreiben, sahen seine Aussichten düster aus. Es gab nur noch eine Universität, die einen Abschluss im Bereich Bauwesen anbot. *Aber warum sich überhaupt noch die Mühe machen?*, dachte Pavel düster.

Seine Entmutigung wurde mit jedem Häuserblock, an dem er vorbeiging, größer. Seine Füße schlurften müde und ziellos über das Pflaster. *Warum hat Gott mich im Stich gelassen?*, fragte er sich. Gott hatte ihm bisher doch alle Türen geöffnet – warum jetzt nicht mehr? Von dunklen Gedanken und Gefühlen beherrscht, fühlte er sich vergessen und verlassen.

Doch dann sagte er sich, dass er ja nichts zu verlieren hatte, und schlurfte in Richtung der letzten Universität. Am späten Nachmittag betrat er dort das Sekretariat.

„Ich möchte mich für den Studiengang Bauingenieurwesen bewerben", begann er mit leiser Stimme, davon überzeugt, dass die Registratorin seine Bewerbung sowieso ablehnen würde. Deshalb fuhr er fort, er sei sich aber sicher, dass sie ihn ebenfalls nicht haben wolle. Er wolle ihr also die Mühe ersparen, ihn genauso abzulehnen.

Als er schließlich sein Gestammel beendet hatte, lächelte die Frau ihn freundlich an und sagte: „Sie können sich bei uns bewerben. Es ist nicht Ihre Schuld, dass Ihre Akte verloren gegangen ist."

So niedergeschlagen und entmutigt, wie er war, hörte er ihr nicht einmal zu. *Warum auf die Hiobsbotschaft warten?*, dachte er, machte kehrtum und schlurfte zur Tür.

„Warten Sie!", rief die Registratorin. „Ich sagte, Sie können sich bei uns bewerben."

Pavel blieb abrupt stehen und drehte sich um.

„Wirklich? Sie wollen meine Bewerbung zulassen? Geraten Sie dadurch nicht in Schwierigkeiten?", fragte er ungläubig.

„Lassen Sie mich nur meine Arbeit machen. Wollen Sie sich nun bewerben oder nicht?", fragte die Frau mit einem Funkeln in den Augen.

Ohne Zeit zu verlieren, füllte Pavel die Formulare aus und machte sich wieder auf den Weg nach Hause. Er war für das Studium an der Universität angemeldet! Wie gut, dass er nicht entmutigt aufgegeben hatte! Vielleicht hatte Gott ihn ja doch nicht vergessen.

Pavel hatte nur drei Monate Zeit, um für die Aufnahmeprüfungen zu lernen. Und er lernte! Tag für Tag brütete er von morgens bis abends über jedem Buch, das er zu den verlangten Themen finden konnte. Am Ende der drei Monate hatte er acht Mathematikbücher und vier Physikbücher durchgearbeitet, die jeweils für ein ganzes Schuljahr ausgelegt waren. Er hatte um Weisheit gebetet und alles in seiner Macht Stehende getan, um sein Gehirn mit Wissen zu füllen. Nun lag der Rest in Gottes Hand.

Als der Termin für die Ingenieurprüfung näher rückte, erhielt jeder Bewerber eine Übersicht zur letzten Vorbereitung. Die Prüfung würde an zwei Tagen stattfinden, ein Tag für Mathematik und der andere für Physik. Die Mathematikprüfung würde Algebra, Infinitesimalrechnung, Trigonometrie und Geometrie umfassen. Die Physikprüfung würde Hydraulik, Mechanik, Elektrizität und Molekularphysik abdecken. Pavel wusste, dass er Gottes Hilfe brauchen würde, um zu den zehn besten Bewerbern der Universität zu gehören.

Am Tag seiner ersten Prüfung hielt er zuerst seine tägliche Morgen-andacht, um mit Gott zu sprechen. Er wusste, dass es besser war, nicht ohne ihn das Haus zu verlassen. Mit innerem Frieden und der Gewiss-heit, dass Gott ihn begleitete, betrat er das Klassenzimmer.

Der Mathematik-Test war der erste. Pavel war selbst erstaunt, wie klar er jede Aufgabe und ihre Lösung verstand. Voller Zuversicht löste er schnell eine nach der anderen. In nur der Hälfte der vorgegebenen Zeit war er mit der Prüfung fertig und brachte die Unterlagen nach vorne. Er konnte erkennen, dass Gott seinen Verstand mit der Weisheit gesegnet hatte, um die er gebeten hatte.

In der Gewissheit, auch die zweite Prüfung vorzeitig abschließen zu können, kaufte er seine Rückfahrkarte für 14:40 Uhr, obwohl das Prüfungsende für 16 Uhr angesetzt war. Er wusste, dass es vielleicht etwas knapp werden würde, da die Busfahrt von der Uni zum Bahnhof je nach Verkehr eine bis eineinhalb Stunden dauerte. Wenn er wieder in der Hälfte der Zeit fertig war, würde er es ohne Probleme schaffen. Mit einem Ticket, für das es keine Rückerstattung gab, musste er natürlich darauf achten, rechtzeitig fertig zu werden.

Gleich zu Beginn der Physikprüfung merkte er, dass er die Aufgaben nicht mehr so schnell und problemlos lösen konnte wie bei der vorigen Prüfung. Er hatte wirklich zu kämpfen. Sein Kopf fühlte sich hohl und leer an. Statt die Aufgaben sofort zu begreifen, fehlte ihm nun jedes Verständnis.

Das kann doch nicht wahr sein!, dachte er voller Panik. Der Profes-sor hatte seinen Studenten die Möglichkeit gegeben, den Test A oder B zu machen. Er hatte Test A gewählt. Nachdem er 15 Minuten lang mit leerem Blick auf die Testbögen gestarrt hatte, bat er darum, sie gegen die anderen austauschen zu können. Der Professor gab ihm die ande-ren Unterlagen, warnte ihn aber, dass keine weiteren Änderungen mehr möglich wären.

Konzentriert brütete Pavel über seinen neuen Testbögen. Langsam kamen ihm die Antworten in den Sinn. Endlich, um 14:30 Uhr nachmit-tags, löste er das letzte Problem. Jetzt saß er wirklich in der Klemme! Sein Zug sollte in ein paar Minuten abfahren. Er hatte keine Zeit für die einstündige Busfahrt zum Bahnhof. Er würde ein Taxi nehmen müssen.

Ängstlich betete er: „Herr, bitte hilf mir, es rechtzeitig zum Bahnhof zu schaffen."

Pavel winkte hektisch ein Taxi herbei. Er öffnete die Tür und flehte den Fahrer atemlos an, so schnell wie möglich zum Nordbahnhof zu fahren.

„Sagtest du, ich soll so schnell fahren, wie ich kann?", fragte der Fahrer. „Ich glaube, du weißt nicht, wie schnell das ist." Ein breites Grinsen zog über das Gesicht des Fahrers, als er Pavels Bitte wiederholte: „So schnell wie ich kann! Na, dann spring mal rein, Junge. Diese Fahrt wirst du nicht mehr vergessen, solange du lebst", versprach der Taxifahrer.

Bevor Pavel Zeit hatte, die Wagentür zu schließen, quietschten die Reifen auf dem Bürgersteig unter ihnen. Das Taxi raste auf den vorausfahrenden Verkehr zu. Pavel war sich sicher, dass der Fahrer abbremsen musste, bevor er die Kolonne aus Autos, Lastwagen und Bussen erreichte, die sich über die Straße schob. Abbremsen? Nicht dieser Fahrer. Er brauchte nur ein Pedal – das Gaspedal.

Viermal so schnell wie der übrige Verkehr über diese belebte Hauptstraße zu fliegen, war mehr als das, worum Pavel den Fahrer gebeten hatte. Er hatte schon davon gehört, dass die Fahrzeuge auf vierspurigen Autobahnen so schnell unterwegs waren, aber die fuhren wenigstens alle mit fast gleicher Geschwindigkeit. Krampfhaft hielt er sich fest, um nicht verletzt zu werden. Mit weißen Knöcheln umklammerte er alles, was er greifen konnte, weil er Angst hatte, im Auto herumgeschleudert zu werden – oder schlimmer noch, aus dem Fenster zu fliegen. Wie ein Verrückter schlängelte der Fahrer den Wagen zwischen Autos und Lastwagen hindurch.

Sicher, ich hat das Taxi von jedem Fahrzeug, an dem wir vorbeifahren, einen Streifen Farbe abbekommen, dachte Pavel, während er auf dem Rücksitz zu überleben versuchte. Wahrscheinlich würde das Taxi nachher nicht mehr gelb, sondern bunt wie ein Regenbogen sein.

„Was jetzt?", fragte Pavel heiser, als er durch die Windschutzscheibe auf eine belebte Kreuzung direkt vor ihnen blickte. Der Fahrer vor ihnen war davon überzeugt, dass eine rote Ampel bedeutet, dass man anhalten muss. Doch nicht der Taxifahrer. Abrupt riss er das Steuer nach links und wich auf die Gegenspur aus.

Wie ein Verrückter und mit der Hand auf der Hupe raste er durch den querverlaufenden Verkehr, quetschte sich durch die kleinste Lücke und setzte seine wilde Fahrt fort. Ein lautes Hupkonzert und wilde Flüche der anderen Fahrer begleiteten ihn.

Pavel erschauerte immer wieder von Neuem, als der waghalsige Fahrer weiter ungebremst über Kreuzungen und rote Ampeln bretterte. Während der Rest des Verkehrs an der roten Ampel stehen blieb, sah der Taxifahrer seine Chance für freie Fahrt. Mit durchgedrücktem Gaspedal raste er auf die nächsten Opfer vor ihnen zu.

Plötzlich warf der Taxifahrer den Kopf zurück und wiederholte mit einem Lachanfall: „So schnell ich kann?" Er schaute zu Pavel hinüber und fragte: „Möchtest du, dass ich noch etwas schneller fahre?"

Bleich schüttelte Pavel seinen Kopf und flüsterte: „Nein – bitte fahren Sie nicht noch schneller."

Wieder lachte der Fahrer, während er zu seinem Fahrgast hinüberschaute, der eher wie ein Geist als ein Sterblicher aussah.

Vor ihnen hatte sich unerwartet ein Stau gebildet. Die Autoschlange war fast einen ganzen Häuserblock lang. Als der Fahrer sah, dass es unmöglich war, sich durch die Kolonne der Fahrzeuge zu schlängeln, entschied er sich für eine Ausweichroute. Ohne Vorwarnung riss er das Lenkrad nach rechts und trat zum ersten Mal seit Beginn der Fahrt auf die Bremse. Mit quietschenden Reifen schleuderten sie an dem letzten Wagen des Staus vorbei auf den Bürgersteig. Pavels Kopf knallte gegen das Dach, dann flog er zurück auf den Sitz, obwohl er sich mit weißen Fingerknöcheln am Türgriff festgekrallt hatte.

Noch einmal schaute der Fahrer nach hinten und wiederholte: „So schnell wie möglich?" Dann raste er über den Bürgersteig an den wartenden Autos vorbei. Schreiend sprangen Fußgänger und Straßenverkäufer in alle Richtungen und brachten sich in Sicherheit. Pavel wollte mit ihnen schreien, aber er war nicht in der Lage, auch nur einen Ton herauszubringen, geschweige denn, etwas zu sagen.

Am Ende des Bürgersteigs quetschten sie sich wieder durch den dichten Querverkehr über die Kreuzung, begleitet von Hupen und quietschenden Reifen. Fast wären sie dabei zwischen den aus beiden Richtungen kommenden Fahrzeugen eingeklemmt worden. Nachdem sie die Kreuzung überquert hatten, verwandelte sich das Taxi wieder in ein Rennauto und raste weiter durch die Stadt. Pavel fragte sich, ob er den Bahnhof noch lebend erreichen würde, geschweige denn, ob er im Zug noch nach Hause fahren könnte.

Endlich kam der Bahnhof in Sicht. *Nicht einmal dieser Taxifahrer kann uns hier durchbringen!*, dachte Pavel mit sinkendem Mut, als er sah, dass die Autos sich auf der Zufahrtsstraße auf eine Länge von mehr als einem Kilometer stauten. Diesmal schien es keinen Ausweg mehr zu geben. Vielleicht waren sie doch vergeblich so waghalsig durch die Stadt gerast.

Aber wieder einmal hatte Pavel den Ideenreichtum seines Fahrers unterschätzt. Links neben der Zufahrtsstraße zum Bahnhof führten zwei Zuggleise, ein Gleis für die nach Norden und das andere für die nach Süden fahrenden Züge. Der Zug in Richtung Süden sollte eigentlich schon abfahren, aber das Gleis in Richtung Norden war leer. Bei dem regen Verkehr von ankommenden und abfahrenden Zügen kam das leere Gleis als Ausweichmöglichkeit eigentlich nicht in Frage.

Doch der Taxifahrer fühlte sich der Situation gewachsen. Ohne zu zögern, lenkte er den Wagen auf das freie Gleis. Timing war jetzt alles. Es war für Pavel schon schlimm genug, neben den wartenden Autos über das Gleis zu rumpeln, aber jeden Moment konnte ein Zug auf diesem Gleis in den Bahnhof einfahren und sie zur Seite schleudern. Der Wagen könnte auch zwischen den beiden Zügen eingeklemmt werden. Doch nur wenige Sekunden später verließ das Taxi schon wieder das Gleis und setzte sich vor die lange Schlange der Autos, die auf die Einfahrt in den Bahnhof warteten.

In einer Staubwolke schleuderte der Wagen kurz danach über die beiden Gleise auf den Bahnsteig, genau neben dem Gleis des wartenden Zugs, für den Pavel die Fahrkarte hatte. Erstaunt musste er feststellen, dass der Zug Verspätung hatte. Schnell warf er dem Taxifahrer das Geld hin, schnappte sich seine Tasche und sprang aus dem Wagen. Genau in diesem Augenblick begann der Zug anzufahren, obwohl die Türen noch offen standen. Pavel rannte los, um den schneller werdenden Zug noch zu erwischen. Hinter sich hörte er, wie sein Fahrer lachend rief: „War das schnell genug?"

Als Pavel kurz darauf den rollenden Zug erreichte, waren beide gleich schnell. Mit einem gewaltigen Satz sprang er durch die noch offene Tür an Bord. Er ließ sich auf einen leeren Sitz fallen und dankte seinem himmlischen Vater. „Lieber Gott, ich danke dir, dass du mein Leben bei dieser unglaublichen Taxifahrt verschont hast und dass du den Zug gerade lange genug hast warten lassen, damit ich es schaffen konnte."

Noch nie zuvor war er so dankbar gewesen, einen Zug rechtzeitig zu erreichen! Er war am Leben und auf dem Weg nach Hause!

Endlich kam der Termin für die Bekanntgabe der Prüfungsergebnisse. Gespannt durchsuchte Pavel den Aushang nach seinem Namen. Hatte er sich gegen seine starke Konkurrenz durchsetzen können? Ja, er hatte Glück gehabt! Sein Name stand ganz oben auf der Liste. Von den siebenundachtzig Teilnehmern der Prüfung hatte er die vierthöchste Punktzahl erreicht. Das Sternchen neben seinem Namen zeigte, dass er als Bauingenieurstudent angenommen worden war. Was für eine Ehre! Pavel lächelte verträumt. Ihm war klar, dass Gott ihn gesegnet hatte, so wie er die gläubigen hebräischen Jugendlichen zur Zeit der Bibel gesegnet hatte.

Die Registratorin erkannte Pavel sofort wieder und lächelte, als er an ihren Schreibtisch trat.

„Sie sind ein vom Glück begünstigter junger Mann", sagte sie.

„Ich weiß – ich habe bestanden!", antwortete er und grinste wie ein Zehnjähriger.

„Nein, das meine ich nicht. Das Militär startet heute ein Pilotprojekt, an dem nur Studenten teilnehmen können, die an dieser Universität immatrikuliert worden sind. Jeder unserer Studenten wird in einer Eliteschule eingeschrieben, die bisher nur für Familienmitglieder von hochrangigen Offizieren bestimmt war. Die Armee ist im besten Fall eine sehr schwere Zeit, aber diejenigen, die an diesem Programm teilnehmen, genießen viele Privilegien, die die anderen nicht haben. Sie sehen also, wenn das Militär Ihre Akte nicht verloren hätte, wären Sie an einer der anderen Universitäten angenommen worden und Sie hätten nicht an diesem neuen Eliteprogramm teilnehmen können. Ihr Timing war absolut perfekt", endete sie und strahlte vor Freude. Das Risiko, das sie bei diesem jungen Mann eingegangen war, hatte ihm die Chance seines Lebens gegeben!

Als Pavel das Anmeldebüro verließ, betete er: „Herr, wie konnte ich jemals an dir zweifeln? Als alles schiefzulaufen schien, dachte ich, du hättest mich vergessen. Bitte hilf mir, dir auch in den dunklen und aussichtslosen Zeiten zu vertrauen, wenn du schweigst. Wenn alles auf einmal danebengeht, denkt man ja, es wäre unmöglich, dass irgendetwas Gutes herauskommt. Ich möchte dir dafür danken, dass du dein Versprechen gehalten hast. Du hast für mein Wohlergehen gesorgt, obwohl ich es wirklich nicht verdient habe. Du bist so ein erstaunlicher Vater. Wenn die Frau an der Universität dich kennen würde, wäre ihr klar, dass es so etwas wie Glück nicht gibt. Du hast wirklich einen Plan für mein Leben."

Mit einem Lächeln auf dem Gesicht machte er sich auf den Heimweg. Sein Gott hatte sich wieder einmal als treu erwiesen.

Der Offizier im Wehrdienst-Registrierungszentrum freute sich, als Pavel wieder in sein Büro trat. „Wir haben Ihre Akte vor ein paar Tagen gefunden", verkündete er ein wenig erleichtert. „Kurz bevor Sie sich registrieren wollten, hatten wir begonnen, unser Büro zu streichen. Alle Aktenschränke mussten umgestellt werden, damit der Maler Zugang zu den Wänden hatte. Während einer der Schränke verschoben wurde, fiel eine Schublade heraus. Die Akten lagen über den ganzen Boden verstreut. Wir dachten, wir hätten sie alle wieder in die Schublade gelegt, aber offensichtlich hatten wir Ihre übersehen. Vor ein paar Tagen haben wir das Umbauprojekt abgeschlossen. Als wir die Schränke wieder an die Wand schoben, entdeckten wir eine Akte auf dem Boden. Es war Ihre. Offensichtlich ist sie beim Ausräumen unter einen der Schränke gerutscht. Jetzt gibt es Sie wieder. Sie wurden also doch geboren", erklärte der Offizier mit einem Augenzwinkern.

Nachdem der Offizier die Sache aufgeklärt hatte, blickte auch der General von seinem Papierkram auf und lobte Pavel: „Pavel, Sie haben bei den Prüfungen hervorragende Leistungen gezeigt. Unter den besten Studenten unseres Landes haben Sie sehr gut abgeschnitten. Ohne den Freistellungsbescheid hätten Sie sich nie an der Universität bewerben können. Aufgrund Ihrer exzellenten Testergebnisse werden Sie nur neun Monate beim Militär verbringen müssen und das an unserer besten Einrichtung. Ich bin froh, dass ich Ihnen vertraut habe."

„Das bin ich auch", stimmte Pavel fröhlich zu, während er zur Tür ging.

Obwohl er für die kürzere Dienstzeit dankbar war, blieb die Tatsache, dass er immer noch beim Militär dienen musste. Schon einige Wochen später fuhr Pavel mit dem Zug zum Armeestützpunkt in Rânicu Vâlcea.

Während sich der Zug langsam den steilen Pass über das Retezat-Gebirge hinaufquälte, versuchte Pavel sich vorzustellen, wie es sein würde, beim Militär dienen zu müssen und gleichzeitig dem obersten Befehlshaber der himmlischen Heerscharen treu zu bleiben. Im Stillen betete er zu ihm: „Herr, hilf mir, dir als meinem obersten Befehlshaber treu zu sein. Erinnere mich immer wieder daran, wer wirklich das Sagen hat. Ich will ein treuer Soldat in deiner Armee hier auf Erden sein."

KEIN FREIER MENSCH MEHR

A ls Pavel aus dem Zug stieg und zu den wartenden Militärtransportern hinüberging, war ihm sofort klar, dass er jetzt in der Armee
war.

„Habe ich Ihnen gesagt, Sie sollen sich hinsetzen? Stehen Sie auf!",
befahl der Oberst.

Erschrocken und unsicher, was er als Nächstes tun sollte, sprang
Pavel schnell vom Stuhl auf. Mit großen Augen starrte er über den
riesigen, hölzernen Schreibtisch hinweg in das steinerne Gesicht des
hochrangigen Offiziers. Die Beamten des Geheimdienstes, die neben
ihm saßen, schüchterten ihn ein. Die ganze Situation verunsicherte den
18-jährigen Soldaten.

Das triste und karg eingerichtete Büro mit dem Schild „Securitate" an der Tür schüchterte jeden ein, der es betreten musste. Viele Geschichten über die Geheimpolizei kursierten im Land, die jeden Bange

machten. Für alle, die in einem kommunistischen Land aufwuchsen, war es ein beklemmendes und angstmachendes Erlebnis, wenn er es aus irgendeinem Grund mit der Geheimpolizei zu tun bekam. Wenn dieses Büro dazu gedacht war, die jungen Soldaten willkommen zu heißen, war dies mit Sicherheit ein Flop.

Der Oberst sah Pavel über den Schreibtisch hinweg streng an und fuhr fort: „Wir kennen Sie. Wir wissen, was Sie essen. Wir wissen, was Sie sagen. Und wir wissen, wie Sie sich kleiden. Wir wissen, wo Sie wohnen und auch alles über Ihre Familie. Wenn Sie möchten, können wir Ihnen sagen, was Sie gestern am Telefon gesagt haben. Ich hoffe, Sie verstehen, was ich damit sagen will. Wir wissen alles über Sie! Wir wissen, dass Sie ein Adventist sind. Aber es ist völlig belanglos, was Sie glauben. Sie sind jetzt nicht mehr frei! Von jetzt an sagen wir Ihnen, was Sie tun müssen und wann Sie es tun müssen. Sie stehen unter unserem Kommando.

Goia, ich hoffe, ich habe mich klar ausgedrückt. Sie werden tun, was man Ihnen sagt. Sobald Sie sich weigern, am Samstag Dienst zu tun, oder anfangen, Ihren lächerlichen Glauben zu verbreiten, kommen Sie ins Gefängnis!

Sie werden jeder Anordnung Ihres befehlshabenden Offiziers gehorchen. Wenn Sie sich weigern, können Sie sicher sein, dass Sie sofort ins Gefängnis kommen. In unseren Gefängnissen wissen wir, wie man jungen Männern wie Ihnen Gehorsam beibringt. Sie werden so lange geschlagen, bis Sie gelernt haben, dass es sinnlos ist, sich zu weigern.“

Ein finsteres Lächeln ersetzte den strengen Blick des Offiziers, als er seinen Vortrag beendete.

Mit stockendem Atem hörte Pavel den drastischen Maßnahmen zu, die jedem drohten, der während des Militärdienstes seinen Glauben vertrat. Er hatte keinen Zweifel daran, dass der Offizier jedes Wort, das er sagte, ernst meinte. Pavel erinnerte sich an einen engen Freund der Familie, der ihm auch schon von den Drohungen erzählt hatte, die ihm jetzt noch in den Ohren klangen. Gott treu zu bleiben, hatte schon viele vor ihm das Leben gekostet.

„Goia, es gibt für Sie keinen Ausweg! Sie können unserer Autorität nicht entkommen. Deshalb sollten Sie sich besser hier und jetzt entscheiden, diesen ganzen Blödsinn über Gott aufzugeben. Sie sind jetzt in der Armee. Sie haben nicht mehr die Freiheit, selbst zu denken oder zu entscheiden. Das werden wir für Sie tun!", schloss der Offizier barsch.

Pavel schloss die Tür hinter sich mit der Gewissheit, dass ihm eine echte Prüfung seines Glaubens bevorstand. Nachdenklich ging er über den Hof zu den Kasernen.

Das Aufnahmeverfahren war bis jetzt nicht sehr angenehm gewesen. Der nächste Teil war nicht viel besser. Als er unbekleidet vor dem medizinischen Personal stand, das seinen körperlichen Zustand eingehend untersuchte, fühlte er sich erniedrigt und gedemütigt. Sie inspizierten seinen Körper mit einer solch erstaunlichen Genauigkeit, dass sie zweifellos mehr über ihn wussten als er selbst. Nicht ein Floh oder eine Zecke hätte sich ihrem prüfenden Auge entziehen können.

Als Nächstes kam der Hochdruckreiniger. Sie nannten es „Dusche". Sicherlich würde der Lack eines Wagens in einer Autowaschanlage bei diesem Wasserdruck abgeschliffen werden, wenn er genauso heftig abgeschrubbt würde wie Pavel. Er fühlte sich, als wenn seine Haut abgeschält würde. Kein Zweifel, er war danach sauber!

Als er mit der Hand über seinen Kopf strich, fühlte er die Stelle, an der sich früher Haare befanden hatten. Die Rasur seines nun kahlen Kopfes hatte der Militärfriseur als „Haarschnitt" bezeichnet.

In seiner dunkelgrünen Militärkleidung fühlte sich Pavel, als wenn ihm soeben jeder Teil seiner Identität genommen worden war. Die Aufnahme war nun abgeschlossen, doch was würde als Nächstes kommen?

Während er in der folgenden Nacht auf seiner Pritsche lag, dachte Pavel darüber nach, welche Bedeutung dieser Tag in seinem Leben hatte. Er war nur eine sechsstündige Zugfahrt durch die Berge von zu Hause entfernt, doch er fühlte sich, als wäre er auf der anderen Seite der Erde. Was machte seine Familie, während er hier in der Dunkelheit auf seinem Feldbett lag? Viele warme Erinnerungen an sein Zuhause, seine Familie und seine Freunde überfluteten ihn. Der Gedanke an das Zuhause ließ ihn die Einsamkeit noch mehr spüren. Tapfer wehrte er sie ab. Er war jetzt ein Soldat.

Der Geruch der frischen Kekse und anderer Leckerbissen in seinem Seesack unter ihm verstärkte nur noch die Erinnerungen an seine liebevolle Familie. Jeder von ihnen hatte Pavel auf seine eigene Weise ermutigt, Gott treu zu bleiben. Er lächelte, weil sie mit Sicherheit den ganzen Tag für ihn gebetet hatten.

Ein warmes Gefühl überkam Pavel, als ihm bewusst wurde, dass dies genau die Zeit war, in der sich seine Familie gewöhnlich zur Abendandacht versammelte. Wie gesegnet war er doch, in einer Familie aufwachsen zu dürfen, die über mehrere Generationen von einem starken christlichen Glauben geprägt worden war.

Aber vor allem wegen einer Erinnerung sehnte er sich nach Hause: Dana. Schon mit sechs Jahren hatte er das Funkeln in ihren Augen geliebt. So feierlich und ernst, wie ein Sechsjähriger nur sein kann, hatte Pavel ihr erklärt, dass er sie heiraten werde. Sie hatte sein Versprechen nicht sofort begeistert aufgenommen. Da sie damals erst drei Jahre alt war, brauchte sie zweifellos noch ein paar Jahre, um seine Reife zu erlangen. Er musste also einfach noch ein wenig warten. Und genau das tat er.

Wie dankbar war Pavel jetzt, dass sie inzwischen seinen Traum teilte. In Gedanken zeichnete er jedes Detail ihres Gesichtes nach. Das kleine Funkeln in den Augen der Dreijährigen hatte sich in den letzten Jahren zu etwas verwandelt, das ihn noch mehr faszinierte. Wie es nur ein verliebter junger Mann tun kann, versuchte Pavel, sich jeden ihrer feinen Züge vorzustellen. Am wichtigsten war für ihn, dass Danas Liebe zu Gott tief und echt war. Als sie sich von ihm verabschiedete, hatte sie ihm versprochen, dass er immer in ihren Gedanken und Gebeten sein würde.

Pavel spürte die Liebe seiner Familie und seiner Freunde und schloss seine Augen, um ruhig einzuschlafen. Die Kraft ihrer Gebete begleitete ihn.

Am nächsten Morgen wachte er früh auf und bat Gott, ihn durch den Tag zu führen und zu begleiten. Weil der Besitz jeglichen religiösen Materials streng verboten war, hatte er seine Bibel nicht dabei. Deshalb war er froh darüber, dass er schon sehr früh begonnen hatte, viele Teile der Heiligen Schrift auswendig zu lernen. Jetzt kam ihm ein Textabschnitt nach dem anderen wieder in den Sinn. Obwohl er seine Bibel nicht zur Hand hatte, konnte er in Gedanken die markierten und unterstrichenen Seiten sehen. Als Gott auf diese Weise durch sein Wort wieder zu Pavel sprach, fühlte er Mut und Kraft, um den neuen Tag in einer fremden Welt zu beginnen, die weit von der entfernt war, die er zurücklassen musste.

Nach dem Frühstück kamen die neuen Rekruten zusammen, um in den Militärdienst eingewiesen zu werden. Alle Ausbildungsbereiche ihrer Garnison wurden ihnen ausgiebig erklärt. Jeden Tag wurden Übersichten über die Programme ausgehängt, an denen sie teilnehmen mussten. Viele Details über Richtlinien und Verfahren standen auf dem Programm. Die Offiziere nahmen sich viel Zeit, um die militärische Disziplin und die Strafen für die Nichteinhaltung von Vorschriften zu erläutern. Für die Verweigerung der Anordnung eines befehlshabenden Offiziers gab es harte Strafen. Sollte ein Soldat jedoch einem Offizier in Anwesenheit eines oder mehrerer anderer Soldaten nicht gehorchen, verdoppelte sich die Strafe.

Die Einweisungen in den Dienst dauerten bis zum Ende der Woche. Am Freitag stand schließlich ein Punkt ohne Zweifel fest: Jeder Soldat musste genau das tun, was ihm befohlen wurde.

Der erste Arbeitstag nach der Einweisungswoche war der Samstag. Nach dem Frühstück füllte sich der riesige Hof mit Reihen von Soldaten, die ihren befehlshabenden Offizieren gegenüberstanden.

Als sich Pavels Einheit in Reih und Glied aufzustellen begann, nahm er seinen Platz neben einem Freund ein, den er aus seiner Kirchengemeinde kannte. Beide hatten schon die ganze Woche diesen Moment befürchtet. Seite an Seite standen sie ihrem Leutnant gegenüber. Seit ihrer Ankunft in der Garnison hatten sie sich gefragt, was passieren würde, wenn dieser Augenblick schließlich kommen würde.

Der Leutnant gab den einundfünfzig Männern die Arbeitsaufträge für den Tag bekannt. Eine große Lieferung von Treibstoff in 200 Liter-Fässern musste zur Tankstelle gebracht und exakt in Reihen gestapelt werden.

Nachdem der Leutnant ein paar kleinere Anweisungen weitergegeben hatte, ging er zielstrebig zu Pavel und seinem Freund hinüber.

„Ich werde heute ein Auge auf Sie beide haben", sagte er. „Sie werden arbeiten! Sobald Sie sich meinem Befehl widersetzen, werde ich dafür sorgen, dass Sie direkt ins Gefängnis kommen."

Pavel betete mit allem Ernst: „Herr, sag mir, was ich tun soll. Ich brauche deine Hilfe."

Eingeschüchtert durch die Androhung einer Gefängnisstrafe, flüsterte sein Freund neben ihm: „Lass uns einfach eine Weile mitarbeiten, später können wir ja dann den Ruhetag halten."

„Nein. Ich werde nicht gegen mein Gewissen handeln", flüsterte Pavel zurück.

In diesem Moment schoss ihm ein Gedanke durch den Kopf: „Geh auf die Toilette."

Als er darum bat, auf die Toilette gehen zu dürfen, erlaubte der Leutnant ihm das, allerdings mit der Auflage, sofort zurückzukehren. Ohne eine Antwort zu geben, machte sich Pavel auf den Weg zu seinem Sabbat-Rückzugsort.

Er schloss sich in einer der Toilettenkabinen ein und begann zu beten. Während er betete, erinnerte er sich wieder an die Geschichte aus Daniel 3. Die Treue von Schadrach, Meschach und Abednego im Angesicht eines Todesurteils gab ihm neuen Mut. Ihre kühne Antwort vor dem heidnischen König Nebukadnezar kam ihm wieder in den Sinn:

„Wohlan, seid bereit! Sobald ihr den Klang des Horns, der Flöte, der Zither, der Harfe, der Leier und einer Doppelflöte und aller anderen Instrumente hören werdet, so fallt nieder und betet das Bild an, das ich habe machen lassen! Werdet ihr's aber nicht anbeten, dann sollt ihr zu derselben Stunde in den glühenden Feuerofen geworfen werden! Lasst sehen, wer der Gott ist, der euch aus meiner Hand retten könnte!

Da fingen an Schadrach, Meschach und Abed-Nego und sprachen zum König Nebukadnezar: Es ist nicht nötig, dass wir dir darauf antworten. Sieh, unser Gott, den wir verehren, kann uns erretten aus dem glühenden Feuerofen, und auch aus deiner Hand, o König, kann er uns erretten. Und wenn er's nicht tut, so sollst du dennoch wissen, dass wir deinen Gott nicht ehren und das goldene Bild, das du hast aufrichten lassen, nicht anbeten werden." (Daniel 3,15–18)

Noch nie hatte diese Geschichte ihm so viel bedeutet wie jetzt, während er in einer Toilettenkabine saß, um den Ruhetag Gottes treu zu halten.

Pavel brauchte sich nicht nur an biblische Zeiten zu erinnern, um ermutigt zu werden. Auch sein Vater sowie sein Großvater hatten ihm viele ihrer eigenen Erlebnisse erzählt. Vor allem eine Geschichte ermutigte ihn, während er betete. Er konnte fast die Stimme seines Großvaters hören, während ihm dessen Erlebnisse vor Augen traten.

Es war kein Geheimnis, dass das Christentum im kommunistischen Rumänien als Feind betrachtet wurde. Die Lehre, dass Gott den Menschen geschaffen hat und ihn liebt, untergrub direkt die Philosophie und damit das Fundament der kommunistischen Regierung. Infolgedessen wurde alles unternommen, um jede christliche Organisation zu lähmen und – wenn möglich – auszulöschen.

Nach der Verfolgung in der Zeit seines Großvaters gab es nur noch eine Handvoll Christen. Jedes Mal, wenn ein Treffen geplant wurde, geschah dies unter größter Geheimhaltung. Keiner wusste, wem er trauen konnte. In manchen Städten arbeiteten drei von zehn Personen als Spitzel für die Geheimpolizei. Der Nachbar, dem man vertraute, konnte alles weitergeben, was er sah und hörte. Eine Versammlung mit mehr als zehn Personen galt selbst in einem Einkaufszentrum oder auf einem Marktplatz als verdächtig. Teilnehmer wurden nicht selten verhaftet und verhört, um herauszufinden, was sie vorhatten.

Jeder lebte in ständiger Angst. Menschen wurden in aller Öffentlichkeit gnadenlos geschlagen und gefoltert, um alle daran zu erinnern, wie Verbrechen gegen die Regierung geahndet werden. Und das Christentum war eines der schlimmsten Verbrechen! Nicht selten wurden Christen von der Geheimpolizei zu Tode geprügelt. Wer überlebte, musste oft für den Rest seines Lebens mit Behinderungen leben. Solche Menschen waren eine ständige Mahnung für die anderen. Den christlichen Glauben weiterzugeben, war genauso gefährlich wie Spionage.

In einem Nachbardorf war gerade das einzige verbliebene Kirchenmitglied gestorben. Großvater Goia war in Abwesenheit eines Pastors als Gemeindeleiter für die Beerdigung verantwortlich. Die Mitglieder der örtlichen Gemeinde wünschten sich von ganzem Herzen ein christliches Begräbnis für ihren verstorbenen Freund. Aber die Konsequenzen für die Durchführung dafür waren allen klar: Tod durch Prügel!

Großvater Goia versammelte die wenigen verbliebenen Gemeindemitglieder um sich und schmiedete Pläne für eine Beerdigungsfeier, trotz der drohenden Strafe. Er versicherte den verängstigten Mitgliedern, dass er die volle Verantwortung dafür übernehmen werde, koste es, was es wolle. Er kannte den Preis nur zu gut, da er schon selbst von der Geheimpolizei verhört und bestraft worden war, weil er Menschen ermutigt hatte, an Gott zu glauben.

Im Dorf hatte sich herumgesprochen, dass ein christliches Begräbnis am nächsten Tag für ihren verstorbenen Nachbarn und Freund stattfinden würde. Am nächsten Morgen stand Opa Goia mit seiner Bibel in der Hand im Vorgarten ihres Freundes neben dem Sarg. Die Leute kamen von überall her. Es dauerte nicht lange, bis sich alle aus dem Dorf im Hof drängten. Die meisten hatten noch nie an einem christlichen Begräbnis teilgenommen. Einige kamen aus Hochachtung gegenüber dem Verstorbenen, aber die meisten waren einfach nur neugierig.

Da er die besondere Gelegenheit sah und spürte, dass Gott ihn dazu ermächtigte, begann Großvater Goia, den Plan der Erlösung zu erklären und von der Hoffnung zu sprechen, die alle erfüllt, die das angebotene Geschenk des ewigen Lebens annehmen. Für die meisten war es das erste Mal, dass sie von einem Schöpfergott hörten, der jeden von ihnen persönlich liebt.

Er erzählte von einer Liebe, die so groß war, dass der Gott im Himmel seinen Thron verließ, um auf die Erde zu kommen und einen grausamen Tod am Kreuz zu sterben, um die Schuld für alle ihre Sünden zu bezahlen. Alle, die sich entscheiden, dieses Geschenk des ewigen Lebens anzunehmen, würden bald wieder zum Leben erweckt werden und nie wieder sterben. Ernsthaft appellierte er an die Dorfbewohner, als wären sie seine eigene Gemeinde. Wenn jemand den Wunsch haben sollte, mehr zu erfahren, könne er sich gerne an ihn wenden.

Als die Polizei von der illegalen Versammlung erfuhr, zog sie eine Gruppe von Betrunkenen aus dem Dorf hinzu, die ihnen helfen sollte. Als sich die Beerdigung dem Ende näherte, traf die Polizei mit ihrem Sondereinsatzkommando ein. Wiederholt versuchten sie, sich durch die Menge zu drängen, um zu Großvater Goia und denjenigen zu gelangen, die die Beerdigung durchführten, aber die Dorfbewohner standen so dicht gedrängt, dass es für die Polizisten und deren Helfer unmöglich war, sich einen Weg durch die Menge zu bahnen.

Unwillig warteten sie auf das Ende des Gottesdienstes. Während sie hin- und herliefen, fuchtelten sie drohend mit ihren großen Schlagstöcken herum. Sie wollten alle Anwesenden daran erinnern, was sie für eine solch eklatante Missachtung der Regierungspolitik zu erwarten hatten. Es würde keine Gnade geben! Früher oder später würden alle, die den Gottesdienst abhielten, gehen müssen.

Als Großvater Goia seinen Aufruf beendet hatte, teilte sich die Menge und bildete einen langen Korridor für die Sargträger. So schnell sie konnten, schoben sich die Polizisten und deren betrunkene Helfer in den Korridor und stellten sich mit erhobenen Schlagstöcken auf beiden Seiten auf.

Dorfbewohner und Gemeindemitglieder warteten atemlos darauf, dass die Verantwortlichen der Beerdigung zu Tode geprügelt würden. Für ein paar Momente stand die Zeit still.

Während er still betete, trat Großvater Goia mutig vor und begann, auf das wartende Todeskommando im Korridor zuzugehen. Wie er es versprochen hatte, erklärte er sich für das Treffen verantwortlich. Hasserfüllte Augen starrten ihn an. Schritt für Schritt bewegte er sich auf die fluchenden und drohenden Polizisten und deren Schläger zu.

Sein nächster Schritt könnte möglicherweise der letzte sein. Während er weiter betete, trat er in den Korridor. Plötzlich verklangen die Flüche und Drohungen. Die erhobenen Schlagstöcke sanken zu Boden. Die wütenden Gesichter wurden blass. Die Augen seiner gerade noch hochmütigen Angreifer waren nun weit vor Angst. Jeder der bewaffneten Männer wich schnell ein paar Schritte zurück, als sich Opa Goia näherte.

Der Polizeichef des Dorfes wartete mit großen Augen am Ende der Schlange, als Großvater Goia an ihm vorbeiging und den Sargträgern ein Zeichen gab, ihm zu folgen. Verwundert sahen die Dorfbewohner zu, wie die Gemeindemitglieder anschließend auf dem Friedhof ungestört am Grab vorbeigehen und von dem Verstorbenen Abschied nehmen konnten.

Der Polizeichef wartete geduldig, bis die Dorfbewohner in ihre Häuser zurückkehrten. Erst als sich der letzte von ihnen zum Gehen wandte, trat er auf Großvater Goia zu.

„Wer waren die hochdekorierten Militäroffiziere, die Sie während der Beerdigung flankierten?", fragte er besorgt.

„Welche Offiziere?"

„Ich bin nicht in der Stimmung, Spielchen zu spielen. Wer waren die Offiziere, und wer hat sie geschickt?", fragte der Polizeichef.

Schlagartig erkannte Großvater Goia das Wunder, das Gott für ihn gewirkt hatte. Er hatte Engel, die als hochdekorierte Militäroffiziere ge-

Heidet waren, vom Himmel geschickt, um ihn sicher durch das Todeskommando zu begleiten. Ein Lächeln trat auf sein Gesicht, als ihm eine Bibelstelle nach der anderen in den Sinn kam, die den Schutz der himmlischen Engel versprach. Mit einem noch breiteren Lächeln antwortete er: „Mein Oberbefehlshaber hat sie geschickt."

„Nun, ich möchte, dass Sie wissen: Wann immer Sie eine Versammlung in meinem Dorf abhalten wollen, sprechen Sie einfach mit mir, und ich werde dafür sorgen, dass Sie geschützt werden", versprach der Polizeichef, während er sich zum Gehen wandte.

Gott hatte Großvater Goia also nicht nur vor dem sicheren Tod bewahrt, sondern auch die Tür geöffnet, damit in einem Dorf, in dem seine Kinder ihn nicht kannten, seine Botschaft verkündigt werden konnte. Infolgedessen ließen sich einige der Dorfbewohner taufen und gründeten eine Gemeinde.

Pavel lächelte, als er an den Mut derer dachte, die vor ihm schon durch solche Prüfungen gehen mussten. Allein in einer Toilette zu sitzen, war nicht das Schlimmste, was ihm passieren konnte. Die Missbilligung durch das Militär, ein Christ zu sein, die er gerade am eigenen Leib erfuhr, hatten schon viele vor ihm erlebt.

Den ganzen Tag über rezitierte er Gottes Verheißungen und lobte ihn für seine Treue, die er bisher in seinem Leben erfahren durfte. Jedes Mal, wenn Pavel hörte, dass jemand die Toilette betrat, blieb er ganz still, bis er sicher war, dass die Person wieder gegangen war. Er hatte sich nie vorstellen können, dass eine Toilettenkabine ein Ort der Anbetung sein könnte, aber an diesem Tag war sie es ganz sicher. Er hatte die Toilette um 07:30 Uhr morgens betreten. Schließlich hörte er um 15 Uhr nachmittags, wie die Soldaten in die Toilette kamen, um sich nach der Arbeit zu waschen. Leise schlüpfte er aus der Kabine und ging zurück in die Kaserne. Niemand bemerkte es, und niemand sagte ein Wort zu ihm.

Seinen ersten Sabbat verbrachte er in einem höchst ungewöhnlichen Heiligtum, das aber trotzdem von Gottes Gegenwart erfüllt war.

ALLES, WAS DIR VOR DIE HÄNDE KOMMT, ES ZU TUN MIT DEINER KRAFT, DAS TU

Eifrig drängten sich die jungen Soldaten nach vorne und versuchten, die Liste zu finden, auf der ihr Name stand. Auch Pavel wollte herausfinden, für welche militärische Ausbildung er eingeteilt worden war. Wo würde sein Name stehen? Er sah ihn weder bei der Infanterie noch bei den Gebirgsjägern. Er stand auch nicht auf der Liste der Panzerdivision oder der Scharfschützen. Als er die vielen langen Listen weiter durchsuchte, kam er zu den Spezialeinsatzkräften. Dort stand sein Name unter einer Eliteeinheit mit dem Namen „Genius". Eine kurze Erklärung lautete: Diese Eliteeinheit wird ausgebildet, um hinter den feindlichen Linien zu arbeiten, Sprengfallen und Landminen zu verlegen oder taktische Sprengungen durchzuführen.

„Herr, ich weiß nicht, wie das in deinen Plan passt", betete Pavel leise, als er wegging. „Hilf mir, jeden Tag deiner Führung zu vertrauen."

Eine Katastrophenmeldung des Landwirtschaftsministeriums traf ein, noch bevor die Ausbildung beginnen konnte. Die bisher schlimmsten Überschwemmungen hatten viele der großen staatlichen Farmen unter Wasser gesetzt. Es war Herbst und damit Zeit für die Maisernte. Wenn das Militär nicht in der Lage wäre, den Mais zu ernten, gäbe es im kommenden Jahr Engpässe in der Lebensmittelversorgung. Sofort wurde die gesamte Ausbildung eingestellt. Die Soldaten wurden in Gruppen eingeteilt und zu den verschiedenen Farmen im Land geschickt. Pavels Einheit sollte in ein provisorisches Lager in der Nähe von Bukarest verlegt werden.

Dieses Lager lag neben einem Bauernhof. Als sie dort ankamen, sank ihnen der Mut. Vor ihnen lagen überflutete Felder von mehreren Hundert Hektar mit Mais, der auf die Ernte wartete. Es sah aus, als würde der Mais in einem riesigen See wachsen. Nichts an diesem Auftrag reizte die jungen Männer. Mit der vor ihnen liegenden Mammutaufgabe waren sie eindeutig überfordert.

Die Söhne von hochrangigen Militärs, Ärzten und Universitätsprofessoren waren solche Arbeiten nicht gewohnt. Die meisten von ihnen hatten in ihrem Leben noch nie einen Tag lang gearbeitet. Das ganze Lager war am nächsten Morgen ein einziger Nörgel- und Jammerchor. So langsam wie möglich schlurften die Soldaten zum halb unter Wasser stehenden Maisfeld.

Ihr neuer kommandierender Offizier war ein Oberleutnant, der seinen Job sehr ernst nahm und keine Zeit verschwendete, dies den jungen Männern klarzumachen.

Jeder Soldat wurde vor einer langen Reihe von Maishalmen aufgestellt. Die Anweisungen waren einfach, aber nicht gerade motivierend: die Reihe durch das hüfthohe Wasser hinunterwaten und so viel Maiskolben ernten, wie man in die am Feldrand wartende Schubkarre tragen konnte. Wenn die Schubkarre voll war, sollte sie zu den großen Erntewagen am Anfang des Feldes geschoben werden, um sie dort abzuladen. Die Rede des Offiziers endete mit der Ermahnung an die verärgerten Erntehelfer, darauf zu achten, dass kein einziger Maiskolben zurückblieb.

Es war eine der miesesten Arbeiten, die Pavel je verrichten musste. Das stehende Wasser war durch die Herbstsonne aufgewärmt worden und stank fürchterlich. Wenn man nach den in dieser stinkenden Brühe stehenden Maiskolben griff, huschten Käfer und Spinnen in alle Richtungen. Gelegentlich schlängelte sich auch eine Schlange durch das Wasser davon, wenn man nach einem Kolben griff. Es dauerte nicht lange, bis die jungen Soldaten merkten, dass es mehr Spaß machte, mit den Maiskolben ihre Freunde zu bewerfen, als sie den ganzen Weg zurück zur Schubkarre zu tragen. Die ersten einundfünfzig Reihen, die abgeerntet worden waren, boten ein trostloses Bild. Überall trieben Maiskolben im Wasser, und die Schubkarren blieben fast leer. Nur eine der einundfünfzig Reihen war tatsächlich wie vorgeschrieben abgeerntet worden. Der Oberleutnant war außer sich, als er das fürchterliche Chaos sah.

Nachdem er ihnen wütend gedroht hatte, ließ der Offizier sein Ernteteam die nächsten Reihen abpflücken. Während er direkt vor Pavel durch das Wasser stapfte, teilte der Oberleutnant ihm mit, er wisse davon, dass Pavel der Arbeit am letzten Samstag ferngeblieben sei. Er versprach, ihn an diesem Samstag arbeiten zu lassen, selbst wenn er den ganzen Tag direkt hinter ihm durch das Maisfeld laufen müsste.

„Du wirst arbeiten wie jeder andere auch", erklärte er grimmig.

Pavel betete weiter, während er fleißig Maiskolben für Maiskolben abpflückte. Ein Bibelvers, den er als kleiner Junge bei der Arbeit mit seinem Vater gelernt hatte, kam ihm wieder in den Sinn: „Alles, was dir vor die Hände kommt, es zu tun mit deiner Kraft, das tu." (Prediger 9,10)

„Herr, hilf mir, auch diese Arbeit mit aller Kraft zu tun, auch wenn ich der Einzige bin, der hier arbeitet. Hilf mir, so zu arbeiten, dass ich dir gefalle", betete Pavel, während er nach einem weiteren Maiskolben griff.

Es war für Pavel nicht leicht, weiter zuverlässig seine Aufgabe zu erfüllen, wenn er die Arbeitsmoral seiner Kameraden sah. Einige von ihnen waren in die Stadt geschlichen und hatten große Mengen an Alkohol gekauft. Viele lagen betrunken im Maisfeld. Diese Soldaten sahen wie umgekippte Vogelscheuchen aus, die auf den wenigen trockenen Flecken des Feldes lagen. Selbst die Androhung, einen Tag im Gefängnis verbringen zu müssen, änderte nichts an ihrer faulen, nachlässigen Arbeitsweise. Überall lagen Maiskolben herum, und auf dem Wasser schwammen mehr davon, als in den Schubkarren lagen. Aber jede einundfünfzigste Reihe war sauber abgeerntet, und die volle Schubkarre war regelmäßig zum Erntewagen gerollt worden.

Tag für Tag war es die gleiche Geschichte. Die endlosen Drohungen des Offiziers verbesserten die Situation nicht im Geringsten.

Am Donnerstag kam der Oberleutnant fassungslos zu Pavel, um ihn zu befragen. Er konnte einfach nicht verstehen, warum Pavel jeden Tag fleißig weiterarbeitete, während der Rest der Soldaten mit Alkohol feierte und sich erholte. Verwundert fragte der Oberleutnant: „Warum arbeiten Sie so hart?"

„Soll ich nicht hart arbeiten?"

„Natürlich sollst du das, aber ich habe deine Reihen wiederholt überprüft und finde sie immer einwandfrei. Du arbeitest auch dann fleißig, wenn ich dich nicht kontrolliere. Warum tust du das?"

„Ich mache meine Arbeit nicht für Sie, Herr Oberleutnant. Ich mache meine Arbeit immer so gut wie möglich, um Gott zu gefallen."

„Das kann ich nicht glauben", erwiderte der Offizier mit verblüfftem Gesicht.

„Es spielt keine Rolle, ob Sie mir glauben oder nicht. Das ist aber der Grund, warum ich versuche, meine Arbeit gewissenhaft zu erledigen", antwortete Pavel, während der Oberleutnant kopfschüttelnd wegging.

An diesem Abend stand der Oberleutnant an einem großen Lagerfeuer und ließ seine Männer in Formation aufstellen. Der Versuch, faule junge Soldaten zu motivieren, war keine leichte Aufgabe gewesen. Er war stocksauer.

„Schauen Sie mich an und hören Sie mir gut zu", brüllte er. „Goia! Zwei Schritte vor!", befahl der Offizier. Pavel trat vor.

„Sehen Sie diesen Soldaten? Auch wenn ich ihn nicht kontrolliere, macht er seine Arbeit sorgfältig. Er hat ein Gewissen. Die meisten von Ihnen wissen wahrscheinlich nicht einmal, was das ist! Sie sind ein Haufen verwöhnter Muttersöhnchen, Kinder von Generälen, Söhne von Funktionären, Professoren und Ärzten. Sie haben noch nie einen Tag in Ihrem Leben gearbeitet. Wissen Sie, was Ehrlichkeit ist? Wissen Sie, was Integrität bedeutet? Ich werde dafür sorgen, dass Sie für Ihre fadenscheinigen Ausreden, nicht arbeiten zu können, teuer bezahlen werden. Diesmal werden Sie nicht zu Ihrem Daddy rennen können. Und jetzt verschwinden Sie, bevor ich Ihnen die Seele aus dem Leib prügeln werde!", schrie der Offizier.

Am Freitagmorgen kam der Oberleutnant hinter Pavel her, um ihn für einen neuen Auftrag zu gewinnen. „Während Sie heute Ihre Reihe abernten, möchte ich, dass Sie darauf achten, wer arbeitet und wer nicht."

„Das kann ich nicht machen. Sie werden sich einen anderen suchen müssen", erwiderte Pavel fest.

„Wie können Sie es wagen, mir vorzuschreiben, was Sie zu tun und zu lassen haben! Ich bin derjenige, der das entscheidet", entgegnete der Offizier entrüstet.

„Ich denke, wenn Sie sich in meine Lage versetzen, können Sie es verstehen. Sie haben eine Familie, also müssen Sie auch ein Herz haben. Sie wissen doch, in welche Lage mich das versetzt. Ich kann nicht Ihr Informant sein."

Nach einer langen Pause räumte der Leutnant ein: „Ich weiß, ich würde es auch nicht wollen. Aber eins sollten Sie jetzt schon wissen: Am Samstag werden Sie nicht um die Arbeit herumkommen. Ich habe vor, dafür zu sorgen, dass Sie Ihre Schicht wie jeder andere auch arbeiten."

„Wenn Sie wollen, werde ich für den Rest der Erntezeit zwei Reihen auf einmal pflücken", schlug Pavel vor. „Verlangen Sie nur nicht von mir, am Samstag arbeiten zu müssen."

„Ich hasse Ihre Religion, aber ich bewundere Sie dafür, dass Sie so kühn und mutig zugleich sind", sagte der Offizier nachdenklich.

Pavel betete den ganzen Tag über um Weisheit und Mut. Jedes Mal, wenn er den Oberleutnant sah, wiederholte er seine Bitte, aber die Antwort war immer die gleiche: Sein Entschluss stehe fest!

Während er arbeitete, erinnerte Pavel sich an viele Geschichten von Gottes wundersamer Führung in der Bibel. Fast immer entstanden die spannendsten Geschichten in Situationen, wenn es wie bei ihm hieß: Es ist unmöglich! Deshalb beschloss Pavel, Gott treu zu bleiben, koste es, was es wolle.

Freitagmittag, als Pavel seine Mahlzeit gerade beendet hatte, sah er, wie der Oberleutnant aufstand, um zu gehen. Pavel ging zu ihm hinüber und sagte: „Ich muss mit Ihnen reden."

„Nein, ich werde nicht mehr über Ihre törichte Religion diskutieren", erwiderte dieser, während er weiter in die entgegengesetzte Richtung ging.

Pavel eilte um ihn herum und versperrte ihm den Weg.

„Ich muss Sie heute Abend sprechen. Ich werde nicht schlafen gehen, bevor ich das nicht getan habe."

„Drehen Sie sich um und hauen Sie ab. Und das ist ein Befehl!"

„Ich werde nicht gehen. Sie werden mich ins Gefängnis stecken müssen. Wenn ich ins Gefängnis gehe, ist das in Ordnung. Aber ich gehe nicht, bevor ich nicht mit Ihnen geredet habe."

„Junger Mann, Sie haben den Verstand verloren! Sie müssen verrückt sein. Wir können hier nicht reden, wo andere uns hören können. Lassen Sie uns nach draußen gehen", stimmte der Offizier schließlich zu und winkte Pavel zur Tür.

Der Oberleutnant blieb an einem abgelegenen Ort stehen und forderte Pavel ungeduldig auf, sein Anliegen vorzubringen: „Also, was wollen Sie?"

„Ich sehe, dass Sie mich nicht aus reiner Herzensgüte von der Arbeit entbinden werden, also werde ich Ihnen sagen, wie es ist."

„Sie werden mir nicht sagen, wie es sein wird – das ist mein Job! Ich habe hier das Sagen – nicht Sie! Ich werde nicht anfangen, Befehle von einem 18-jährigen Teenager entgegenzunehmen. Ist das klar?"

Entschlossen wie eh und je nahm Pavel seinen Fall wieder auf.

„Dieses Mal werde ich Ihnen sagen, wie es laufen wird. Sie haben zwei Möglichkeiten: Sie können mich in Ruhe lassen, damit ich meinen Überzeugungen folgen kann. Sie wissen dann, dass Sie etwas Gutes getan haben. Oder Sie können mir befehlen, zu arbeiten. Aber Ihnen ist auch klar, dass ich trotzdem nicht arbeiten werde. Und da Ihr Befehl vor den anderen Soldaten ergehen wird, werden Sie mich ins Gefängnis stecken müssen. Folglich werden Sie mein Leben für immer ruinieren. In jedem Fall werde ich nicht arbeiten", erklärte Pavel entschlossen.

„Haben Sie den Verstand verloren? Im Krieg würde man Sie auf der Stelle wegen Ungehorsams erschießen", schrie der Offizier.

„Sehen Sie, Sie haben eine Waffe. Sie können mich jetzt erschießen, aber ich werde morgen nicht zur Arbeit gehen", sagte Pavel entschlossen und starrte dem Offizier direkt ins Gesicht.

„Ist das Ihr Ernst? Sie sind bereit, für Ihren Glauben zu sterben?" fragte der Offizier erstaunt.

„Ja, das bin ich", erklärte Pavel kühn. Ohne eine Pause zu machen, fuhr er fort: „Hören Sie mir noch ein paar Minuten zu. Ich möchte Ihnen eine Geschichte erzählen."

Der Offizier lauschte verblüfft, während Pavel zu erzählen begann: „Als ich noch jung war, beschlossen wir, in meiner Heimatstadt eine Kirche zu bauen. Sie wissen, dass es gegen das Gesetz ist, ohne Genehmigung eine Kirche zu bauen. Sie wissen auch, dass für den Bau einer Kirche niemals eine Genehmigung erteilt wird, egal, wie lange man wartet. Also beschlossen wir, ohne eine solche Genehmigung zu handeln und die Kirche in der Nacht und in aller Stille zu bauen."

Als er sah, dass er immer noch die Aufmerksamkeit des Oberleutnants hatte, fuhr Pavel fort: „Die Mitglieder der Kirchengemeinde teilten sich in Gruppen von fünfundzwanzig Personen auf und arbeiteten nach einem Wechselplan. In der Nacht, in der wir arbeiten sollten, kamen wir kurz vor 23 Uhr an. Unsere Augen sollten sich zuerst an die Dunkelheit gewöhnen, bis es Zeit war, mit der Arbeit anzufangen. Wir arbeiteten die ganze Nacht hindurch bis 5 Uhr am nächsten Morgen. Wir benutzten keine Elektrowerkzeuge, Hämmer oder irgendetwas, das Verdacht erregen oder Lärm machen könnte. Es war langsam und mühsam, alle Balken mit langen Schrauben von Hand zu verbinden, aber nach drei Monaten hatten wir die meisten Wände hochgezogen."

Der Leutnant stand regungslos da, während Pavel seine Geschichte fortsetzte: „Jemand gab der Polizei einen Tipp über unser Kirchenbauprojekt. In der nächsten Nacht standen die Polizisten vor dem verschlossenen Tor und verlangten Einlass, aber sie hatten es versäumt, einen Durchsuchungsbefehl mitzubringen.

Während sie fort waren, um sich den Durchsuchungsbefehl zu besorgen, baten wir unseren Pastor zu fliehen, solange er noch konnte. Wir wussten, dass wir ihn nie wiedersehen würden, wenn er bleiben würde. Als er merkte, dass wir recht hatten, schlich er sich in der Dunkelheit leise davon.

Mit dem Durchsuchungsbefehl in der Hand brachen die Polizeibeamten das Schloss zu unserem Tor auf, stürmten herein und verlangten, ihnen zu sagen, wer für das Bauprojekt verantwortlich sei. Mein Vater trat vor und sagte, er sei der Verantwortliche. Gleich danach trat ein anderer vor und erklärte, er sei für den Bau zuständig, dann noch einer und noch einer. Zur Frustration der Polizei erklärten alle fünfundzwanzig Männer, für das Bauprojekt zuständig zu sein. ‚Wie viele Verantwortliche haben Sie denn?‘, fragte der Polizeichef schließlich.

‚Wir sind alle gleich verantwortlich‘, antworteten wir.

‚Ihr seid alle verrückt, ein Haufen von Dummköpfen!‘, schrie der Beamte. Mein Vater wurde anschließend ins Polizeipräsidium gebracht. Der Bürgermeister, der Polizeichef und der Chef der Geheimpolizei führten meinen Vater in den Verhörraum. Mehrere Stunden lang schlugen sie mit den Fäusten auf den Tisch und brüllten, der Bau müsse sofort gestoppt werden. Mein Vater weigerte sich wiederholt. Mit roten Gesichtern drohten sie: ‚Dann kommen wir mit Bulldozern und reißen die Wände des Gebäudes ein!‘

Mein Vater informierte sie, dass wir 270 Mitglieder sind, die meisten hätten Familien. Sollten Bulldozer in Richtung ihrer Kirche fahren, würden sie sich zusammen mit ihren Frauen und Kinder vor das Gebäude stellen. Wenn sie das Gebäude abreißen wollten, müssten die Bulldozer über die Körper der Frauen und Kinder fahren.

Von Minute zu Minute wurden die Männer wütender und schrien schließlich: ‚Dann werden wir euch töten, einen nach dem anderen!‘

‚Nur zu‘, erwiderte mein Vater ruhig. ‚Es ist besser, für Gott zu sterben, als ohne ihn zu leben. Wenn ihr anfangt, uns umzubringen, werden wir auf die Markplätze gehen und anfangen zu predigen. Dann werden wir schon bald 2000 statt 270 Mitglieder sein.‘

‚Ihr habt den Verstand verloren – absolut verrückt!‘, brüllten die Beamten und Offiziere in einem Wutanfall.

‚Vielleicht sind wir das in euren Augen. Die Weisheit Gottes ist ja eine Torheit für den Menschen, doch die Weisheit des Menschen ist eine Torheit für Gott‘, antwortete mein Vater gelassen.

Die Drohung, die Kirchenmitglieder zu verprügeln und zu töten, brachte meinen Vater nicht im Geringsten aus der Ruhe. Er informierte sie, dass die Kirche der Augapfel Gottes sei und dass jeder, der gegen seine Kirche kämpft, gegen Gott kämpften würde.

Entnervt sagte der Bürgermeister schließlich: ‚Wir haben keine Angst vor eurem Fantasie-Gott! Wenn wir mit Ihnen fertig sind, werden wir sehen, wer Gott ist!‘ Dann stürmte er aus dem Raum.“

Pavel schaute den Oberleutnant direkt an, während er seine Geschichte beendete: „Auf dem Heimweg von der Polizeiwache wurden der Bürgermeister und ein anderer hochrangiger Offizier bei einem Autounfall getötet. Aus Angst um ihr eigenes Leben ließen die anderen Männer meinen Vater unversehrt frei. Die Gemeindemitglieder stellten die Kirche fertig und errichteten außerdem für den Pastor ein Wohnhaus, ohne dass die Behörden eingriffen.

Sie sehen also, wenn ich ins Gefängnis gehen oder sterben muss, werde ich es gerne tun. Es gibt einen Gott. Und wenn er mir erlaubt, für seine Verherrlichung zu sterben, werde ich es tun. Also tun Sie, was immer Sie wollen. Morgen werde ich nicht arbeiten. Ich versuche nicht, Ihre Befehle absichtlich zu missachten. Ich respektiere Ihre Autorität. Ich bin bereit, für mein Land zu sterben, wenn es sein muss, aber ich werde für niemanden eines der Gebote Gottes übertreten."

„Ich weiß nicht, was ich sagen soll", sagte der Offizier sehr nachdenklich. „Wenn ich Ihnen aber den Tag frei gebe, damit Sie Ihren Gott verehren können, wird mich jemand anzeigen, und dann werde ich meinen Job und meine Freiheit verlieren. Was Sie verlangen, ist unmöglich, wenn ich meine Arbeit behalten will. Aber vielleicht könnten Sie ohne mein Wissen von der Arbeit fernbleiben. Lassen Sie mich darüber nachdenken", sagte er, als er sich zum Gehen wandte.

Am nächsten Morgen wachte Pavel ein wenig früher als sonst auf. Er wollte Gewissheit, dass Gott mit ihm war, bevor er sich der Prüfung stellte, die ohne Zweifel auf ihn zukommen würde. Er betete um den Mut und die Kraft, sich nicht einschüchtern zu lassen. Mit Frieden im Herzen stellte er sich in Reih und Glied mit den anderen Soldaten auf.

„Alle stellen sich vor ihrem Arbeitsbereich auf!", befahl der Oberleutnant. Ohne sich zu bewegen, blickte Pavel ihn an, um ihn an ihr Gespräch am Abend zuvor zu erinnern.

Während die anderen zu ihren Reihen gingen, sagte der Leutnant leise zu Pavel, er solle einen Moment seinen Anweisungen folgen. Pavel ging wortlos zu seiner Reihe.

„Beginnt alle mit der Arbeit!", befahl Oberleutnant. Die Soldaten begannen, die Maiskolben abzuernten, außer Pavel. Er stand einfach ruhig am Maisfeld vor seiner Reihe.

Der Offizier schaute Pavel direkt an und wiederholte sein Kommando: „Ich sagte, alle!"

Pavel wusste, dass dies eine Prüfung war. Der Mann wollte sehen, ob er wirklich für seinen Glauben einstehen würde. Die Augen aller Soldaten richteten sich auf ihn. Neugierig erwarteten sie, was als Nächstes geschehen würde.

Als hätte er sich gerade an eine frühere Diskussion erinnert, fragte der Offizier: „Ach übrigens, Pavel, wissen Sie noch, was ich von Ihnen verlangt habe?"

Nicht ganz sicher, was als Nächstes kommen würde, antwortete Pavel: „Na klar, aber warum haben Sie mir das nicht schon vorher gesagt?"

„Ich habe Sie gebeten, heute bei der Maisernte nicht mitzuarbeiten. Ich möchte, dass Sie meinen Papierkram nachholen, erinnern Sie sich?"

Während Pavel zu den Offiziersquartieren ging, lächelte er. *Der Leutnant hat mir gerade befohlen, nicht zu arbeiten. Danke, Vater, für den Befehl, an deinem heiligen Tag nicht zu arbeiten*, betete Pavel.

Der Oberleutnant kam hinter ihm her.

„Ich habe natürlich keinen Papierkram, also verschwinden Sie einfach. Wenn die anderen Sie hier herumstehen sehen, werden sie mich melden. Gehen Sie einfach weg von hier. Gehen Sie irgendwohin, wo Sie nicht gesehen werden, zum Beispiel in den Wald. Machen Sie, was immer Sie mit Ihrem Gott tun."

„Ich kann nicht glauben, dass ich das gerade gesagt habe", murmelte der Oberleutnant, als ein sehr glücklicher Soldat davoneilte und zwischen den Bäumen verschwand.

Den ganzen Tag hielt Pavel Gottesdienst. Mit neuer Begeisterung sang er seine Lieblingslieder. Er hatte schon viele wunderbare Gottesdienste erlebt, aber irgendwie schien ihm der Schöpfer in seinem Wald-Heiligtum näher zu sein als je zuvor.

Ein unzufriedener Offizierssohn hatte offensichtlich im Hauptquartier angerufen und sich darüber beschwert, dass ein Leutnant einem Soldaten erlaubt hatte, samstags nicht zu arbeiten, während der Rest nicht befreit worden war. Ohne Vorwarnung wurde der Oberleutnant durch einen neuen kommandierenden Offizier ersetzt. Sein Name bedeutete „Fuchs", und interessanterweise stimmten sein Name und sein Charakter fast überein. Er war schlau, aber es dauerte nicht lange, bis man merkte, dass es ihm an Moral fehlte. Er kümmerte sich um nichts und niemanden, auch nicht um sein Land und das Militär. Das interessierte ihn nur so weit, wie es ihm nützte.

Pavel war klar, dass es nicht einfach sein würde, mit diesem „Fuchs" zu verhandeln. Er wusste, dass er in nur einer Woche wieder genau da sein würde, wo er ein paar Freitagabende zuvor gewesen war.

Der Versuch, einen guten Eindruck auf diesen Offizier zu machen, war keine leichte Aufgabe. Er war definitiv nicht am Wohlbefinden einer seiner Männer interessiert. Zweifellos war demjenigen, der das Hauptquartier angerufen hatte, um den Oberleutnant abzulösen, schnell klar geworden, dass es besser für sie gewesen wäre, wenn es keinen Wechsel der Offiziere gegeben hätte.

„An die Arbeit, ihr Hornochsen! Ihr seid keine echten Soldaten. Seht euch doch an – ihr seid nur ein Haufen armseliger Packesel! Die Armee kümmert sich einen Dreck um euch, sonst wärt ihr nicht hier. Ihr Nichtsnutze!", brüllte der neue Leutnant.

Super, wie der Mann sich vorgestellt hat!, dachte Pavel. Ihm ging es nicht allein so. Jeder der Soldaten hätte den Mann liebend gerne wieder gegen den ersten Kommandanten eingetauscht. Es war schon demütigend genug, sich seine Beschimpfungen am frühen Morgen anzuhören, aber es ging den ganzen Tag so weiter.

Wenn der Offizier dachte, dass seine Befehle mehr betont werden sollten, fügte er ein oder zwei deftige Schimpfwörter hinzu. Alles, was aus seinem Mund kam, war gemein und erniedrigend. Den ganzen Tag über mussten sie seine ständigen Herabwürdigungen und Schikanen ertragen.

Sollten die Soldaten gehofft haben, dass sich die Lage am Ende ihres Arbeitstages bessern würde, so hatten sie sich getäuscht. Als er ihnen befahl, sich mit ihren persönlichen Gegenständen in Reih und Glied aufzustellen, begann die nächste Phase seiner Schikanen.

„Lasst mich sehen, wer etwas Gutes zu essen hat. Was immer ihr habt, es gehört mir! Ich will eure Kekse, eure Äpfel und Orangen und was mir sonst noch gut erscheint."

Der Offizier durchwühlte einen Seesack nach dem anderen und nahm alles mit, was ihm gefiel. Es war eine sehr deprimierte Gruppe von Soldaten, die in dieser Nacht zu Bett ging. Ihr Leben war gerade miserabler geworden, als sie es sich hätten vorstellen können. Verzweifelt hofften sie, dass der nächste Tag etwas Besserung bringen würde.

Am nächsten Tag gingen die Schikanen und Demütigungen weiter. Die Lage der jungen Soldaten hatte sich keinen Deut verbessert. Der Leutnant verfluchte sie nicht nur und überhäufte sie mit allen erdenklichen Schmähungen, er machte sich auch noch über sie lustig. Das machte ihr Elend noch unerträglicher.

Offensichtlich hatte der „Fuchs" in einem Anflug von Gehässigkeit beschlossen, dass er seinen „Hornochsen" das Leben noch schwerer machen könnte, wenn er sie bei der Arbeit mit Dingen bewerfen würde. Es war schon schlimm genug, ihm dabei zuzusehen, wie er ihre Äpfel aß, aber es war noch schlimmer, wenn die Kerngehäuse danach in ihre Richtung flogen. Für die gedemütigten Soldaten, die beim Ernten der Maiskolben auch noch Geschossen aller Art ausweichen mussten, wurde der Arbeitstag unerträglich lang.

Zu glauben, dass der Beschuss aufhören würde, wenn der Mann alle ihre Vorräte aufgegessen hatte, war ebenfalls ein Irrtum. Da er mitten im Feld stand, pflückte der Offizier nun einfach Maiskolben, um diese auf die Männer zu werfen. Jetzt mussten sie durch stinkendes Wasser waten, in dem Mücken, Fliegen und Schlangen um sie herumwimmelten, und dazu war ihr befehlshabender Offizier einer der gemeinsten Menschen, denen sie je begegnet waren. Ihm zu gefallen, war einfach unmöglich.

Die ganze Woche über bat Pavel Gott, ihm klarzumachen, was er am kommenden Sabbat tun sollte. Es schien aussichtslos, mit einem so unmöglichen Menschen eine Lösung zu finden. Am Freitagmorgen ging Pavel schließlich zum Offizier, um ihm seine Bitte um einen Tag der Ruhe und Anbetung vorzutragen.

„Herr Offizier, ich habe die ganze Woche hart für Sie gearbeitet. Ich habe versucht, so fleißig und sorgfältig wie möglich zu arbeiten. Morgen ist nun mein Tag, an dem ich Gott anbete."

Pavels erneuter Versuch, am Samstag frei zu bekommen, wurde von dem kommandierenden Offizier abrupt unterbrochen.

„Ihre verrückten Ideen und Ihr Tag der Anbetung interessieren mich nicht. Machen Sie kehrt und verschwinden Sie von hier! Gehen Sie sofort zurück an die Arbeit!", befahl er.

Pavel stand einen Moment regungslos da und hoffte auf die Möglichkeit, seine Position erklären zu können.

„Haben Sie keine Ohren? Ich sagte, machen Sie kehrt und hauen Sie ab – auf der Stelle!"

Es stand außer Frage, dass das Gespräch damit beendet war.

Den ganzen Tag sprach Pavel mit Gott darüber, was er tun sollte. Am Freitagabend brachte er all seinen Mut auf, um den Leutnant erneut anzusprechen. Der Anblick von Pavel, der erwartungsvoll vor ihm stand, gefiel ihm überhaupt nicht. Verärgert wandte er sich ab und rief: „Sprechen Sie mich nicht an, Soldat. Verschwinden Sie!"

Ruhig und gefasst erwiderte Pavel: „Ich werde morgen nicht zur Arbeit kommen. Wenn Sie mein Leben ruinieren wollen, steht es Ihnen frei, das zu tun, aber ich werde nicht arbeiten. Mein ganzes Leben lang habe ich gute Leistungen in der Schule erbracht und in meinen Jobs hart gearbeitet. Aber ich kann nicht gegen mein Gewissen handeln. Ich bin bereit, wenn nötig, für mein Land zu sterben. Aber Sie sollen wissen, dass ich an dem Tag, von dem Gott sagt, dass ich ruhen soll, nicht arbeiten werde, egal, wie viel es mich kostet."

„Doch, das werden Sie", knurrte der Offizier. „Und jetzt machen Sie auf der Stelle kehrt und gehen Sie!"

Der Ton seiner Stimme zeigte, dass er es ernst meinte.

Die ersten Gedanken, die Pavel am nächsten Morgen durch den Kopf schossen, waren: „Herr, hilf mir, dir treu zu sein, egal, was passiert."

Der Leutnant befahl seinen Männern, sich in Reih und Glied aufzustellen, und begann mit seiner täglichen Einschüchterungstaktik. Ohne sich dagegen wehren zu können, mussten sie es ertragen, wieder als dumme Hornochsen bezeichnet und mit Kraftausdrücken beschimpft zu werden. Als er schließlich damit fertig war, brüllte er: „Jetzt an die Arbeit!"

Pavel blieb regungslos stehen, während die anderen Soldaten zu den ihnen zugewiesenen Reihen gingen. Als sie bemerkten, dass Pavel, ohne sich zu rühren, dastand, blieben die anderen Soldaten ebenso stehen und blickten erst auf Pavel, dann zum Leutnant hinüber. Der Leutnant durchbohrte Pavel mit blitzenden Augen. Noch nie hatte jemand einen seiner Befehle missachtet, und das wollte er auch jetzt nicht zulassen.

Er starrte Pavel an und zischte: „Was stehen Sie hier noch herum? Ich sagte, an die Arbeit!"

Es war eine Pattsituation, und alle Männer lauerten gespannt, was als Nächstes passieren würde. Pavel blieb ruhig stehen und wartete darauf, dass der Offizier den nächsten Schritt machte.

Einen Moment später befahl der aufgebrachte Leutnant: „Goia, kommen Sie hier rüber. Der Rest von euch macht sich an die Arbeit, wie ich es angeordnet habe."

Pavel befolgte den Befehl sofort und ging wortlos zum Offizier hinüber, um zu sehen, was als Nächstes geschehen würde. Genauso entschlossen wie sein aufmüpfiger junger Soldat fuhr der Leutnant fort: „Sie gehen an die Arbeit, und das ist ein Befehl!"

„Nein, das tue ich nicht! Ich bin gerne bereit, für Gott zu leiden, wenn ich es muss, obwohl ich hoffe, dass ich es nicht muss", antwortete er respektvoll.

„Jetzt wird mir klar, dass Sie entweder Ihren Verstand verloren haben oder ein kompletter Idiot sind. Warum wollen Sie für einen Gott leiden, den es gar nicht gibt? Haben Sie diesen Gott, von dem Sie solch dummes Zeug reden, jemals gesehen?", fragte der Offizier.

„Nein. Aber ich spreche jeden Tag mit ihm, und viele Male habe ich gehört, dass er mir antwortet", erwiderte Pavel.

„Sie müssen offensichtlich dumm sein, wenn Sie behaupten, einen Gott zu hören, der mit Ihnen spricht, da Sie ja zugeben, dass Sie ihn noch nie gesehen haben", sagte der Offizier, während er den jungen Soldaten ungläubig anblickte.

Pavel versuchte, mit dem Offizier zu diskutieren und sagte: „Lassen Sie uns eine Minute darüber nachdenken. Wenn es wirklich keinen Gott gibt, werden Sie am Ende Ihres Lebens kein Problem damit haben. Auf der anderen Seite, wenn es aber doch einen Gott gibt, und Sie haben ihn Ihr ganzes Leben lang missachtet, werden Sie in großen Schwierigkeiten sein. Ich dagegen habe so oder so nichts zu verlieren."

„Oh doch, das haben Sie. Offensichtlich haben Sie nicht darüber nachgedacht, was es bedeutet, Ihre Freiheit zu verlieren. Wir werden sehen, ob Sie sich nach ein paar Jahren im Gefängnis immer noch wie ein Gewinner fühlen", schnauzte der Offizier.

„Herr Leutnant, ich glaube, Sie vergessen noch etwas. Früher oder später wird jeder von uns sterben. Wie frei werden Sie dann sein?", erwiderte Pavel. Ohne auf eine Antwort zu warten, fuhr er fort: „Lassen Sie mich Ihnen eine Geschichte erzählen."

„Ich habe keine Lust, mir eines Ihrer Märchen anzuhören. Ich habe schon so ziemlich alles von Ihnen gehört, was ich hören wollte", antwortete der Leutnant ungeduldig.

„Bitte, ertragen Sie mich noch ein paar Minuten, und ich denke, Sie werden meine Position besser verstehen können."

Der Leutnant hörte desinteressiert zu, als Pavel auch ihm die Geschichte vom Bau seiner Heimatgemeinde erzählte. Im Stillen betete Pavel, dass Gott das Herz seines groben und verletzenden Kommandanten berühren möge. Die Geschichte endete wieder damit, dass der Bürgermeister mit geballter Faust wütend in der Luft herumfuchtelte und die Existenz Gottes herausforderte.

Das Gesicht des Offiziers zuckte leicht, als er vom Schicksal des Stadtoberen erfuhr. Er versuchte jedoch, sich nichts anmerken zu lassen, als ihm klar wurde, dass der Tod des Bürgermeisters offensichtlich ein göttliches Gericht war. Selbstsicher prahlte er: „Wenn Sie denken, dass ich Angst vor dem Tod habe, dann irren Sie sich. Das tue ich nicht. Ich lebe nur für ein einziges Vergnügen, und das ist, mich über andere Leute lustig zu machen. Ihre kleine Geschichte hat daran nichts geändert."

„Nun, das mag sein, aber ich hoffe, Sie verstehen jetzt, dass es nicht an meinen eigenen Ambitionen liegt oder daran, dass ich mich Ihren Anordnungen einfach widersetzen will, dass ich samstags nicht arbeiten kann. Ich kann es einfach nicht, weil mein Gewissen es mir nicht erlaubt."

„Sie sind so ziemlich der dümmste Mensch, den ich je getroffen habe", antwortete der Offizier. Nachdem er einige Augenblicke lang die Aufrichtigkeit in Pavels Gesicht studiert hatte, sagte er: „Aber ich werde Sie nicht ins Gefängnis stecken. Ich kümmere mich nicht um Sie oder Ihren Gott. Ich interessiere mich nur für mich."

Mit einem Mal sah Pavel, wie das harte Herz des Offiziers erweicht wurde. Was für eine erstaunliche Verwandlung! Im Stillen lobte Pavel Gott, als der Leutnant fortfuhr: „So wird es ablaufen. Wenn mich jemand melden würde, weil ich einen meiner Soldaten nicht arbeiten lasse, würde man mich als schwachen und unfähigen Offizier betrachten. Wenn die Zeit für die Bewertung meiner Arbeit kommt, würde ich mit Sicherheit degradiert werden. Aber ich werde das auf folgende Weise regeln: Wenn ich den anderen befehle, an die Arbeit zu gehen, werde ich Ihnen den Einkauf in der Stadt zuweisen."

Pavel unterbrach ihn. „Ich hoffe, Sie verstehen, dass ich auch nicht einkaufen werde. Es ist der Tag des Herrn."

„Sie dämlicher Kerl! Verschwinden Sie einfach von hier. Hauen Sie ab und machen Sie, was immer Sie tun müssen. Vergessen Sie nur nicht, am Ende des Tages wiederzukommen", sagte der Offizier und schüttelte den Kopf, während er wegging.

Pavel konnte nicht anders, als vor Freude zu singen. Das Herz dieses Mannes zu ändern, war zweifellos eine schwierigere Aufgabe gewesen, als das Wasser des Roten Meeres für die Kinder Israels zurückzuhalten. Er begann schon lange, Gott zu loben und anzubeten, bevor er die Eingangstür der örtlichen Kirche erreichte. Den ganzen Tag über spürte er den Segen des Himmels, der ihn mit einer Atmosphäre des Friedens und der Freude umgab. Er hatte gerade gesehen, wie Gott ein weiteres mächtiges Wunder vollbracht hatte.

Am Abend, nachdem Pavel ins Lager zurückgekehrt war, fuhr der Offizier mit dem zweiten Teil seines Plans fort. Als er sicher war, dass die meisten Soldaten zusahen, rief er Pavel zu sich herüber.

„Du hast nichts gekauft. Waren heute alle Läden geschlossen?", fragte er laut. Pavel schwieg, während der Offizier immer weiterredete und sich eine Geschichte nach der anderen ausdachte. Seine Erfindung war ein perfektes Alibi, da Lieferschwierigkeiten, Engpässe und leere Läden häufiger vorkamen. Die meiste Zeit gab es wirklich nur leere Regale in den Geschäften. Folglich wurden die Läden geschlossen, bis wieder Waren in den Regalen lagen. Nach einigen Minuten beendete der Offizier seine wortgewandte Rede mit: „Vielleicht sind die Läden nächste Woche wieder geöffnet."

Am Montagnachmittag rief der Leutnant Pavel zur Seite und teilte ihm leise mit, dass er nie wieder in seiner Militäruniform die Kirche besuchen solle. Jemand hatte die Offiziere im Hauptquartier darüber informiert, dass ein junger Soldat die Kirche besuchte, anstatt sich zum

Dienst zu melden. Ihr kleiner Plan würde mit Sicherheit aufgedeckt werden, wenn er jemals wieder in Uniform in einer Kirche erschien. Da Pavel ein gemeinsames Interesse an ihrem Geheimnis hatte, versicherte er ihm, dass er darauf achten würde, diesen Fehler nicht noch einmal zu begehen.

Die ganze Woche über arbeitete Pavel fröhlich und unbeschwert, weil er wusste, dass er sich nicht im Geringsten um den folgenden Sabbat sorgen musste. Im Beisein der meisten anderen Soldaten hatte er den Auftrag erhalten, in die Stadt zu gehen. Durch Schlamm und hüfttiefes Wasser voller Insekten und Schlangen zu waten, erschien ihm nur noch halb so schlimm wie am Anfang. Pavel wusste, dass Gott ihn gesegnet hatte, weil er ihn stets an die erste Stelle setzen wollte.

Als Pavel sich am nächsten Sabbat auf den Weg in die Stadt machte, wusste er, dass es seine letzte Gelegenheit sein würde, diese Kirche zu besuchen. Der Monat mit der Feldarbeit war zu Ende gegangen. Nachdenklich zählte er auf, wie Gott ihn in den letzten vier Wochen beschenkt hatte. Er war nicht nur an jedem Sabbat von der Arbeit befreit worden, sondern er hatte auch die Möglichkeit gehabt, die Kirche zu besuchen und seinen Gott mit anderen, die ihn liebten und ihm dienten, anzubeten.

Das war wahrlich kein kleines Wunder, während er seinen Militärdienst im kommunistischen Rumänien leistete. *Ich frage mich, was mich erwartet, wenn ich zurück in die Garnison komme,* dachte Pavel, als er sich auf den Weg zurück ins Lager machte.

SIND SIE EIN FREUND DES GENERALS?

Als die Maisernte beendet war, packte Pavels Einheit ihre Sachen zusammen, um zur Garnison zurückzukehren. Die Rückkehr zur Kaserne hatte viele Vorteile. Am Wochenende mit einer Gruppe von Freunden in den Bergen zu zelten, war eine Sache, aber einen ganzen Monat in behelfsmäßigen Unterkünften leben zu müssen, war eine andere. Jeder war froh, wieder in der Kaserne wohnen zu können. Am nächsten Morgen nahmen alle Soldaten wie gewohnt an ihrer Ausbildung teil, die durch den Notfall in der Landwirtschaft unterbrochen worden war.

Ich frage mich, welchen Plan Gott für mich bei allen diesen Offizieren hat. In ein paar Tagen werde ich wieder mit dem Problem konfrontiert werden, dass ich den Sabbat halten möchte, dachte Pavel, als er die Kaserne verließ.

Kurz vor dem Übungsplatz wurde er in seinen Gedanken unterbrochen. Als er an einer Gruppe hochrangiger Offiziere vorbeikam, hörte

SIND SIE EIN FREUND DES GENERALS?

Pavel, wie jemand sagte: „Was sollen wir tun? Wir müssen das reparieren lassen und haben nicht viel Zeit. Der General wird in ein paar Wochen hier sein."

Andere Offiziere nickten zustimmend. Sie hätten jeden gefragt, der ihnen einfiel, doch niemand kannte jemanden, der Holzarbeiten durchführen konnte.

Pavel wandte sich respektvoll an die Offiziere und erkundigte sich, ob sie jemanden bräuchten, der sich mit Holzarbeiten auskannte.

Einer der Offiziere antwortete: „Das alte Schloss, das wir jetzt als Hauptquartier nutzen, ist ein historisches Gebäude aus dem 16. Jahrhundert. Es gehörte früher dem damals herrschenden König. Viele der Einrichtungsgegenstände sind antik und unersetzlich. Heute Morgen schlug der Major die Tür ein wenig zu fest ins Schloss. Dadurch fiel eine große Holzverkleidung über einem der Fenster zu Boden. Sie verfehlte seinen Kopf nur um ein oder zwei Zentimeter. Er hätte getötet werden können. Was es noch schlimmer macht: Die Holzverkleidung kann nicht einfach ersetzt werden. Sie muss repariert und neu angebracht werden, weil sie mit kunstvollen Schnitzereien eines berühmten Meisters verziert ist. Wir müssen die Reparatur so schnell wie möglich durchführen, weil in ein paar Wochen die Inspektion des Generals ansteht. Es wäre nicht gut für unsere Garnison, wenn er das Schloss in diesem Zustand sieht. Nun sagen Sie uns, wie Sie uns helfen können", sagte der Offizier.

„Mein Vater ist Bauunternehmer und ich habe viele Jahre Erfahrung in der Holzbearbeitung. Ich bin mir sicher, dass ich Ihnen bei den notwendigen Reparaturen helfen kann", antwortete Pavel mit einem gewinnenden Lächeln.

Die Offiziere begleiteten Pavel sofort zum Schloss, um die große Holzverkleidung zu inspizieren, die auf dem Boden lag. Pavel begutachtete das beschädigte Stück schön geschnitzten Holzes sowie das Fenster hoch über ihnen. Dann zählte er selbstbewusst die Werkzeuge auf, die er für die Reparatur der Holzverkleidung benötigen würde, sowie das geeignete Gerüst, von dem aus er arbeiten konnte, um die Verkleidung wieder sicher über dem Fenster anzubringen. Noch vor Ort erteilten ihm die erleichterten Offiziere den Reparaturauftrag. Sie versicherten ihm, dass man ihm alles zur Verfügung stellen würde, was er für die Reparatur benötigte.

Der Einzige zu sein, der diese Arbeit machen kann, ist gar nicht so schlecht, dachte Pavel sofort. *Ich glaube, ich könnte mich daran gewöhnen, dass mir hochrangige Offiziere Tag für Tag Komplimente für meine Arbeit machen.*

Es war nicht schwer zu erkennen, dass die Offiziere ihm wachsenden Respekt für seine Fähigkeiten und sein handwerkliches Geschick zollten. Nachdem er die Holzverkleidung repariert hatte, befestigte Pavel das schwere hölzerne Meisterwerk sorgfältig wieder über dem Fenster und stellte sicher, dass es nie wieder herunterfallen würde.

Nachdem er das Reparaturprojekt abgeschlossen hatte, fiel ihm die historische Waffenausstellung des Schlosses auf. Es gab Dolche, Schwerter und Schusswaffen aller Art. Viele der Schwerter mussten Hunderte von Jahren alt sein, und einige der Musketen gehörten zu den ältesten Modellen, die jemals hergestellt worden waren. Alle Waffen waren sorgfältig geordnet und auf Tischen ausgestellt, die mit feinen Leintüchern bedeckt waren.

Das ist nicht die beste Art, diese wertvollen Waffen aufzubewahren, überlegte Pavel. Er rief den Major zu einer der Auslagen und erklärte ihm, dass die Waffen durch die hohe Luftfeuchtigkeit leicht von Korrosion befallen würden. Sie sollten eigentlich in Holzvitrinen mit Glastüren ausgestellt werden. Auf diese Weise bliebe ihre Schönheit erhalten, und sie wären gleichzeitig gut sichtbar.

„Ich bin überzeugt, dass Sie mit dem Bau der Vitrinen eine tolle Arbeit leisten würden, aber woher sollen wir das passend zugeschnittene Glas nehmen?", fragte der Major.

„Ich habe auch schon oft mit Glas gearbeitet‘, versicherte ihm Pavel. „Aus irgendeinem seltsamen Grund habe ich sogar meinen Diamanten zum Glasschneiden dabei. Ich könnte also gleich anfangen, wenn Sie möchten", fügte Pavel hinzu.

„Ihr Vorschlag gefällt mir. Lassen Sie mich mit den anderen Offizieren darüber sprechen", sagte der Major freundlich.

Tatsächlich, schon nach einer kurzen Besprechung waren sich die Offiziere einig, dass es klug wäre, die Waffen einzuschließen. Die maßgefertigten Eichenvitrinen wären auch eine schöne Aufwertung des Schlosses für die bevorstehende Inspektion des Generals.

Niemals hätte sich Pavel vorstellen können, dass er einmal maßgefertigte Eichenvitrinen für ein Schloss bauen würde. Wie dankbar war er seinem Vater, dass er ihm gezeigt hatte, wie wichtig die Handwerkskunst war! Sorgfältig schleifte, beizte und lackierte er jede Vitrine. Nachdem er die letzte Glasscheibe eingesetzt hatte, waren die Offiziere sichtlich beeindruckt von seiner Arbeit. Als sie die fertigen Vitrinen betrachteten, riefen sie stolz aus: „Wir hätten keine schöneren Waffenschränke von einer Spezialtischlerei in der Stadt kaufen können!"

Während die Offiziere Pavel für seine hervorragende Arbeit lobten, erinnerte sich einer von ihnen an ein anderes Projekt, das Aufmerksamkeit erforderte. Einige der Pflastersteine im Haupteingang hatten sich gelockert und mussten neu verlegt werden. Wieder einmal machte sich Pavel daran, die Reparatur so perfekt wie möglich auszuführen. Als er mit der Verlegung der Pflastersteine fertig war, konnte niemand sehen, dass hier eine Reparatur vorgenommen worden war.

Als die Offiziere den restaurierten Zugangsweg bewunderten, sagten sie: „Junger Mann, Ihr Land ist stolz auf Sie. Ihr Können und Ihre Arbeitsmoral sind tadellos."

Im Stillen dankte Pavel Gott dafür, dass seine Arbeit so gesegnet war, dass er in den Augen der höchsten Militärbeamten der Garnison Gunst gefunden hatte.

Einer der befehlshabenden Offiziere blickte zuerst Pavel, dann die anderen Offiziere an und sagte mit einem Lächeln: „Ich glaube, hier haben wir die Lösung für ein anderes unserer Probleme, meine Herren. Sie alle wissen darum, dass im Materiallager immer wieder gestohlen wird. Wir konnten bisher keinen ehrlichen Mann finden, der das Lager betreut. Zweifellos haben wir es hier mit einem jungen Mann zu tun, der bewiesen hat, dass er vertrauenswürdig ist. Ich glaube, er wird sich auch dort als ehrlich erweisen."

Dann wandte er sich Pavel zu: „Goia, wir möchten, dass Sie die Leitung unseres Lagers übernehmen."

Mit einem fröhlichen Lächeln versicherte Pavel den Offizieren, dass sie ihm vertrauen konnten. Er wusste, dass Gott ein weiteres Wunder für ihn bewirkt hatte. Im Lagerraum hätte er mehr Privatsphäre, um Gott anzubeten und mit ihm zu sprechen. In den Baracken machten die ständigen Durchsuchungen der persönlichen Gegenstände es unmöglich, ihm irgendwelches glaubensstärkende Material zu schicken. Mit dem Schlüssel zum Materiallager hatte er das Sagen. Und er hatte sein eigenes kleines Heiligtum mitten in der Militärbasis.

Pflichtgetreu und sorgfältig verwaltete Pavel das militärische Inventar. Nicht ein einziger Artikel fehlte jemals. Auch die Organisation und Sauberkeit des Lagers machten einen guten Eindruck. Nach einigen Inventurprüfungen konnten die verantwortlichen Offiziere feststellen, dass sie sich keine Sorgen mehr über verschwundene Gegenstände machen mussten. Es war klar, dass sie den richtigen Mann für diese Aufgabe gefunden hatten.

Von diesem Zeitpunkt an wurde Pavels Privatsphäre im Lagerraum nie in Frage gestellt. Dana begann, Verheißungen aus der Bibel und inspirierende Zitate in ihren Brief mitzuschicken, die er aufbewahren sollte. Weil er weder eine Bibel noch geistliche Literatur besaß, waren Danas Briefe wie frisches Wasser für einen Durstigen.

Einige Wochen lang lief alles so reibungslos, dass Pavel sich kaum noch wie ein Soldat in der Armee fühlte. Aufgrund des Respekts, den er sich bei den Offizieren für seine Kompetenz bei den verschiedenen Arbeiten erworben hatte, wurde er eher wie ein Prominenter behandelt als wie ein junger Wehrpflichtiger, der er ja war.

Doch von einem Moment zum anderen wurde sein friedliches Leben auf den Kopf gestellt. Der Befehlshaber der Garnison setzte für den kommenden Samstag eine besondere Ausbildung an, an der jeder Soldat ohne jegliche Ausnahme teilnehmen sollte. Als Pavel die ausgehängte Mitteilung las, wusste er, dass sein Glaube und seine Treue gegenüber Gott wieder einmal auf eine harte Probe gestellt werden würden. Die ganze Woche über betete er um Kraft, damit er standhaft bleiben konnte. Wieder einmal dachte er an den Mut, den die drei Hebräer gebraucht hatten, um trotz eines glühend heißen Feuerofens für ihren Glauben einzustehen.

„Herr, bitte gib mir den Mut, dich genauso zu ehren, wie es diese jungen Männer vor so langer Zeit getan haben. Hilf mir, auch diesmal genauso aufrecht wie sie für dich einzustehen", betete Pavel, während er über die vor ihm liegende Herausforderung nachdachte.

„Heute ist der Tag", flüsterte Pavel, als er seine Augen in der früh-morgendlichen Dunkelheit öffnete. Er schlüpfte aus seinem Bett und machte sich auf den Weg durch die Militärbasis zum Materiallager. Niemand war zu sehen. Alle genossen ihre letzte Stunde der Nachtruhe. Pavel schloss sich in seinem Heiligtum ein und verbrachte seine Zeit damit, sich mit Gottes Verheißungen und Gebeten zu ermutigen. Er ließ die vielen Wunder Revue passieren, die Gott in seinen ersten Wochen beim Militär bereits für ihn vollbracht hatte. Gott war bis jetzt so gut zu ihm gewesen. Sicherlich hatte er auch für diesen Tag einen Plan. Mit Frieden in seinem Herzen und der Gewissheit, dass Gott bei ihm war, trat er ruhig aus dem Lagerraum, um dem Tag entgegenzugehen.

Pavel schloss sich den anderen an, während sie sich auf den Weg zum Übungsplatz machten. Als sie sich in Formation aufstellten, sahen die jungen Soldaten in die Augen eines kommandierenden Offiziers, der härter zu sein schien, als sie es je erlebt hatten. Er war gekommen, um ihnen klar zu machen, wer hier das Kommando hatte! Er rief die Soldaten zur Aufmerksamkeit und verschwendete keine Zeit mit Formalitäten oder Smalltalk. Er hatte nur einen Punkt von Bedeutung auf seiner Agenda. Es war Pavel! Er baute sich direkt vor ihm auf und begann zu schreien und zu brüllen, auf eine Weise, die seinem Rang nicht würdig war.

„Ich habe mit Ihren anderen Vorgesetzten gesprochen. Jeder von ihnen hat zugegeben, dass Sie seit Ihrer Ankunft in dieser Garnison nicht einen einzigen Samstag gearbeitet haben. Goia, Sie werden entweder arbeiten oder ins Gefängnis gehen! Ich werde dafür sorgen – und wenn es das Letzte ist, was ich tue. Sie samstags arbeiten zu sehen, wird das Ziel meines Lebens sein. Ich werde an Ihnen ein Exempel statuieren, das man nicht so schnell vergessen wird! Und während Sie im Gefängnis verrotten, werde ich zum Major befördert", schrie der Leutnant wie ein Wahnsinniger.

Das Verhalten des Offiziers spitzte sich mit jeder weiteren Drohung zu. Sein ganzer Körper begann zu krampfen und er stampfte wütend mit den Füßen auf den Boden. Die jungen Soldaten schauten mit großen Augen auf den Offizier, während dieser mit hochrotem Kopf seine Schimpfkanonade fortsetzte.

„Ich bin zurzeit ein Informant der Geheimpolizei. Ich werde Sie solange zusammenstauchen, bis Sie spuren! Dann wird man mich beför-
dern. Ich habe vor, für die Securitate zu arbeiten, und ich werde nicht
zulassen, dass Sie sich mir in den Weg stellen. Sie haben dieses Land
und das Militär zum letzten Mal zum Gespött gemacht! Goia! Einen
Schritt vor!", kreischte der Offizier nun schrill in einem Ton, der ihn
fast unverständlich machte.

Pavel gehorchte sofort und trat einen Schritt vor die anderen Soldaten.

„Und jetzt grab ein Schützenloch", befahl der wild entschlossene
Leutnant.

„Herr Offizier, bitte verstehen Sie, dass mein Gewissen es mir nicht
erlaubt, am Samstag zu arbeiten. Ich habe Ihren Befehl befolgt, mit den
anderen Soldaten zum Übungsplatz zu kommen, aber ich werde heute
nicht an der Ausbildung teilnehmen. Der heutige Tag gehört Gott. Deshalb werde ich kein Schützenloch graben", antwortete Pavel unbeirrt.

„Sie sagen in Anwesenheit all dieser Soldaten als Zeugen, dass Sie meinen Befehlen nicht gehorchen wollen?", schrie der Leutnant mit hervor-
quellenden Augen, die aussahen, als würden sie jeden Moment platzen.

„Ich sage nur, dass es Samstag ist und ich kein Loch graben und auch
nicht am Training teilnehmen werde", erwiderte Pavel standhaft.

„Ungehorsam gegenüber meinem direkten Befehl bedeutet in Frie-
denszeiten sieben bis vierzehn Jahre Gefängnis, und im Krieg sind es
vierzehn Jahre oder sofortige Hinrichtung! Weigern Sie sich immer
noch, mir vor all diesen Soldaten zu gehorchen?", brüllte der Leutnant
voll unvorstellbarer Wut.

„Herr Offizier, das können Sie machen, wenn Sie wollen, aber es ist
Samstag und mein Gewissen erlaubt mir nicht, zu arbeiten", erklärte
Pavel ruhig und gefasst.

Der Leutnant schien jegliche Vernunft zu verlieren. Er schäumte,
schrie und tobte und sprang wild herum. Alle Soldaten standen regungslos da und beobachteten den unkontrollierten Wutausbruch des
Offiziers.

Plötzlich drehte er sich um, überließ die Soldaten einfach sich selbst
und marschierte wie ein speiender Vulkan würdelos zum Hauptquar-

tier. Schockiert und voller Angst standen die Soldaten eine Zeit lang regungslos da. Sie waren unsicher, was von ihnen erwartet wurde. Nach ein paar Minuten löste sich die Formation auf, und die Männer kehrten zu der Baracken zurück, um dort auf weitere Befehle zu warten.

Pavel machte sich auf den Weg zum Materiallager. Niemand traute sich, neben dem Mann zu gehen, der am frühen Morgen diesen Offizier zu seinem Zornausbruch gereizt hatte. Für Pavel war das Lager wie ein Zufluchtsort, an dem er allein mit seinem Gott war. Während er betete, beriefen die Offiziere eine Krisensitzung ein, um über sein Schicksal zu entscheiden.

Der Zeitpunkt für die Verhandlung von Pavels Fall hätte nicht schlechter sein können, da der General nur wenige Augenblicke vor Beginn der Sitzung eingetroffen war. Überall in der Garnison konnte man beobachten, wie Offiziere ihre Posten verließen, um an der Verhandlung teilzunehmen.

Die Sitzung begann mit dem dramatischen Bericht des Leutnants, der die morgendliche Auseinandersetzung zwischen ihm und dem trotzigen jungen Soldaten mit unverhohlener Wut darstellte. Am Ende seiner sehr emotionalen Schilderung bestand er darauf, dass sofort die größtmögliche Gefängnisstrafe über Pavel verhängt werden sollte.

In Anwesenheit des Generals verzichtete der Offizier, der sonst den Vorsitz hatte, auf sein Amt. Nun saß einer der ranghöchsten Militärbeamten des Landes auf dem Richterstuhl. Welche Chance hatte da schon ein junger Soldat? Sein Untergang schien unausweichlich zu sein.

Nach Anhörung der Vorwürfe und einer kurzen Diskussion erkundigte sich der General nach weiteren Details über den angeklagten Soldaten.

„Ist er ein religiöser Mensch?", fragte er.

„Ja, er ist ein Adventist", antwortete einer der Offiziere.

„Missioniert er oder verteilt er religiöse Propaganda an die anderen Männer?"

„Nein, aber sein Beispiel hat die gleiche Wirkung."

„Trinkt er oder streitet er sich mit den anderen Männern?"

„Nein, er trinkt nicht und hatte noch nie Probleme mit einem der anderen Soldaten."

„Kommt er pünktlich von seinen Freigängen in die Stadt zurück?"

„Er ist immer pünktlich und kommt meistens ein bisschen früher zurück", antwortete ein anderer Offizier.

„Was macht er dann, das nicht hinnehmbar ist?", fragte der General.

„Er weigert sich, samstags zu arbeiten", warf der Leutnant mit Nachdruck ein.

„Das habe ich alles schon gehört, aber was hat er noch getan? Ich würde gerne mehr über ihn wissen, bevor ich über seinen Fall entscheide", fuhr der General fort.

„Sehen Sie all diese Vitrinen hier im Schlossmuseum? Er hat sie entworfen und gebaut. Er hat auch diese Holzverkleidung über dem Fenster repariert, als sie vor ein paar Wochen herabgestürzt war. Er ist auch derjenige, der die Pflastersteine im Eingangsbereich neu verlegt hat", erklärte ein anderer Offizier. „Auch seine Tätigkeit im Materiallager muss erwähnt werden. Seitdem er die Verantwortung dafür übernommen hat, ist kein einziger Artikel mehr gestohlen worden."

„Und Sie wollen sein Leben ruinieren?", fragte der General erstaunt und schaute sich im Raum bei den anderen Offizieren um. „Ich wünschte, alle unsere Soldaten wären wie er. Durch seinen Einsatz ist diese militärische Einrichtung doch offensichtlich eine bessere Institution geworden", fügte der General hinzu. Dabei klang seine Stimme ein wenig irritiert.

Als er sich dem anklagenden Leutnant zuwandte, sagte er mit einem Anflug von Empörung: „Lassen Sie ihn in Ruhe! Wenn Sie diesem Soldaten Ärger bereiten, missachten Sie direkt meine Befehle, und ich garantiere Ihnen, dass Sie dann Ihren Job verlieren werden. Wenn Sie jetzt darauf nichts mehr zu sagen haben, habe ich genug gehört. Dieser Fall ist abgeschlossen!"

Der General stand auf und verließ bedächtig den Sitzungsraum, wobei er einen letzten durchdringenden Blick in die Richtung des völlig deprimierten Leutnants warf.

„Pavel, öffnen Sie die Tür. Ich bin's", forderte eine Stimme von außerhalb des Lagerraums. Als Pavel die Stimme des Offiziers erkannte, der ihn von Anfang an freundlich behandelt hatte, schloss er die Tür auf.

Der Offizier schaute Pavel aufmerksam ins Gesicht und sagte: „Seien Sie mir gegenüber ehrlich. Sie wissen, dass Christen nicht lügen sollen. Sie können es mir sagen, und ich werde es für mich behalten. Haben Sie Freunde in der Regierung?"

„Nein, ich kenne niemanden in der Regierung."

„Sind Sie dann ein Freund des Generals?"

„Nein, ich bin ihm noch nie begegnet", versicherte ihm Pavel.

„Nun, dann gibt es also doch einen Gott. Der General hat gerade allen Offizieren dieser Garnison befohlen, Sie in Ruhe zu lassen. Das ist unerhört in einem kommunistischen Land", sagte der Offizier, sichtlich erschüttert. Wort für Wort erzählte er Pavel von den Vorgängen, die sich gerade ereignet hatten.

„Ich hätte es nie geglaubt, wenn ich es nicht mit eigenen Augen gesehen hätte", sagte er noch, während er zur Tür hinausging.

Ein weiteres Klopfen an der Tür unterbrach Pavels Lob- und Dankgebete. Draußen stand ein Unteroffizier, der ihm ebenfalls freundlich gesonnen war. Er begann genauso wie der vorherige Offizier und fragte, ob Pavel Verbindungen in der Regierung habe oder ob er persönlich mit dem General bekannt sei. Auch der Unteroffizier verließ den Lagerraum mit der gleichen Überzeugung: Es muss tatsächlich einen Gott geben!

Ein lautes Klopfen an der Tür, gefolgt von „Goia! Machen Sie die Tür auf!", kündigte einen weit weniger freundlichen Offizier an. Pavel erkannte die Stimme des wütenden Leutnants.

Bevor die Tür ganz offen war, schrie der Leutnant eine letzte Drohung: „Wenn es das Letzte ist, was ich tue, ich werde Sie kriegen. Ich werde etwas gegen Sie finden, bevor Ihre Zeit hier abgelaufen ist – darauf können Sie sich verlassen!"

Mit vor Wut blitzenden Augen stürmte er davon. Pavel hörte noch, wie er wilde Verwünschungen ausstieß.

Von da an wusste jeder Offizier der Garnison, wer Pavel war. Sie bemühten sich, ihn so zu behandeln, wie es dem General gefiel. Vielleicht würde ein gutes Wort von Pavel ihnen eine Beförderung einbringen. Mit einem Lächeln teilten ihm seine befehlshabenden Offiziere mit, dass es ihm freistehe, jeden Samstag in die Stadt zu gehen. Er solle aber darauf achten, Zivilkleidung zu tragen, um mögliche Kontroversen zu vermeiden. Außerdem erhielt er einen kostenlosen Freifahrtschein für Offiziere, sodass er mit dem Zug an jedem gewünschten Wochenende zu einem Besuch nach Hause fahren konnte. Der Freifahrtschein wurde auch deshalb auf ihn ausgestellt, weil man hoffte, er würde den General anrufen, um ihn wissen zu lassen, wie gut sie seinen persönlichen Freund behandelt hatten.

Pavel konnte nicht anders, als über Gottes Führung zu lächeln. Die anderen Soldaten erhielten während der gesamten Ausbildungszeit nur dreimal Heimaturlaub. Außerdem mussten sie die Fahrkarten selbst bezahlen.

Pavels Ruf als ausgezeichneter Handwerker brachte ihm noch viele weitere Privilegien ein. Während seiner verbleibenden Zeit in der Armee nahmen die Offiziere immer wieder seine Dienste für notwendige Reparaturen in ihren Häusern in Anspruch, die außerhalb der Kaserne lagen. Er kam und ging deshalb so häufig durch das Eingangstor, dass die Wachen nicht einmal nach seinem Ausweis fragten, sondern ihn einfach nur durchwinkten.

Die Tatsache, dass Gott Pavels Beschützer war, war allen bekannt. Dies hatte für ihn viele Vorteile. Jedem anderen Soldaten in der Kaserne wurden wiederholt persönliche Gegenstände und besondere Lebensmittel gestohlen, die sie von zu Hause erhalten hatten. Aus Angst, dass Pavels Gott sie zur Rechenschaft ziehen könnte, wurden seine Sachen nie angerührt. Es war den Dieben das Risiko einfach nicht wert. Deshalb bestahlen sie lieber diejenigen, die keinen Gott hatten.

Pavels neun Monate in der Armee waren tatsächlich auf unvorstellbare Weise gesegnet. Er gewann die Gunst von fast allen Soldaten und Offizieren. Selbst der verrückte Leutnant wurde mit der Zeit wohlwollender. Pavel genoss Freiheiten und Privilegien, die selbst für einige der Offiziere unerreichbar waren. Mit dem Materiallager verschaffte Gott ihm seinen eigenen persönlichen Rückzugsort. Als die Zeit kam, nach Hause zurückzukehren, beherbergte seine Lagerbibliothek eine beträchtliche Menge an geistlichem Material, das Dana ihm geschickt hatte.

Weil nur noch wenige Tage der vorgeschriebenen Dienstzeit übrig waren, zählte jeder unruhig die Zeit herunter. Pavel nutzte die Gelegenheit, um für einen letzten Anruf in die Stadt zu fahren. Deshalb bestieg er den Bus, der ihn in die Stadt brachte.

Pavel ließ seine Hand in die Hosentasche gleiten und suchte nach einer Münze, die für ihn ein Symbol für Gottes Segen geworden war und seinen Glauben immer wieder gestärkt hatte. Sie zwischen seinen Fingern zu halten, war für ihn schon beruhigend.

Er nahm die winzige Münze in die Hand, schloss die Augen und begann zu beten: „Vater, ich bin dir so dankbar, dass du dich auch um die kleinen Dinge kümmerst. Du bist so gut zu mir gewesen. Du hast mich auf eine Weise gesegnet, die ich mir nie hätte vorstellen können. Ich weiß jetzt mehr denn je, wie sehr du dich um mich sorgst. Du hast ein Wunder nach dem anderen für mich getan. Aber jetzt muss ich dir sagen, dass sich diese unscheinbare Münze gar nicht so klein anfühlt. Sie ist vielmehr eine deiner größten Segnungen für mich gewesen, während ich hier in der Armee war. Hilf mir, deine Güte nie zu vergessen. Vor langer Zeit hast du mir versprochen, dass du dich um mich kümmern wirst, wenn ich dich an die erste Stelle setze. Jetzt möchte ich dir von ganzem Herzen dafür danken, wie du dein Versprechen mir gegenüber eingelöst hast."

Während der Bus die Straße entlangfuhr, betete Pavel still mehrere Minuten lang. Dabei hielt er die Münze in seiner Tasche fest in seiner Hand. Seine stille Zeit voller Lob und Dank endete, als der Bus mit quietschenden Reifen an seinem Zielort zum Stehen kam. Pavel stieg aus und ging wie schon so oft zu den öffentlichen Telefonzellen vor dem Postamt.

Er holte die kleine Münze aus seiner Tasche, betrachtete sie und lächelte. Es kam ihm vor, als wäre es erst gestern gewesen, dass er zum ersten Mal von der Kaserne zur Telefonzelle gefahren war. Die Gefühle von überwältigender Einsamkeit und sein Bedürfnis, ermutigende Worte von jemandem zu hören, der wie er an Gott glaubte, standen ihm wieder vor Augen. Wenn er auch nur für ein paar Minuten mit jemandem reden könnte, der ihn verstand! Das würde ihm sicherlich helfen, Gott treu zu sein. Sicherlich sollte in den kommenden Monaten seine Treue auf die Probe gestellt werden.

Er erinnerte sich an seinen ersten Tag in der Telefonzelle. Er hatte seine Taschen nach Geld durchsucht, das er für ein Ferngespräch brauchte. Doch traurig und enttäuscht musste er feststellen, dass er nur eine kleine Münze besaß. Pavel hatte beobachtet, wie Leute während ihrer Ferngespräche eine Handvoll Geldstücke nach der anderen in den Automaten gesteckt hatten. Als er dagegen auf seine kleine Münze blickte, war ihm klar, dass er damit nur ein kurzes „Hallo" und „Auf Wiedersehen" sagen konnte, mehr nicht.

Ein breites Lächeln zog über sein Gesicht, während er sich daran erinnerte, wie er damals seine kleine Münze Gott hingehalten hatte. Mit zum Himmel gerichteten Blick hatte er ernsthaft gebetet, Gott solle dafür sorgen, dass er mit diesem unbedeutenden Geldstück ausreichend lange telefonieren konnte. Das würde ihn innerlich stark machen, wenn man ihn zwingen wollte, am Sabbat zu arbeiten.

Als er in eine der leeren Telefonzellen trat, hatte er sich gefragt, was Gott wohl tun würde. Er warf seine Münze in den Apparat, wählte und verfolgte gespannt, was nun geschah. Nachdem er ein paar Minuten mit seiner Familie gesprochen hatte, wusste er, dass Gott ein Wunder getan hatte. Je länger er sprach, desto aufgeregter wurde er. Es war wunderbar, ermutigende Worte von zu Hause zu hören, aber zu erleben, ohne Geld immer weiter telefonieren zu können, war genauso ungewöhnlich! Er wusste, dass er gerade ein erstaunliches Wunder erlebte.

Nach dreißig oder vierzig Minuten musste er sich verabschieden und zur Garnison zurückkehren. Er dankte seiner Familie für die Ermutigung, Gott treu zu bleiben, koste es, was es wolle. Dann legte er den Hörer auf. Doch auf das vertraute Klicken des beendeten Anrufs folgte ein unerwartetes Geräusch. Eine Münze fiel klirrend in das Fach für das Restgeld! Er öffnete die Klappe für das Fach und starrte verwundert auf seine kleine Münze. Gott hatte ihn nicht nur in die Lage versetzt, mit einer einzigen Münze über eine halbe Stunde lang mit seinen Lieben zu telefonieren – er hatte sie ihm auch zurückgegeben, damit er sie noch einmal verwenden konnte!

Pavel konnte sich ein Lächeln nicht verkneifen, als er sich daran erinnerte, wie er die Münze an diesem Tag fest in der Hand hielt und seinen liebenden himmlischen Vater auf dem ganzen Weg zurück zur Kaserne lobte.

Wenn er an alle seine Telefonate dachte, war er am dankbarsten für seine Gespräche mit Dana. Wie doch ihre Freundschaft seit jenem Tag gewachsen war, als er ihr mit sechs Jahren mitgeteilt hatte, dass er sie heiraten werde! Die gute Nachricht war, dass Dana seine Gesellschaft immer mehr mochte. Als er sich darauf vorbereiten musste, zur Armee zu gehen, hatte sie versprochen, ihn im Gebet zu unterstützen und zu begleiten. Wiederholt hatte sie während ihrer Telefonate mit ihm ihre tiefe Liebe und ihr Vertrauen zu Gott geteilt. Ihr starker Glaube war ein echter Segen für ihn und baute ihn auf. Ihre Trennung durch den Militärdienst hatte sie enger denn je zusammengeschweißt. Mit ihrer sanften Stimme versicherte sie ihm, dass sie jetzt nicht mehr wie damals vor ihm davonlaufen würde. Mehr als eine Nacht hatte Pavel im Schlaf von der jungen Frau geträumt, die ihm so sehr ans Herz gewachsen war. Er war sich jetzt sicher, dass er Salomos Frage in den Sprüchen beantworten konnte: „Wer kann schon eine tüchtige Frau finden?" (Sprüche 31,10 NLB)

Durch eine Münze hatte Gott bestätigt, dass er ihre Beziehung tatsächlich segnete, denn am Ende eines jeden Anrufs war die Münze immer wieder in das Fach für das Restgeld gefallen.

Davon hatte Pavel einige Wochen später einem seiner engen Freunde erzählt, um mit ihm über den Glauben zu sprechen. Überzeugt davon, dass die ganze Geschichte nur erfunden war, hatte der junge Mann Pavel herausgefordert, es zu beweisen. Er folgte ihm zu den Telefonzellen vor dem Postamt und stellte sich in eine der Telefonzellen neben Pavels. Nachdem er Zeuge eines längeren Gesprächs geworden war, kam der Freund zu dem Schluss, dass Pavel zweifellos ein defektes Telefon entdeckt hatte und dieses wiederholt zu seinem Vorteil nutzen konnte.

„Dann lass uns mal die Telefonzelle tauschen", forderte Pavel seinen Freund heraus. Nachdem sie die Telefonzelle gewechselt hatten, dauerte das Telefonat seines Freundes, der eine Münze mit dem gleichen Wert eingeworfen hatte, weniger als eine Minute. Also musste es an Pavels Münze liegen.

„Wechsle mit mir die Münze", sagte Pavel mit einem Lächeln. Nachdem sie ihre Münzen ausgetauscht hatten, lief es genauso. Als sein Freund Pavels Münze einwarf, wurde sie nach wenigen Sekunden vom Telefonautomaten geschluckt, während Pavel mit dessen Münze endlos telefonieren konnte. Außerdem warf der Automat sie am Ende des

Gesprächs wieder aus. Schließlich blieb seinem Freund nichts anderes übrig, als zu sagen: „An deinem Gott ist wirklich etwas dran."

Von da an benutzte Pavel nun die Münze seines Freundes zum Telefonieren. Der Austausch mit seiner alten Münze zeigte ihm, dass dieses Wunder nicht am Geldstück lag, sondern Gott seine Hand im Spiel hatte.

Jetzt, neun Monate später, stand er vor der Telefonzelle, um ein letztes Mal Dana anzurufen, bevor er nach Hause zurückkehrte. Während er die Münze einwarf und an die vielen Telefonate dachte, die Gott ihm damit in der Militärzeit ermöglicht hatte, fühlte er sich innerlich tief bewegt. Nach einigen Minuten beendete er sein Gespräch mit Dana und sagte: „Ich liebe dich. Wir sehen uns in ein paar Tagen."

Als er den Hörer auflegte, hörte er, wie seine Münze vom Automaten verschluckt wurde. Das Münzfach für das Restgeld war leer. Gott wusste, dass Pavel die Münze nicht mehr brauchte. Als er zum Busbahnhof zurückging, blickte Pavel zum Himmel und flüsterte nur drei Worte: „Ich danke dir!"

ICH GEBE VÖLKER FÜR DICH

„Wahrscheinlich gibt der Schaffner jetzt gleich das Abfahrtssignal", seufzte Pavel und warf einen Blick auf seine Uhr. Der Zug in Richtung Süden würde ohne ihn abfahren. Wie sehr hatte er von diesem Moment geträumt. Seine Zeit beim Militär war endlich vorbei. Eigentlich sollte er jetzt seine Freiheit genießen, während er im Zug dem Geräusch der Räder auf den Schienen lauschte. Aber hier saß er nun, für einen weiteren Tag in seiner Kaserne eingesperrt.

In freudiger Erwartung, dass ihre Dienstzeit bald enden würde, hatten die Soldaten in den letzten hundert Tagen jeden einzelnen Tag auf dem Kalender abgehakt. Nachdem neunzig Tage abgehakt waren, beschlossen sie, dass jeder der letzten zehn Tage gefeiert werden sollte. Am Ende feierten die Soldaten die ganze Nacht hindurch mit einem ausschweifenden Trinkgelage. Einige der betrunkenen Soldaten hatten dabei ein sehr schlechtes Licht auf das Militär geworfen.

Um ihnen eine letzte militärische Lektion zu erteilen, beschloss der Oberst, sie zu bestrafen, indem er sie für einen weiteren Tag in ihrer Kaserne einsperrte. Nun hockten sie hier auf ihren Kojen und starrten auf die Uhr an der Wand, deren Zeiger weitere 24 Stunden quälend langsam über das Ziffernblatt krochen. Niemandem wurde ein einziges Privileg gewährt – nicht einmal ein Telefonanruf nach Hause. Bestimmt waren ihre Familien in die Stadt gefahren, um sie zu begrüßen, wenn sie aus dem Zug stiegen. Aber niemand würde in den Türen der Waggons erscheinen. Stattdessen schlurften die Männer ziellos in der Kaserne herum.

Das ist nicht fair, dachte Pavel bei sich. *Ich habe bei ihrem Trinkgelage und ihrem rücksichtslosen Verhalten nicht mitgemacht, aber ich werde zusammen mit denen bestraft, die schuldig waren.*

Er wusste, dass Dana auf ihn warten würde. Er hatte sie angerufen und ihr die Nummer des Zuges und die Ankunftszeit mitgeteilt.

Was, wenn sie denkt, ich hätte meine Pläne geändert, weil sie mir egal ist? Seine Gedanken quälten ihn, während er an mögliche Folgen dachte. Jede vergrößerte sein Elend. Es war einer der längsten Tage seines Lebens.

Früh am nächsten Morgen wurden Pavel und die ausgeflippten Soldaten mit Militärtransportern zum Bahnhof gebracht. Die befehlshabenden Offiziere wollten kein Risiko eingehen, durch einen letzten Gag dieser Soldaten Probleme zu bekommen. Deshalb begleiteten sie die Männer persönlich zum Zug. Als das Abfahrtssignal ertönte, atmeten die jungen Soldaten alle erleichtert auf. Der Zug setzte sich in Bewegung, und sie waren endlich frei!

Pavel betete, während der Zug über die Gleise ratterte. Er konnte es kaum erwarten, Dana zu sehen. Sie fragte sich bestimmt, warum er am Vortag nicht im Zug gewesen war. Wenn er nur mit ihr reden könnte! Als der Zug wieder den steilen Retezat-Pass hinaufkroch, kam es ihm vor, als würde dieser langsamer denn je fahren. Die Luft, die durch das Fenster strömte, verschaffte ihm an diesem heißen Sommertag wenig Abkühlung. Warum dauerte diese letzte Heimfahrt scheinbar doppelt so lange wie alle anderen? Er wollte einfach nur schnell nach Hause kommen und seine Uniform ausziehen.

Noch nie war ihm die Stadt Turnu Severin so attraktiv erschienen wie an diesem Tag. Von seinem Fenster aus konnte er das geschäftige Treiben in den Straßen sehen – nichts hatte sich verändert. Als die Räder quietschend zum Stehen kamen, wartete Pavel nicht lange, schnappte sich seinen Seesack und sprang aus dem Zug. Er war auf dem Weg nach Hause!

„Uff, ist das heiß", sagte er und wischte sich die Schweißperlen aus dem Gesicht. Der Versuch, mit seinem vollen Seesack zu joggen, war eine elende Plackerei, zumal die Sommersonne gnadenlos auf den Bürgersteig knallte. Obwohl er überhitzt war und vor Schweiß klebte, kam es ihm nicht in den Sinn, eine Pause einzulegen.

Aber welchen Weg sollte er durch die Stadt nehmen? Er war in der Vergangenheit mindestens ein Dutzend verschiedene Wege vom Bahnhof zum Haus seiner Eltern gelaufen. Pavel entschied sich spontan für einen der direktesten Wege und ging in Richtung Stadtzentrum. Menschenmassen überschwemmten die Bürgersteige und schoben sich durch die Straßen.

Jeder der 250.000 Männer, Frauen und Kinder in Turnu Severin muss wohl beschlossen haben, an diesem Tag einkaufen zu gehen, dachte er bei sich, während er versuchte, seinen schweren Seesack durch die drängelnde Menge zu bugsieren.

Je näher er dem Stadtzentrum kam, desto dichter wurde das Gedränge. Als er schließlich den Marktplatz erreichte, war es fast unmöglich, dort durchzukommen. Der Markt umfasste vier Häuserblocks mit Geschäften sowie Verkaufsständen und Verkäufern, die alle gleichzeitig versuchten, Kunden anzulocken. Die Gerüche aus den brodelnden Töpfen und heißen Pfannen der Imbissbuden waren zeitweise überwältigend. Die meisten aber stießen ihn eher ab, als dass sie ihn zum Probieren lockten.

Als er an der Menschenmenge vorbeischaute, in der er sich gerade befand, fiel sein Blick auf eine bekannte Gestalt.

Das ist unmöglich inmitten all dieser Menschen!, dachte Pavel.

Als Dana auf die Straße hinaustrat, sah auch sie ihn. Sein Herz setzte einen Schlag aus. Dana ging direkt auf ihn zu.

Wie groß sind die Chancen, dass so etwas passiert?, dachte er. *Wäre einer von uns nur ein oder zwei Minuten früher oder später gekommen, wir hätten uns mit Sicherheit verpasst!*

Sogleich drängten die beiden sich durch die Menge und eilten sehnsüchtig aufeinander zu. Mit Freudentränen auf den Wangen standen sie sich schließlich gegenüber und schauten sich in die Augen. Pavel lächelte, während er an seine unzähligen Träume zurückdachte. Nacht für Nacht hatte er sich ihr Gesicht vorgestellt, während er auf seiner Pritsche lag. Doch Dana war noch schöner, als er sie in Erinnerung hatte.

„Ich bin so froh, dass du immer noch etwas für mich empfindest. Ich war mir sicher, dass du einen anderen Weg nach Hause genommen hast, um mir aus dem Weg zu gehen", sagte Dana mit Tränen in den Augen.

„Für dich nur etwas empfinden? Ich kann mir ein Leben ohne dich nicht mehr vorstellen!"

„Ich wollte dich gestern mit einem herzlichen Willkommensgruß überraschen" erklärte Dana ihm. „Ich bin in meinem neuen Kleid und mit deinem Lieblingsparfüm zum Bahnhof gelaufen und habe dir sogar Kekse gebacken. Als du aber nicht aus dem Zug gestiegen bist, dachte ich, du hättest vielleicht den Frühzug verpasst und würdest mit dem Abendzug kommen. Aber als du auch aus diesem nicht ausgestiegen bist, habe ich den ganzen Weg nach Hause geweint. Ich hatte das Gefühl, dass du mir aus dem Weg gehst."

„Ach Dana, denke nie wieder so etwas", sagte Pavel und wischte sich selbst eine Träne von der Wange. Sie gingen zusammen weiter und redeten miteinander, ohne ein wirkliches Ziel zu haben. Dana lächelte, als er davon erzählte, wie ihre Gebete und Briefe ihm Kraft gegeben hatten. Oft hatte sie genau die Bibelverse oder glaubensstärkenden Zitate geschickt, die er in einer schwierigen Situation gebraucht hatte. Gott hatte sie wirklich benutzt, um ihn zu segnen.

Zu Hause angekommen, erwartete ihn ein weiteres wunderschönes Wiedersehen. Aus der Küche duftete es nach etwas, wovon er schon lange geträumt hatte – richtiges Essen! Während die Familie eine exzellente Mahlzeit genoss, erzählte Pavel ihnen, wie ihre Gebete ihn gestärkt hatten, während er beim Militär war. Nur durch eine Reihe von Wundern hatte er Woche für Woche die Freiheit, Gott anzubeten, während er in einer kommunistischen Armee diente. Gemeinsam dankten sie ihrem lieben Vater im Himmel dafür, dass er so viele erstaunliche Wunder für Pavel getan hatte.

Nach nur sechs Wochen Erholung von der Armee war es an der Zeit, sein Studium an der Universität in Bukarest aufzunehmen. Wie dankbar war Pavel, dass sein Vater eine gute Arbeit hatte! Die meisten Studenten mussten sich in Studentenwohnheimen drängen. Ein paar der Studenten, die aus Familien mit besserem Einkommen stammten, mieteten kleine Wohnungen und teilten sich die Miete mit anderen Studenten. Pavel war einer der wenigen, die eine Wohnung ganz für sich allein besaßen. Er hatte genügend Geld für Miete und Essen sowie ein wenig Taschengeld. Pavel wusste, dass er es viel besser hatte als die meisten Studenten. Er konnte sich sogar Hin- und Rückfahrten zur Universität mit dem Taxi leisten. Die meisten Schüler waren schon froh, wenn sie genug Geld für die Busfahrt hatten. Er fühlte sich, als wäre er etwas Besseres.

Doch ein großes Hindernis blieb. Seine Vorlesungen fanden sechs Tage in der Woche statt. Es schien, als müsste er die Sabbat-Probleme, die er beim Militär hatte, erneut durchmachen. Es gab keine Ausnahmeregeln für die Anwesenheit. Ein Schüler, der sechzehn Vorlesungen versäumte, erhielt eine Verwarnung. Wurden einundzwanzig Vorlesungen versäumt, wurde eine zweite Verwarnung ausgesprochen. Nach sechsundzwanzig Fehlzeiten wurde der Student für ein Semester ausgeschlossen. Sollten weitere Fehlzeiten folgen, wurde der Student dauerhaft von der Universität verwiesen.

Bei sechs Tagen Unterricht in der Woche war es klar, dass die Einhaltung des Sabbats ein echtes Problem sein würde. Bei vier Vorlesungen am Samstag würde er nach nur vier Wochen schon sechzehn Fehlzeiten haben. Es schien keine Möglichkeit zu geben, ein ganzes Semester zu absolvieren, ohne von der Universität verwiesen zu werden. Aber Gott hatte ihm bisher treu zur Seite gestanden. Pavel beschloss, ihm einfach eine Woche nach der anderen zu vertrauen.

Die Kurse waren äußerst anspruchsvoll. Alle Professoren unterrichteten, als wäre ihr Fach das einzige. Er hatte schon im Gymnasium Hausaufgaben gehabt, aber das war kein Vergleich zu dem hier! Jedes seiner Lehrbücher sah eher wie ein dickes Wörterbuch aus als ein Studienleitfaden für ein einzelnes Fach.

Vom ersten Tag an arbeitete er fleißig mit und erzielte in jedem Fach nahezu perfekte Noten. Seine Mitschüler und Lehrer respektierten gleichermaßen seine Begabung und seinen angenehmen Einfluss im Hörsaal oder in den Seminaren.

Während des gesamten ersten Semesters besuchte er am Samstag die Gottesdienste seiner Kirche, ohne ein Problem zu haben. Wenn er nach dem Wochenende zur Universität zurückkehrte, sagte zu seiner Überraschung niemand ein Wort. Manchmal erklärten ihm die Studenten, dass der Lehrer vergessen hätte, die Anwesenheit zu notieren. Ein anderes Mal wurde die Anwesenheitsliste zwar abgehakt, aber der Professor vergaß, sie abzugeben. Es schien niemandem sonst aufgefallen zu sein, dass die Schwankungen in der Anwesenheit nur an Samstagen auftraten. Weil er ein ziemlich guter Student war, nahm man an, dass er krank gewesen sein musste oder einen anderen triftigen Grund für das Fehlen in den Vorlesungen hatte. Jeden Morgen dankte Pavel Gott für seine Treue ihm gegenüber. Seine Vorsehung machte es möglich, dass er weiter zur Universität gehen konnte.

Von seiner Heimatgemeinde weit wegzuziehen, bedeutete, eine andere in Bukarest zu finden. Nachdem er der örtlichen Kirchengemeinde beigetreten war, die auch sein Freund Pitti besuchte, wurde Pavel schon bald klar, dass sie die gleiche Not hatten wie alle anderen Gemeinden auch. Sie suchten verzweifelt nach gedrucktem Material. Nur wenige besaßen Bibeln, und noch weniger hatten Studienanleitungen für die Gruppenbibelstunde. Sie mussten also versuchen, Kopien für die anderen zu machen. Das war jedoch eine riskante Angelegenheit. Wenn man sie dabei erwischte, würde es eine lange Gefängnisstrafe geben.

Die Regierung kontrollierte alles gedruckte Material so streng, dass sogar für den Besitz einer Schreibmaschine eine Genehmigung erforderlich war. Um diese zu erhalten, musste die Schreibmaschine registriert werden. Die Schrift auf allen registrierten Schreibmaschinen hatte einzigartige Merkmale. Dadurch war es möglich, jedes Dokument nachzuverfolgen. Jede Schreibmaschine hatte also ihren eigenen Fingerabdruck, eine Art DNA. Wurde verbotenes Schriftmaterial entdeckt, konnte dessen Herkunft anhand des Schreibmaschinentyps leicht festgestellt werden. Weil man überall mit Spitzeln rechnen musste, war das Drucken religiöser Schriften extrem gefährlich.

Von Zeit zu Zeit konnte man auf dem Schwarzmarkt Schreibmaschinen aus anderen Ländern erwerben. Pavel wurde gesagt, dass man ihm eine solche „sichere" Schreibmaschine zur Verfügung stellen würde, wenn er bereit wäre, Kopien von religiösem Material für die Kirche anzufertigen. Er betete, dass Gott ihn dabei beschützen möge, und stimmte zu, seine Wohnung vorübergehend als „Druckerei" zu benutzen.

Pavel räumte den größten Teil des Inhalts seines Schranks aus und dämmte die Tür und die Wände so gut es ging mit Kissen und Decken. Sein Schrank war nun die Zentrale einer illegalen Operation. Es war zwingend notwendig, dass niemand die Tippgeräusche während der Nacht hörte, weil die Geheimpolizei jedem Mieter dankte, der solche Geräusche aus einer Nachbarwohnung meldete.

Nun war Pavels Terminkalender wirklich voll. Eifrig begann er in seiner geheimen Druckerei Kopien von Bibelstudienanleitungen abzutippen. Mit acht oder neun Blatt Kohlepapier kam er mit dem Abtippen viel langsamer voran als mit einem einzigen Blatt Papier. Jeder Buchstabe erforderte einen sehr starken Druck auf die Tasten, damit auch die letzte Kopie lesbar war. Es war eine mühsame Arbeit, aber ohne sie hatte die Gemeinde fast kein schriftliches Material.

Einige Monate lang lief alles reibungslos. Pavel kam mit dem Studium gut vorwärts, und die Gemeindeglieder waren begeistert, neues Material für das Bibelstudium zu haben. An vielen Tagen kämpfte Pavel damit, bei den Vorlesungen wach zu bleiben. Sein Doppelleben verkürzte seine Nachtruhe. Während er die langen Nachtstunden durcharbeitete, war er Gott dankbar, dass er seinen Schlaf opfern konnte, damit andere ihn besser kennenlernen konnten. Obwohl er ziemlich erschöpft war, dankte er ihm für das Vorrecht, ihn durch seine Arbeit ehren zu können.

Auf seinem Heimweg von der Universität sah er eines Nachmittags einen der Gemeindeleiter auf sich zukommen. Als Pavel an ihm vorbeiging, drückte ihm der Gemeindeleiter heimlich ein kleines Stück gefaltetes Papier in die Hand. Pavel verstand das System und ging weiter nach Hause, als ob nichts geschehen wäre. In seiner Wohnung angekommen, öffnete er das Papier und las die Nachricht: „Durchschläge wurden entdeckt. Maschine sofort zurückgeben."

Innerhalb weniger Minuten hatte Pavel die Dämmung des Schrankes entfernt und den Normalzustand wiederhergestellt. Dann brachte er die Schreibmaschine wieder diskret zu ihrem Besitzer zurück, der sie verstecken sollte.

Das war zu knapp, dachte Pavel und kehrte in seine Wohnung zurück. *Wir werden einen anderen Weg finden müssen, um Materialien zu kopieren. Das Abtippen wird für eine lange Zeit nicht mehr in Frage kommen.*

Er mischte sich ungezwungen unter die anderen Studenten und fragte: „Wo gibt es hier einen Kopierer?"

„Leider hat die Regierung die Kontrolle über jedes Gerät", antwortete einer der Studenten.

Da die Regierung die Kopiergeräte kontrollierte, würde er einen anderen Weg finden müssen, um Kopien anzufertigen. Es musste doch einen Weg geben!

Ein paar Tage später unterbrach Pavel seinen Spaziergang, um die Pracht eines der größten Gebäude der Stadt zu bewundern, das von einer Mauer umgeben war. Als Ingenieurstudent begann er natürlich, auch über die Architektur des gewaltigen Gebäudes nachzudenken. „Ich frage mich, wie hoch die Belastungsfaktoren an den tragenden Punkten sind", sagte er halblaut, während er am Eingangstor das Gebäude studierte. „Und wie groß muss das Fundament unter diesen riesigen Säulen sein?" Vor seinen Augen sah er die mit Formeln gefüllte Tafel während der Vorlesungen.

Seine Gedanken als selbsternannter Chefingenieur des vor ihm stehenden Bauwerks wurden durch eine melodische Stimme neben ihm unterbrochen, die den Wachmann am Eingangstor begrüßte. Pavel wandte den Kopf, um zu sehen, wer ihn in seinen Gedanken unterbrochen hatte. Eine Frau in Bürokleidung mit einem freundlichen Lächeln auf den Lippen wurde von dem Wachmann durch das Sicherheitstor in der Mauer gelassen. Als sie sich noch einmal umwandte, bevor sie durch das Tor ging, fiel Pavels Blick auf ihr Namensschild.

„Du hast ein freundliches Wesen, Maria", sagte er leise zu sich selbst, als ob er es ihr persönlich sagen wollte. Die Frau setzte ihren Weg fröhlich fort und summte eine kleine Melodie vor sich hin, während sie zum Gebäude hinüberging.

„Landwirtschaftsministerium", las Pavel auf einem Schild über der Tür, die Maria gerade öffnete. Als sie im Gebäude verschwand, sagte sich Pavel: „Ich frage mich, ob ..." Ohne seinen Satz zu beenden, machte er sich schnell auf den Weg zu einem Blumenladen, der die Straße hinunter lag.

Diesmal war es Pavel, der den Wachmann begrüßte. Er gab sich selbstsicher und gelassen und sagte mit einem Lächeln: „Ich habe dies hier für Maria mitgebracht."

„Darf ich bitte Ihren Ausweis sehen?", fragte der Wachmann, entwaffnet von der romantischen Atmosphäre, die der große Blumenstrauß verbreitete. „Wartet sie auf Sie?"

„Schauen Sie, was ich für Maria habe. Was denken Sie?", antwortete Pavel ihm und zwinkerte mit dem rechten Auge.

Der Wachmann musterte Pavel einige Minuten, dann fragte er: „Wissen Sie, wie man zu ihrem Büro kommt?"

Pavel nickte, und der Wachmann ließ ihn ohne weitere Fragen hinein.

Pavel eilte zur großen Eingangstür. *Herr, bitte sei mit mir*, betete er, ohne eine Ahnung zu haben, wie er Maria finden sollte, sobald er im Gebäude war. *Ich frage mich, wie viele weitere Marias in diesem Gebäude arbeiten,* dachte er und schaute den langen Korridor entlang.

„Wo wollen Sie eigentlich hin?", fragte ein Wachmann, der im langen Korridor hinter ihm herkam.

„Ich wollte Maria überraschen."

„Oh, okay. Dort drüben ist ihr Büro. Klopfen Sie an die Tür. Sie wird Ihnen öffnen."

Pavel klopfte an die Tür und war dankbar, dass der Wachmann zufällig vorbeigekommen war. Die freundliche Frau, die er ein paar Minuten zuvor gesehen hatte, öffnete die Tür und schaute Pavel ein wenig verunsichert an. Doch dann bat sie ihn in ihr Büro und fragte: „Wer sind Sie?"

„Ich heiße Pavel und bin Ingenieurstudent an der Universität. Bitte hören Sie mir nur eine Minute zu. Ich bitte Sie um etwas, das sehr gefährlich ist. Wir brauchen Ihre Hilfe. Sie können jetzt entweder Ihr geregeltes Leben für uns aufs Spiel setzen, oder Sie können die Wachen rufen und mich und meine Familie für den Rest unseres Lebens hinter Gitter bringen."

Völlig verblüfft fragte sie: „Wie um alles in der Welt sind Sie überhaupt hier reingekommen?"

Sie konnte sich ein Lächeln nicht verkneifen, als sie sah, mit welchem dramatischen Manöver der junge Mann versucht hatte, eine Audienz bei ihr zu bekommen.

„Sie sind ein ziemlich cleverer junger Mann", lachte sie. „Es war nett von Ihnen, mir Blumen zu bringen. Das geschieht nicht jeden Tag. Und jetzt erzählen Sie mir bitte, worum es hier geht."

„Unsere Kirche braucht schriftliche Unterlagen für die wöchentliche Bibelstunde. Sie haben einen Kopierer, und ich habe ein Original dabei. Ich hoffe, Sie machen davon Kopien für uns."

Ihr Gesicht wurde bleich. Regungslos stand die Frau da und starrte Pavel an, als ihr klar wurde, worum er sie gebeten hatte. Doch als ihr dämmerte, welche Konsequenzen diese Bitte für sie persönlich hatten, schoss ihr die Röte ins Gesicht.

Geistesgegenwärtig griff sie nach dem Sitzkissen auf ihrem Stuhl und wickelte es um das Telefon auf ihrem Schreibtisch. Dann flüsterte sie: „Ich hoffe, niemand hat uns gehört." Leise, aber ernst fuhr sie fort: „Wenn ich Ihre Bitte erfülle, werde ich nicht nur meinen Job verlieren – ich werde auch meine Familie nie wiedersehen. Ich bin nicht bereit, mein ganzes Leben für Kopien zu riskieren, die Sie brauchen. Sie müssen sich aber keine Sorgen machen. Ich werde nicht dafür sorgen, dass Sie ins Gefängnis kommen. Gehen Sie einfach und erwähnen Sie niemandem gegenüber, dass Sie hier waren."

„Ich sehe, Sie trauen mir nicht", drängte Pavel.

„Ich traue niemandem in diesem Land. Man weiß nie, wer ein Informant ist und wer nicht. Spitzel werden gut bezahlt, und jeder braucht Geld."

„Überlegen Sie mal. Da ich mit meiner Bitte mein Leben riskiere, denken Sie, ich würde Sie verpfeifen? Nicht nur Sie würden ja ins Gefängnis kommen, sondern auch ich. Ich gebe Ihnen mein Wort vor Gott, dass ich niemals über dies hier mit jemandem sprechen werde."

„Ich bin sicher, dass Sie es ehrlich meinen, aber jeder redet, wenn er lange genug geschlagen wird. Sie können sicher sein, dass die Securitas Sie foltern und zu Tode prügeln würde, wenn sie es müsste. Die Geheimpolizei weiß, wie man Menschen zum Reden bringt."

„Ich würde eher sterben, als zu reden."

„Trotzdem, ich weiß nicht, was ich tun soll … lassen Sie mich darüber nachdenken."

Am nächsten Tag kehrte Pavel in das Büro der Frau zurück. Ohne ihre Antwort abzuwarten, reichte er ihr das kleine Andachtsbuch *Der Weg zu Christus*. „Wir brauchen auch Kopien dieses Buches", sagte er, als hätte sie bereits zugestimmt.

„Ich muss verrückt sein, aber ich werde es versuchen. Sie haben mir Ihr Wort vor Gott gegeben, dass Sie nie ein Wort darüber zu irgendjemandem sagen werden. Ich weiß nicht, warum, aber ich werde Ihnen vertrauen."

Sie begann, jeden Tag ein paar Kopien zu machen, um nicht Unmengen von Papier auf einmal zu verbrauchen. Am Ende ihrer Schicht nahm sie die Kopien mit zu sich nach Hause, um sie dort aufzubewahren. Als Pavel sie am Ende des Monats im Büro aufsuchte, hatte sie einen kleinen Koffer voller Bibelstudienanleitungen sowie Kopien des Büchleins *Der Weg zu Christus* dabei.

Beide wussten, dass der nächste Schritt ebenso gefährlich war. Jeder, der einen Koffer bei sich trug, konnte verdächtig sein. Ein Koffer lud auf jeden Fall zu einer Durchsuchung ein.

Deshalb hatte Dana die Idee gehabt, die kopierten Seiten in leicht verschmutzte Wäsche einzuwickeln. Die „beste" Wäsche war sozusagen als „Kuchenglasur" darübergelegt worden, nämlich schmutzige Stoffwindeln! Pavel dankte Maria aufrichtig dafür, dass sie alles für seine Gemeinde riskiert hatte. Als er auf die Straße trat, betete er, dass er es durch die Stadt schaffte, ohne entdeckt zu werden.

Nach ein paar Blocks wurde er jedoch von der Polizei entdeckt.

„Was haben Sie in Ihrem Koffer, junger Mann?", fragte der Polizist.

Pavel lächelte, als ob er für den Beamten eine Überraschung hätte: „Schauen Sie selbst nach."

Pavels lässiges Auftreten nahm dem Polizisten jeglichen Argwohn, während er den Reißverschluss des Koffers öffnete.

„Puh! Ich verstehe, was Sie meinen! Ich habe genug gesehen", sagte er, schloss den Koffer und hob abwehrend die Arme.

Die Gemeindemitglieder waren überglücklich, als Pavel die „schmutzige Wäsche" unter ihnen verteilte. Sie konnten nun die Bibel anhand von Studienanleitungen durcharbeiten, die mit kommunistischen Kopiergeräten hergestellt worden waren!

Das erste Semester ging zu Ende. Pavel lag an der Spitze jeder seiner Studiengänge. Und die Gemeindeglieder freuten sich über die kopierte Literatur. Pavel wusste jedoch, dass er vor neuen Herausforderungen stehen würde, wenn die Vorlesungen wiederaufgenommen wurden. Jeder Studiengang hatte einen neuen Professor. Die Freiheit, die er im vergangenen Semester genossen hatte, konnte er für das nächste Semester nicht einfach voraussetzen. Er war sich bewusst, dass es einfach unmöglich sein würde, die Anwesenheitsregeln der Universität einzuhalten, wenn er den Sabbat weiter treu beachtete.

Als er zum neuen Semester an die Universität zurückkehrte, entdeckte er zu seiner Bestürzung, dass ihm eine Professorin und ein Professor zugeteilt worden waren, von denen er wusste, dass beide eine große Herausforderung für ihn darstellen würden. Von der Professorin hieß es zu Recht, dass sie die schwierigste vom gesamten Universitätspersonal war. Sie hatte es sich nämlich zur persönlichen Mission gemacht, den Studenten die wahre Bedeutung von Respekt beizubringen. Wenn sie jemals gelächelt hatte, war das bisher von niemanden bemerkt worden. Sie war knallhart und auch noch stolz darauf. Ihre Studenten mussten sich entweder fügen oder sie wurden aus dem Studiengang geworfen – mehr gab es nicht zu sagen.

Von dem anderen Professor hieß es dagegen, dass es ihm ziemlich egal sei, ob seine Studenten etwas lernten oder nicht. Darüber hinaus hatte er einen Weg gefunden, sein Einkommen deutlich aufzustocken. Alles in seinem Studiengang drehte sich um Bestechungsgelder – oder „Aufmerksamkeit", wie er es nannte. Studenten, die dieses „Aufmerksamkeits-System" verstanden hatten, genossen unbegrenzte Privilegien. Er war eine sympathische Persönlichkeit und hatte Sinn für Humor. Die Studenten wussten aber auch, dass es besser für sie war, das Aufmerksamkeits-System zu beachten, wenn sie sich nicht auf der Verliererseite wiederfinden wollten.

Diese beiden außergewöhnlichen Professoren machten den Studenten gleich von vornherein klar, dass sie in der Frage der Anwesenheit keinerlei Kompromisse duldeten. Ein Student, der fehlte, war raus! Natürlich würde, zumindest bei einem von ihnen, eine rechtzeitige „Aufmerksamkeit" das Problem der Abwesenheit in einem der beiden Studiengänge ohne Zweifel lösen. Bei diesen neuen Professoren war Pavel sofort klar, dass es nicht mehr so leicht sein würde wie im vorherigen Semester. Die Anwesenheitsliste würde jeden Tag abgehakt werden.

Die ganze Woche über betete Pavel um Mut und Weisheit. Er wusste nicht, wie Gott es dieses Mal machen würde, aber er beschloss, ihm treu zu bleiben. Am Sabbatvormittag nahm er fröhlich am Gottesdienst teil, anstatt seinen Professoren zu gefallen.

Als er nach dem ersten Wochenende in den Hörsaal zurückkehrte, begegnete ihm der stählerne Blick seiner knallharten Professorin. Sie baute sich ihm gegenüber auf und kam gleich zur Sache.

„Sie haben letzten Samstag meine Vorlesung verpasst. Wenn Sie das noch einmal tun, werfe ich Sie raus!"

Nachdem sie ihre Ansprache beendet hatte, machte sie auf dem Absatz kehrt und ging in den vorderen Teil des Hörsaals zurück. Allein der Anblick ihres Gesichts bewegte Pavel, die ganze Woche für sein Anliegen zu beten.

In der nächsten Stunde erhielt er eine weitere besondere Begrüßung. Das Lächeln auf dem Gesicht des Professors half zwar ein wenig, aber was er sagte, war nicht gerade ermutigend.

„Sie haben letzten Samstag meinen Kurs verpasst. Ich denke, ich habe mich bezüglich meiner Anwesenheitspolitik klar ausgedrückt. Allerdings haben Sie immer noch die Möglichkeit, mich ‚bei Laune' zu halten, wenn Sie wissen, was ich meine. Ich bin dafür bekannt, dass ich unter den richtigen Umständen ziemlich tolerant bin", sagte er und lächelte.

Nachdem der Mann ein paar Tage lang nichts von Pavel erhalten hatte, wandte er sich ein zweites Mal an ihn. „Sie scheinen meinen Vorschlag nicht ernst zu nehmen. Vielleicht muss ich mich klarer ausdrücken. Es ist wirklich ganz einfach. Entweder Sie tun, was nötig ist, um mich positiv zu stimmen, oder Sie werden eine Seite an mir entdecken, die Ihnen garantiert nicht gefallen wird. Wenn Sie meinen, Sie kommen in meinem Kurs ohne meine Zustimmung weiter, irren Sie sich. Lassen Sie es mich so ausdrücken: Als Lehrer habe ich das Messer in der Hand und kann das Brot schneiden, wie ich will. Sie sollten in Zukunft besser versuchen, mein Wohlwollen zu gewinnen."

Pavel antwortete ihm: „Bitte hören Sie mir nur eine Minute zu. Einige Ihrer Schüler kommen zu jedem Ihrer Kurse, aber sie lernen nichts. Ich denke, wir sind hier an der Uni, um zu lernen. Geht es nicht darum, den Stoff am Ende der Vorlesung zu beherrschen? Ich lerne, auch wenn ich die Samstage verpasse. Wenn Sie meinen Notendurchschnitt überprüfen, werden Sie sehen, dass ich ein sehr guter Student bin. Was ist so schlimm daran, wenn ich samstags nicht zum Unterricht komme? Wenn ich etwas Wichtiges verpasse, teilen die anderen Studenten gerne ihre Notizen mit mir. Im Moment habe ich den Unterrichtsstoff nicht nur nachgeholt, sondern bin den anderen Studenten sogar voraus."

„Sie hören mir nicht gut zu, oder? Es ist mir egal, ob Sie in meinem Unterricht etwas lernen oder nicht! Wenn Sie nach einer Abwesenheit nicht mit einer ‚Aufmerksamkeit' zu mir kommen, bekommen Sie richtig Ärger. Wenn Sie nächste Woche wieder fehlen, haben Sie besser eine ganz besondere Zuwendung dabei. Ich hoffe, Sie haben mich dieses Mal verstanden!"

Sein Lächeln war verschwunden. Es war nicht zu übersehen, dass er es ernst meinte.

Mit zwei Professoren, die Pavel wegen seiner Abwesenheit an den Samstagen bedrängten, war es schwer, dieses Thema aus seinem Kopf zu verbannen. Während der ganzen Woche meldeten sich von Zeit zu Zeit dunkle Schatten des Zweifels, die ihm den Frieden zu rauben versuchten.

Pavel wusste, dass der Feind es darauf abgesehen hatte, sein Vertrauen in Gott zu untergraben. Doch er wollte sich nicht mit der Aussicht beschäftigen, aus den Studiengängen zu fliegen. Stattdessen nahm er sich mehr Zeit, um die Verheißungen in Gottes Wort zu lesen. Durch seine Gebetszeiten bekam er Mut und Kraft, um seinem himmlischen Vater weiterhin zu vertrauen. Weil diese Erfahrung so persönlich geworden war, wurde sein Andachtsleben weiterhin der wichtigste Teil seines Tages. Gott hatte ihn bisher noch nie im Stich gelassen. Außerdem war sich Pavel sicher, dass es keinen Grund gab, ihm ab jetzt nicht mehr zu vertrauen.

Pavel freute sich nicht darauf, in die Vorlesungen zurückzukehren, als er einen weiteren Sabbat verpasst hatte. Doch nachdem er den frühen Morgen im Gebet verbracht hatte, spürte er, wie der vertraute Friede von Gottes Gegenwart ihn wieder umgab. Mit erhobenem Haupt machte er sich auf den Weg zurück in den Hörsaal. Mit Gott an seiner Seite würde er sich tapfer allem stellen, was da auch kommen sollte.

Bald nach seiner Ankunft auf dem Campus erfuhr er, dass sich seine beiden unnachgiebigen Professoren getroffen hatten, um seine Fehlzeiten zu besprechen. Außerdem hatten sie bereits vor seinem Eintreffen den Dekan der Universität aufgesucht, um seine wiederholten Abwesenheiten zu melden. Der Dekan war dafür bekannt, dass man mit ihm noch schwieriger zurechtkam als mit den beiden Professoren. Er war ein angesehenes Mitglied der Kommunistischen Partei und verfügte über viel Macht und Einfluss. Seine loyale Unterstützung der Regierung bewegte jeden, der mit ihm zu tun hatte, ihn mit größtem Respekt zu behandeln.

Als Pavel das Büro des Dekans betrat, lagen auf dessen Schreibtisch wohlgeordnet die Anwesenheitslisten.

„Herr Goia, bitte nehmen Sie Platz", sagte der Dekan und fuhr fort, die Unterlagen zu sichten. „Bei der Überprüfung Ihrer Unterlagen aus dem letzten Semester ist mir ein höchst ungewöhnliches Muster aufgefallen. Ich habe noch nie ein solches Ausmaß an Inkompetenz bei der Erfassung von Unterlagen an dieser Universität gesehen. Aber aus den ausgefüllten Anwesenheitslisten ersehe ich, dass Sie vierunddreißigmal gefehlt haben", stellte er fest, ohne Emotionen zu zeigen.

Der Dekan sah von den Anwesenheitslisten auf und schaute Pavel in die Augen. Höflich, aber Achtung gebietend fuhr er fort: „Ich weiß, dass Sie Adventist sind und dass es zu Ihrem Glauben gehört, samstags nicht zur Schule zu gehen oder zu arbeiten. Aber ich möchte Sie daran erinnern, dass es in diesem Land keinen Gott gibt. Samstags zu den Vorlesungen zu gehen ist keine Option – es ist Vorschrift, wenn man studieren will. Es gibt keine Möglichkeit, sich weiterzubilden und samstags frei zunehmen. Sie müssen sich zwischen Bildung und Ihrer Religion entscheiden."

Er hielt einen Moment inne, um die Bedeutung seiner Worte wirken zu lassen. Dabei musterte er Pavel.

„Das ist die Bedingung für Ihre weitere Ausbildung – nicht nur an unserer Universität, sondern an jeder im Lande. Am kommenden Samstag werden Sie an Ihren Kursen teilnehmen. Es ist mir egal, was Sie anschließend machen. Das liegt an Ihnen. Wenn Sie während der Vorlesung Ihren Kopf auf die Arme legen und schlafen wollen, ist das Ihre Sache. Es ist mir egal, ob Ihre Noten gut oder schlecht sind. Nehmen Sie einfach an Ihren Kursen teil! Wenn Sie in Zukunft zur Vorlesung kommen, vergessen wir, dass dieses Treffen je stattgefunden hat. Wenn Sie weiter fehlen, werden Sie von der Universität verwiesen. Betrachten Sie dies als Ihre letzte Warnung!", sagte er mit Nachdruck.

Der Dekan vergewisserte sich, dass sein Anliegen klar verstanden worden war und endete mit einer unheilvollen Drohung: „Wenn Sie mir in die Quere kommen, werden Sie nie wieder in Ihrem Leben studieren können!"

„Herr Dekan, wenn Sie mir nur einen Moment zuhören, werden Sie meine Lage besser verstehen", bat Pavel ihn.

„Stehen Sie auf und verschwinden Sie aus meinem Büro. Ich habe keine Zeit mehr für Sie. Erstens ist dieser Gott, den Sie anbeten, noch nie von jemandem gesehen worden. Er existiert nicht. Zweitens werde ich nicht meinen Job für Sie riskieren. Und zuletzt halte ich es für eine Dummheit, an Gott zu glauben. Die Universität ist wichtiger. Sie ist Ihre Zukunft! Ende der Diskussion!"

Der Dekan stand auf, drehte Pavel den Rücken zu und beschäftigte sich mit einem Dokument.

Als er sah, dass keine weitere Diskussion möglich war, stand Pavel auf, um zu gehen. Nachdem er das Büro des Dekans verlassen hatte, ging er schweigend über das Gelände des Campus. Sein Schicksal schien in der Schwebe zu hängen. Wenn er Gott treu blieb, konnte er seine Hoffnung auf die Fortsetzung des Studiums begraben.

Am nächsten Tag stattete Pavel der Sekretärin des Dekans einen Besuch ab. Er hoffte auf eine Gelegenheit, seine Lage erklären zu können.

„Kann ich Ihnen helfen?", fragte die Sekretärin.

„Gibt es eine Möglichkeit, den Dekan zu sprechen?"

„Sie müssen Pavel Goia sein. Ich habe schon alles über Sie gehört. Was die Möglichkeit betrifft, den Dekan zu sprechen, verschwenden Sie nur Ihre Zeit. Ihr Fall ist für ihn abgeschlossen."

Sie machte eine kurze Pause, dann fuhr sie fort: „Hören Sie, warum kommen Sie nicht einfach an diesem Samstag in den Hörsaal und beten an Ihrem Platz? Sie meinen, dass man gemäß der Bibel am Sabbat nicht arbeiten soll. Sie würden ja nicht arbeiten – nur *hier* beten statt in der Kirche."

„Ich kann am Samstag nicht in die Universität kommen, ohne gegen mein Gewissen zu handeln", antwortete Pavel ernst. „Ich werde an diesem Samstag in die Kirche gehen."

„Nun ja, es ist letztlich Ihre Entscheidung. Aber es ist eine Schande, dass jemand mit Ihrem Talent und Ihrer Intelligenz das alles wegwirft – und wofür?"

Da jede weitere Diskussion sinnlos war, verließ Pavel das Büro. Nun schien das Ende seiner Ausbildung mit jeder verstrichenen Stunde näher zu rücken.

Tag und Nacht betete er, um stark und mutig zu bleiben. *Sicherlich hat Gott noch einen Plan. Er hat mir doch nicht während meiner Zeit beim Militär geholfen, nur um mich jetzt im Stich zulassen,* beruhigte er sich selbst.

Am nächsten Tag kehrte Pavel in das Büro der Sekretärin zurück, in der Hoffnung, dass sie ihm erlauben würde, seinen Fall zu verteidigen.

Sie scheint eine nette Frau zu sein. Vielleicht hat sie ein wenig Herz und hört mir zu, dachte er.

Ohne darauf zu warten, dass sie ihn ansprach, begann er, seine Situation zu erklären: „Warum wollen Sie daran beteiligt sein, mein Leben zu ruinieren? Ich habe mich auf der Universität eingeschrieben, um später einen guten Job zu bekommen. Wenn ich nun gute Noten habe und den gesamten Unterrichtsstoff beherrsche, warum kümmert es Sie, ob ich samstags zu den Vorlesungen gehe?"

„Es hat wirklich keinen Sinn, das noch einmal zu diskutieren", antwortete sie. „Ich fürchte, für Argumente ist es zu spät. Alles ist bereits entschieden! Wie ich schon sagte, Sie haben nur eine einzige Chance, Ihr Studium abzuschließen: Vergessen Sie Ihre extremen Ideen! Warum geben Sie nicht einfach zu, dass Sie ein Fanatiker sind?"

Pavel verließ das Verwaltungsbüro und ging zur zweiten Vorlesung an diesem Tag. Der Professor traf ihn an der Tür und begann mit den

Worten: „Ich habe Ihnen gesagt, was Sie tun sollten, um mich zufriedenzustellen. Sie haben es aber nicht getan. Jetzt werden Sie die Konsequenzen tragen müssen. Was glauben Sie, wer Sie vor dem kommunistischen Regime retten wird? Etwa Ihr Gott, der nicht einmal existiert? Wenn es einen guten Gott gäbe, hätte er doch nichts dagegen, dass Sie eine Ausbildung machen. Aber das ist ja alles sowieso irrelevant, da es ja keinen Gott gibt."

Mit den Worten der Administratoren und Professoren in seinen Ohren fiel es Pavel schwer, sich im Hörsaal auf den Lernstoff zu konzentrieren. In den nächsten zwei Tagen verbrachte er mehr Zeit mit Beten als mit dem Zuhören von Vorlesungen.

In der Nacht zum Mittwoch konnte er einfach nicht einschlafen. Ernsthaft begann er zu beten: „Herr, mir ist klar geworden, dass ich an dieser Universität studieren wollte, weil ich stolz war. Ich wollte eine wichtige Persönlichkeit mit einem Universitätsabschluss sein – jemand, den die Leute respektieren. Ich wollte voller Stolz sagen können, dass ich ein Ingenieur bin. Was wird nun aus meinen Träumen und meiner Zukunft?"

Die ganze Nacht hindurch flehte er zu Gott, in der Hoffnung, ihn überzeugen zu können, dass er sich für ihn einsetzte. Je länger er betete, desto frustrierter fühlte er sich. Es schien, als ob Gott ihm nicht zuhören würde. Nachdem er noch ernsthafter gebetet hatte und dennoch keinen Frieden fand, beendete er sein Gebet. Er fühlte sich entmutigt und vergessen. Lange Zeit starrte er stumm in die Dunkelheit.

Pavel stand auf und suchte nach einem Buch, das ihm innere Erleichterung verschaffen sollte. Schließlich nahm er ein kleines Andachtsbuch zur Hand und begann einen Abschnitt zu lesen, den er zuvor unterstrichen hatte. Als er die Seite überflog, entdeckte sein Auge genau die Antwort, die er gesucht hatte. Zwei oder drei Gedanken packten ihn regelrecht.

„Wenn wir beten, müssen wir Gott die Erhörung unserer Gebete überlassen. Wir müssen ihm erlauben, so zu handeln, wie er es für richtig hält. Wir sollten uns nicht selbst in den Mittelpunkt unserer Bitten stellen. Wir sollten Gott immer an die erste Stelle setzen und ihn entscheiden lassen, was das Beste für uns ist."

Schlagartig wurde Pavel alles klar. Er hatte Gott zu überzeugen versucht, die Gebete nach seinen Vorstellungen zu beantworten, anstatt Gottes Willen für sein Leben zu akzeptieren. Als er die Selbstsucht seiner vergangenen Gebete erkannte, begann er wieder mit Gott zu sprechen.

„Herr, ich bin bereit, das Studium, meine berufliche Zukunft und meinen Universitätsabschluss aufzugeben. Das alles ist mir nicht mehr wichtig. Was du auch tust, soll deinem Namen Ehre bringen. Ich stelle deine Ehre über meine Wünsche und Interessen."

In dem Moment, als Pavel seinen Willen Gott übergab, kehrte der ersehnte Frieden zurück. Pavel sorgte sich nicht mehr darum, wie es mit seiner Ausbildung weitergehen würde, und schlief deshalb schnell ein.

Als er am nächsten Tag zur Universität kam, wurde er von der Sekretärin begrüßt. „Haben Sie sich entschlossen, diesen Samstag am Unterricht teilzunehmen?", erkundigte sie sich.

„Nein, ich werde nicht hier sein", antwortete Pavel ruhig. „Aber lassen Sie mich Ihnen von drei Helden aus der Bibel erzählen. Sie wurden aufgefordert, ihrem Glauben abzusagen. Sie wollten sich nicht auf Befehl des Königs vor dessen Statue niederknien, obwohl ihnen der sichere Tod drohte. Sie hätten sich mit den anderen ja verbeugen und so tun können, als würden sie sich die Schuhe binden, aber sie taten es nicht. Sie standen aufrecht für Gott. Als der König sie zur Rede stellte, sagten sie ihm:

,Unser Gott, den wir verehren, kann uns erretten, aber selbst wenn er es nicht tut, werden wir uns nicht vor deinem Standbild verneigen.' (vgl. Daniel 3,17.18)

Wütend ließ der König sie in einen feurigen Ofen werfen. Doch dann sah er voller Entsetzen, wie sie unversehrt in dem glühenden Ofen herumliefen. Und als sie aus dem Feuer herauskamen, hatten sie nicht einmal ein angesengtes Haar am Körper."

Pavel schaute der Sekretärin ernst in die Augen und sagte: „Gott kann mich retten, wenn er will, aber selbst wenn er es nicht tut, werde ich am Samstag nicht zu den Vorlesungen gehen. Ich würde lieber meine Ausbildung und meine Zukunft aufgeben, als meinen Gott zu verraten."

Ungläubig antwortete sie: „Sie haben wirklich Ihren Verstand verloren. Ich bewundere zwar Ihren Mut und Ihre Entschlossenheit, aber es gibt keinen Gott. Welcher Gott kann Sie denn vor dem kommunistischen Regime retten? Es tut mir leid, aber es gibt niemanden, der Ihnen jetzt noch helfen kann."

„Sie kennen Gott offensichtlich nicht", antwortete Pavel traurig. Als sie sich umdrehte, um wegzugehen, klangen ihre trotzigen Worte und ihre Leugnung der Existenz Gottes weiter in seinen Ohren nach.

„Herr, jetzt fordert sie nicht mich heraus, sondern dich. Und ich habe es wirklich ernst gemeint, als ich ihr sagte, dass es keine Rolle spielt, was mit mir passiert. Es ist nicht mehr so wichtig. Aber Herr, lass nicht zu, dass dein Name entehrt wird. Ich weiß, dass du in der Lage bist, ihr zu zeigen, dass du ein mächtiger Gott bist und dass ein stolzes kommunistisches Regime nichts im Vergleich zu dir ist."

Als Pavel am Abend zu Bett ging, wusste er, dass an diesem Samstag die Entscheidung über seine Zukunft anstand, aber er hatte keine Angst mehr vor dem, was kommen würde. Er fühlte immer noch den inneren Frieden, der ihn erfüllt hatte, als er seine Pläne Gott übergab.

Als er seinen Kopf auf das Kissen legte, wiederholte er die Worte eines Lieblingspsalms:

„Ich liege und schlafe ganz mit Frieden; denn allein du, Herr, hilfst mir, dass ich sicher wohne." (Psalm 4,9)

Am nächsten Morgen machte sich Pavel mit dem Wissen auf den Weg zur Universität, dass es sein letzter Tag auf dem Campus sein könnte. Jetzt war er mehr auf das neugierig, was Gott tun würde, als dass er sich vor der harten Realität fürchtete, für immer von der Universität verwiesen zu werden.

Er musste nicht wie sonst lange warten, denn die Sekretärin der Universität ging vor dem Büro nervös auf und ab. Als sie ihn auf dem Bürgersteig näherkommen sah, eilte sie ihm sofort entgegen. Er hatte sie noch nie so aufgewühlt gesehen. Ihr aschfahles Gesicht ließ sie mehr tot als lebendig erscheinen. Irgendetwas stimmte offensichtlich nicht.

„Pavel, kennen Sie jemanden in der Regierung?", platzte es aus ihr heraus.

„Nein, ich kenne niemanden. Warum fragen Sie?"

Ohne zu antworten, fuhr sie fort: „Kennen Sie jemanden im Zentralkomitee?"

„Nein."

„Kennen Sie dann Ceaușescu?"

„Nein, natürlich nicht. Woher sollte ich den Präsidenten kennen?"

„Sind Sie wirklich ehrlich mir gegenüber?", fragte sie ernsthaft.

„Ja, ich bin vollkommen ehrlich. Warum glauben Sie, dass ich irgendjemanden in der Regierung kenne?"

Sie schüttelte ungläubig den Kopf und flüsterte mehr zu sich selbst als zu Pavel: „Dann gibt es einen Gott! Einundzwanzig Jahre lang habe ich an dieser Universität gearbeitet. Noch nie habe ich erlebt, dass die Regierung eine solche Maßnahme ergreift!"

Die Sekretärin musste schlucken, dann erklärte sie: „Heute Morgen hat die Universität ein Mandat der Regierung mit der Unterschrift des Präsidenten erhalten, in dem mit sofortiger Wirkung alle Vorlesungen am Samstag für das ganze Land abgesagt werden! In dem Brief stand, dass die Regierung die Vorlesungen ausfallen lässt, um der kränkelnden Wirtschaft durch Energieeinsparung zu helfen. Wäre dieses Gesetz nicht heute, sondern am Montag gekommen, wären Sie für den Rest Ihres Lebens von der Universität verwiesen worden. Es gibt niemanden, der Sie hätte retten können. Es muss also doch einen Gott geben!", stellte sie atemlos fest.

Pavel fühlte sich, als würde er auf Wolken schweben, als er das erstaunliche Wunder zu begreifen begann, das Gott gerade für ihn getan hatte.

„Ich möchte Ihnen eine meiner Lieblingsverheißungen aus dem Buch Jesaja mitteilen", sagte Pavel, der eine offene Tür sah.

„,Wenn du durch Wasser gehst, will ich bei dir sein ... Wenn du ins Feuer gehst, wirst du nicht brennen, und die Flamme wird dich nicht versengen. Denn ich bin der Herr, dein Gott.' (Jesaja 43,2.3)"

Pavel lächelte die Sekretärin an und fuhr fort: „Immer wieder habe ich erlebt, dass Gott dieses Versprechen mir gegenüber hält. Aber jetzt hat der anschließende Vers eine ganz neue Bedeutung. Sehen Sie selbst, ob Sie dem zustimmen können:

,Weil du teuer bist in meinen Augen, ... und ich dich lieb habe, gebe ich Menschen an deiner statt und Völker für dein Leben.' (V. 4)"

Pavel platzte fast vor Begeisterung und sagte: „Ist das nicht erstaunlich? Gott hat unser Volk für mich gegeben!"

Die sichtlich erschütterte Sekretärin drehte sich abrupt um und ging weg. Es gab nichts mehr zu sagen.

Als Pavel am folgenden Montag zur Universität kam, stellte er fest, dass das neue Gesetz nichts dazu beigetragen hatte, die Position seines Professors aufzuweichen. Der Mann war immer noch fest entschlossen, Pavel eine Lektion zu erteilen, weil er sich nicht an seine „Aufmerksamkeits-Regel" gehalten hatte. Als Pavel den Hörsaal betrat, war der Professor entschlossener denn je, seine Pläne durchzuziehen.

„Keine Zuwendung, keine Vorlesung, Goia!", sagte er gereizt. Jeden Tag machte ihn Pavels Anwesenheit wütender. Dessen Weigerung, sich seinen Forderungen zu beugen, wollte er nicht länger hinnehmen. Pavels Ungehorsam untergrub seine Autorität.

Vor allen Studenten stellte er Pavel sein letztes Ultimatum: „Wenn du nur einen Samstag hier zu mir kommst, kannst du an diesem Studiengang weiter teilnehmen. Aber wenn du dich weigerst, werde ich dich nicht zu deinen Prüfungen antreten lassen."

Nachdem Pavel dem Dekan sein Problem geschildert hatte, wurde der Professor aufgefordert, den Studenten bei seinen Vorlesungen nicht auszuschließen. Das half allerdings nicht wirklich. Alle Prüfungsbögen und jeder Test landeten mit einer Sechs als Note auf seinem Pult. Daraufhin verkündete der Professor, er habe sich entschlossen, den unfähigen Studenten durchfallen zu lassen. Er war also nicht bereit, Pavel von seiner schwarzen Liste zu streichen. Der störrische Student würde bald weg sein.

Als der Dekan sich Pavels Notlage anhörte, konnte er nicht glauben, dass einer seiner Professoren sich so unprofessionell verhielt.

„Das geht überhaupt nicht", sagte er ungläubig. Nachdem er über Pavels Situation nachgedacht hatte, teilte er ihm mit, dass die Angelegenheit nicht in seiner Hand liege und Pavel bei der Kreisbildungskommission Einspruch einlegen müsse.

Von der Kommission geprüft zu werden, bedeutete, ein Thema vor einem Gremium mit sowohl mündlichen als auch schriftlichen Fragen zu verteidigen. Nur sehr wenige Studenten waren bereit, sich einer solch anstrengenden Prüfung zu unterziehen. Sie würden nicht nur in dem im Unterricht behandelten Stoff geprüft werden, sondern auch in jedem beliebigen Bereich, den die Prüfer auswählten. Pavel hatte keine andere Wahl. Wenn er sein Studium fortsetzen wollte, musste er sich der Kommission stellen.

Pavels festgelegter Prüfungstag ließ ihm nur noch wenige Wochen Zeit, um sich vorzubereiten. Er ging in die Bibliothek und holte sich jede Literatur über mögliche Prüfungsthemen, die er finden konnte. Innerhalb weniger Wochen arbeitete er mehrere Lehrbücher durch, die als Semesterkurse konzipiert waren. Unter Gebet studierte er diese Bücher Kapitel für Kapitel.

Schließlich kam der Tag der Prüfung. Pavel stand vor dem Gremium von wichtigen Persönlichkeiten der Wissenschaft und wurde von einem nach dem anderen zu verschiedenen Themen befragt. Bei jeder Frage spürte er, wie Gott ihn mit einer schnellen Auffassungsgabe und einem klaren Verstand gesegnet hatte, sodass er mit Zuversicht antworten konnte. Endlich war die lange, zermürbende Prüfung vorbei.

Die Fachjury schien von dem Studenten fasziniert zu sein, den sie gerade geprüft hatte.

„Sie haben jede Frage perfekt beantwortet", versicherten sie ihm. „Diese Kommission hat noch nie jemanden wie Sie kennengelernt. Wir möchten Ihnen eine letzte Frage stellen, nicht als Teil der Prüfung, sondern aus Neugierde. Wir wollen Ihre Fähigkeit testen, wie Sie Probleme lösen. In Bukarest haben wir eine Schwierigkeit mit der Kanalisation."

Nachdem sie die Angelegenheit im Detail erklärt hatten, fragten sie Pavel, wie er sie beheben würde. Die Antwort kam ihm genauso schnell in den Sinn wie die Antworten während der Prüfung. Ohne zu zögern, erklärte er die Lösung für ihr Problem. Ein paar Augenblicke lang starrten sie ihn nur schweigend an. Schließlich sagte einer der Prüfer: „Die beiden besten Architekten in Bukarest sind gerade zum gleichen Ergebnis gekommen, nachdem sie das Problem sechs Monate lang untersucht hatten. Sie, Goia, haben uns die Antwort einfach spontan gegeben!"

Auch der Professor, der Pavel den Zutritt zu seinen Vorlesungen verweigerte, musste vor der Kommission Rede und Antwort stehen. Nachdem Pavel für seine exzellenten Antworten gelobt worden war, wandte sich das Gremium mit einigen Fragen an den Professor. Er saß definitiv auf heißen Kohlen. Nachdem sie ihn durch die Mangel gedreht hatten, gab es keine Zweifel darüber, was sie von ihm als Professor hielten. Gedemütigt und beschämt verließ er die Kommission.

Erstaunlicherweise wurde Pavel von da an zu seinen Vorlesungen zugelassen, ohne dass auch nur ein Wort über „Aufmerksamkeiten" oder „Zuwendungen" fiel.

IN GUTEN WIE IN SCHLECHTEN ZEITEN

Nachdem Pavel die ersten beiden Studienjahre beendet hatte, beschlossen Dana und er, dass es Zeit wäre, ihre Fernbeziehung zu beenden. Die Hochzeit in die Semesterferien zu legen, war natürlich ein wenig überstürzt. Aber das machte ihnen nichts aus – sie wollten endlich heiraten!

Er nahm das Angebot seines Onkels in Turnu Severin an, dessen geräumiges Haus für die Hochzeitsfeier zu nutzen. Dennoch wurden die Vorbereitungen in letzter Minute getroffen. Von nun an würden sie gemeinsam von Turnu Severin nach Bukarest fahren.

Der Tag, von dem sie seit langer Zeit geträumt hatten, war endlich gekommen! Familie und Freunde füllten die Kirche. Sie waren von nah und fern angereist, um mit ihnen den glücklichen Tag zu feiern. Als Dana gemessenen Schrittes auf Pavel und den Pastor zuging, verlor er den Blick für die vielen Gäste in dem überfüllten Gebäude. Die Schönheit der jungen Frau, die in ihrem Hochzeitskleid auf ihn zuging, fesselte seine ganze Aufmerksamkeit. Mit jedem Schritt kam die Frau seiner Träume näher. Jahrelang hatte er von diesem Moment geträumt – und nun wurde er wahr. Die Augen fest aufeinander gerichtet, kam Dana auf ihn zu, während er mit dem Pastor vorne in der Kirche stand. Er reichte ihr seine Hand. Seine Lippen flüsterten ein leises „Ich liebe dich", und seine Finger streichelten sanft über ihren Arm.

Dana hatte endlich Ja gesagt. Sie hatte zugestimmt, ihn zu heiraten. Wenn sie nur von Anfang an erkannt hätte, wie wohlüberlegt seine Hochzeitspläne gewesen waren, wären ihm Jahre der bangen Erwartung erspart geblieben. Ihr mangelndes Interesse, seine Braut zu werden, war in der ersten Klasse der Hauptgrund für seine Fassungslosigkeit gewesen. Während der gesamten Grundschulzeit hatte sie sogar seine ausgefallenen Ideen, mit denen er sie erobern wollte, einfach ignoriert. Wie sie seinen Versuchen, mit ihr zu flirten, all die Jahre widerstanden hatte, war ihm in der Tat ein Rätsel.

Jetzt, als sie Hand in Hand vor dem Pastor standen, wussten Dana und Pavel, dass sie füreinander bestimmt waren. Es war eine wunderschöne Hochzeitsfeier, an der sowohl Gäste und Familienmitglieder als auch viele Freunde teilnahmen, die Pavel in Bukarest kennengelernt hatte. In vielerlei Hinsicht glich die Gästeliste sogar einer Zusammenstellung von mehreren Chören.

Nachdem die kommunistische Regierung ihren eisernen Griff ein wenig gelockert hatte, mit dem die Religion bisher eingeschränkt worden war, waren überall Kirchen aus dem Boden geschossen. Im vergangenen Jahr war Pavel von Kirche zu Kirche gereist und hatte Chöre gegründet. Einige wurden schon bald ziemlich berühmt und traten in ganz Europa auf. Zu seinen Ehren waren mehrere Chöre gekommen, um Pavel und seiner Braut ein Ständchen zu bringen. Deswegen gab es bei dieser Hochzeit mehr Chormusik als bei Feierlichkeiten königlicher Familien.

Der festliche Tag und die Feierlichkeiten im Haus seines Onkels gingen schließlich zu Ende, und die Gäste wünschten ihnen alles Gute, bevor sie nach Hause fuhren. Die Hochzeitsfeier war wundervoller gewesen, als sie es sich hätten vorstellen können. Es war wirklich ein Tag, an den sie sich für den Rest ihres Lebens erinnern würden.

Für die Flitterwochen blieb vorerst keine Zeit. Dafür mussten sie bis zu den nächsten Semesterferien warten. Pavel musste am nächsten Morgen wieder auf dem Campus sein. Wie dankbar war er für die schöne Wohnung und das regelmäßige monatliche Budget, das sein Vater für seine Ausbildung bereitgestellt hatte! Wenigstens hatten sie eine eigene Wohnung, die sie ihr Zuhause nennen konnten. Nur wenige genossen den Luxus, ihre Ausbildung fortsetzen zu können, ohne sich um die Finanzen sorgen zu müssen. Sie fühlten sich wirklich gesegnet.

Einige Monate lang lief alles gut. Pavel war weiterhin Bester seines Studiengangs, und Dana machte sich daran, die Junggesellenwohnung in ein kleines Heim zu verwandeln, wie es nur die Hand einer Frau vermag. Pavel war erstaunt über die Verwandlung ihrer Wohnung. Mit ein paar einfachen Dingen hatte Dana eine triste Studentenbude in ein gemütliches und zauberhaftes Heim umgestaltet. Mit jedem Tag wurde ihre Liebe füreinander und für Gott stärker.

Unerwartet erhielten sie schlechte Nachrichten von zu Hause. Bei Pavels Vater war Leukämie diagnostiziert worden. Seine Krankheit machte es ihm unmöglich, seinen Betrieb weiterzuführen. Zu der Sorge um seine Gesundheit kam die Erkenntnis, dass sie ohne seine finanzielle Unterstützung ihren Haushalt grundlegend umstellen mussten. Schon bald sanken die monatlichen 2500 Lei, die sie bisher erhalten hatten, auf 2000 Lei. Im nächsten Monat kamen nur noch 1500 Lei. Als die medizinischen Ausgaben für Pavel Goia senior stiegen und die Ersparnisse der Familie Goia abnahmen, erhielten auch Pavel und Dana weniger Geld. Es wurde zu einer echten Herausforderung, Pavels letzte zwei Jahre an der Universität zu finanzieren. Es war einfach nicht genug Geld da, um die Miete zu bezahlen und Essen kaufen zu können.

Hinzu kam, dass sie bald Eltern wurden. Dana wartete jeden Tag auf die Geburt ihres ersten Kindes. Wie sollten sie die Bedürfnisse ihres Babys stillen, wenn sie nicht einmal in der Lage waren, für sich selbst zu sorgen? Es blieb ihnen nichts anderes übrig, als einfach Gott zu vertrauen und ihr Bestes zu geben.

Ein paar Wochen später wurde Gabriel geboren. Sie liebten ihr kleines Baby von ganzem Herzen, aber ihre finanzielle Lage wurde immer verzweifelter. Jeden Monat ging das Einkommen weiter zurück, bis sie nur noch 400 Lei pro Monat hatten. Sie hatten tagelang nichts mehr zu essen. So hungrig war keiner von ihnen je gewesen. An manchen Morgen lagen sie im Bett und fühlten sich zu schwach, um aufzustehen. Gemeinsam beriefen sie sich auf Gottes Versprechen, für sie zu sorgen.

Oft erzählten sie sich von den Wundern, die Gott für die Generation vor ihnen getan hatte, und das gab ihnen Kraft. Als er sich an eines der Lieblingserlebnisse seines Vaters erinnerte, sagte Pavel: „Dana, ich habe eine Geschichte für dich."

Er lag neben seiner Frau und starrte an die Decke, während er zu erzählen begann: „Du weißt, dass die Generation unserer Eltern eine sehr schwere Zeit unter dem Kommunismus durchmachen musste. Viele von ihnen verloren alles, was sie hatten, weil sie Gott treu bleiben wollten. Aber es machte ihnen nichts aus, denn sie schauten auf eine andere Belohnung – die Heimat, die im Himmel wartet. Sie lebten jeden Tag mit dem Wunsch, andere Menschen mit Jesus bekannt zu machen, der für sie gestorben war, um ihnen das ewige Leben zu schenken.

Als ich jung war, arbeitete mein Vater lange und hart. Er sparte sorgfältig sein Geld, um kurze Auszeiten von seinem Baugeschäft nehmen zu können. Mit seinem gesparten Geld besorgte er sich christliche Bücher, die ins Land geschmuggelt worden waren, um sie an die Bewohner der umliegenden Dörfer zu verkaufen. Du weißt ja, wie extrem gefährlich es war, religiöse Bücher weiterzugeben oder zu verkaufen. Wenn man mit der falschen Person sprach, konnte das eine lange Gefängnisstrafe oder einen ‚unbeabsichtigten' Tod durch Prügel bedeuten. Aber die gute Nachricht war zu wertvoll, um sie für sich zu behalten – sie mussten sie anderen mitteilen.

Mein Vater und sein Freund Bennie machten sich oft zu zweit auf den Weg, um Bücher mit der Botschaft von Jesus zu verkaufen. Kurz vor Einbruch der Dunkelheit boten sie ihre Literatur in einem der Dörfer an und versteckten sich anschließend in den umliegenden Wäldern, bevor die alarmierten Behörden Zeit hatten, dem Hinweis auf den Verkauf christlicher Bücher nachzugehen.

Oft liefen sie die ganze Nacht durch dichte Wälder, um am nächsten Abend ein anderes Dorf durchzuarbeiten. Meistens ging ihnen Essen und Geld aus, bevor sie nach Hause zurückkehren wollten. Wenn die Erschöpfung sie überkam, schliefen sie im Wald, so gut es eben ging. Mit nasser Kleidung eine kalte Nacht im Wald zu verbringen, war hart. Aber sie machten weiter, weil sie den Wunsch hatten, dass durch ihren Einsatz ein weiterer Mensch Hoffnung auf ein ewiges Leben finden möge."

Er wandte sein Gesicht Dana zu und fuhr fort: „Auf einem dieser Einsätze für Gott hatten Bennie und mein Vater ihren Glauben unermüdlich von einem Dorf zum anderen mit den Menschen geteilt. Es war schon mehrere Tage her, dass sie ihr Zuhause verlassen hatten. Vor drei Tagen hatten sie ihre letzte Mahlzeit gegessen. Auch ihr letztes Geld hatten sie ausgegeben. Sie fühlten sich müde, hungrig und fröhlich zugleich und zogen weiter. Ihr Einsatz war nicht vergeblich gewesen, denn sie hatten mehrere Gelegenheiten gehabt, von Jesus zu erzählen, den sie von ganzem Herzen liebten. Ihre beiden Rucksäcke, die vorher mit Büchern gefüllt waren, waren nun fast leer. Viele suchende Menschen würden nun durch diese Literatur einen Sinn für ihr Leben finden.

Während sie im Mondschein durch den Wald wanderten, erinnerten sie sich gegenseitig an die Beweise, dass Gott sie bei ihrer Missionsreise geführt hatte. Um die Orientierung nicht zu verlieren, gingen sie parallel zu den Bergstraßen. Nachdem sie mehrere Kilometer gewandert waren, kamen sie an eine tiefe Bergschlucht. Die einzige Möglichkeit, auf die andere Seite zu gelangen, war eine nahe gelegene Seilbrücke. Sie war alt und wackelig, aber es gab einfach keine andere Möglichkeit, die Schlucht zu überqueren, ohne eine sehr lange und anstrengende Alternativroute zu nehmen.

Vorsichtig suchten sie den Weg in beide Richtungen nach anderen Reisenden ab, die sie entdecken könnten. Als sie sicher waren, dass alles frei war, beeilten sie sich, die Brücke zu überqueren. So vorsichtig wie möglich balancierten sie mit ihren Rucksäcken von Brett zu Brett, um die lange Hochseilbrücke zu überqueren. Während sie sich beeilten, die andere Seite zu erreichen, tauschten sie weiterhin ihre Erfahrungen aus. Mein Vater ging voran, dicht gefolgt von Bennie.

Mitten im Satz schrie Bennie plötzlich: ‚Stopp!' Mein Vater erstarrte auf der Stelle. Er wagte nicht, sich zu bewegen. Er drehte nur langsam den Kopf zu Bennie zurück und fragte besorgt: ‚Was ist los?'

‚Sieh nach unten', antwortete dieser mit zittriger Stimme.

Mein Vater blickte auf die Brücke unter ihm. Sein vorderer Fuß stand auf einem der Querbretter, aber sein hinterer Fuß stand auf *nichts* – nur auf der Luft! Er stand mit vollem Gewicht auf der Brücke, als ob keine Bretter fehlen würden.

Im Mondlicht konnte er den Abgrund der tiefen Bergschlucht weit unter sich sehen. Sein vorderer Fuß war der einzige Teil seines Körpers, der auf der Brücke stand. Sein Herz raste wie wild! Vorsichtig machte er einen Schritt auf das nächste Brett. Als er sich danach umdrehte, blickte er auf die Lücke, die durch die fehlenden Bretter entstanden war. Sie war fast viereinhalb Meter breit. Schweigend starrten die beiden auf die offene Stelle in der Brücke, die sie voneinander trennte.

Bennie wurde klar, dass er einen Weg finden musste, um über die riesige Lücke zu kommen. Er nahm seinen leeren Rucksack ab und warf ihn meinem Vater hinüber. Mein Vater ging mehrere Schritte weiter, um einen Landeplatz für ihn zu schaffen. Mit angehaltenem Atem wartete er darauf, dass Bennie über die offene Stelle in der Brücke springen würde.

Mit einem gewaltigen Satz sprang Bennie über die Öffnung. Die alte Seilbrücke schwankte wild hin und her. Mit beiden Händen klammerten sie sich an den beiden Führungsseilen fest. Als die Brücke sich endlich wieder beruhigt hatte, setzten die beiden Männer vorsichtig ihren Weg auf die andere Seite fort. Sobald sie wieder festen Boden unter den Füßen hatten, dankten sie Gott, dass er sie vor dem sicheren Tod bewahrt hatte. Gemeinsam wiederholten sie die Worte aus Psalm 91:

‚Denn er hat seinen Engeln befohlen, dass sie dich behüten auf allen deinen Wegen, dass sie dich auf den Händen tragen ...' (V. 11.12)

Gott hatte tatsächlich seine Engel gesandt, um die Hände unter die Füße meines Vaters zu legen. Später sagte mir mein Vater, solange er lebe, werde er nie vergessen, wie man sich fühlt, mitten in der Nacht über einer tiefen Bergschlucht in der Luft schwebend auf Engelshänden zu stehen.

Eine Stunde waren sie weitergewandert und hatten dabei über das Wunder gesprochen, das Gott gerade für sie vollbracht hatte. Doch nun meldete sich wieder der Hunger, der sie schon seit drei Tagen quälte.

Deshalb begannen sie zu beten: ‚Herr, wenn deine Engel uns auf Händen tragen können, dann kannst du uns auch sicher helfen, etwas

zu essen zu finden. Wir fühlen uns schwach und müde. Bitte hilf uns,
etwas zu essen zu finden, damit wir es bis zum nächsten Dorf schaffen
können.'

Obwohl ihnen nicht klar war, wie Gott ihr Gebet beantworten würde, dankten sie ihm für seine Liebe und Fürsorge, während sie weiter durch den Wald wanderten.

Plötzlich schlug der Kopf meines Vaters gegen einen großen Gegenstand, der an einem Seil an einem Ast über ihm baumelte. Am Seil hing ein riesiger, runder Brotlaib. Schon wieder konnten sie Gott loben, weil er ihnen diese Menge an Nahrung geschenkt hatte. Der große Brotlaib war mehr als genug, um zwei sehr hungrige Männer satt zu machen.

Siehst du, Dana, manchmal müssen wir warten, aber Gott vergisst uns nie in der Stunde der Not", beendete Pavel schließlich seine Geschichte. Gemeinsam beteten sie um Kraft und Weisheit, um zu wissen, was sie tun sollten.

Da sie kein Geld hatten, um weiter ihre Miete zu bezahlen, waren sie gezwungen, bei einem Verwandten unterzukommen. Die komplizierten Wohnverhältnisse führten jedoch zu einer sehr angespannten Situation. Nach ein paar Wochen, als dies unerträglich wurde, kamen einige Freunde zu ihrer Rettung und boten ihnen einen Teil ihres Hauses als Unterkunft an, bis sie etwas anderes finden konnten. Obwohl sie dafür dankbar waren, hatten sie immer noch kein Geld, um genügend Essen für sich und den kleinen Gabriel zu kaufen.

Von Zeit zu Zeit sammelte Pavel auf der Straße Dosen, um ein bisschen Milch für ihr Baby kaufen zu können. Aber es blieb nie Geld für ihn und Dana übrig. Sie waren verzweifelt.

Pavel dachte an die 40 Lei, die er von den letzten 400 Lei seiner Familie als Zehnten beiseitegelegt hatte. Sie mussten jetzt unbedingt etwas zu essen haben! Deshalb beschloss Pavel, sich die 40 Lei von Gott zu leihen und sie sofort zurückzahlen, wenn er seine nächsten 400 Lei mit der Post bekam. Sie waren verzweifelt hungrig – sicher würde Gott das verstehen.

Eine gute Nachricht traf von Zuhause ein: Pavels Vater machte anscheinend Fortschritte in seinem Kampf gegen die Leukämie. Die Anzahl seiner weißen Blutkörperchen hatte sich nach zehn Monaten natürlicher Behandlung wieder fast normalisiert. Der Arzt blieb vorsichtig optimistisch und riet ihm, anstrengende Tätigkeiten zu meiden, bis sein Körper wieder zu Kräften gekommen war.

Allerdings betrieb Pavels Vater eine Imkerei, die nicht mehr lange warten konnte. Wenn er seine Bienenstöcke für die kommende Saison aufstellen wollte, musste er es jetzt tun. Er lud fünfundachtzig Bienenstöcke in einen Lastwagen und fuhr mehrere Stunden in die Berge, wo die üppigen Kleefelder ihn viele Jahre lang mit feinstem Honig versorgt hatten. Nachdem er den letzten großen Bienenstock abgeladen hatte, legte er sich erschöpft hin, um ein paar Minuten im Gras zu ruhen. Neun Stunden später wachte er völlig durchnässt und ausgekühlt auf und kehrte mit Fieber nach Hause zurück. In seinem geschwächten Zustand hatte er sich durch den langen Schlaf auf dem kalten, nassen Boden eine Lungenentzündung zugezogen. Sein Körper hatte nach dem langen Kampf mit der Leukämie nur noch wenig Kraft, sich dagegen zu wehren. Fünf Tage rang er tapfer um sein Leben, dann verstarb er.

Pavel Goia senior hatte wie ein Glaubensheld gelebt. Er war Gott im Angesicht heftiger Widerstände treu geblieben. Nun ruhte er in der Hoffnung auf den bald wiederkehrenden Erlöser Jesus Christus. Sein Name stand zweifellos auf der Liste der Gläubigen, die darauf warten, die Krone des ewigen Lebens zu empfangen.

Als Pavel und Dana von der Beerdigung zurückkehrten, fühlten sie sich so niedergeschlagen und hoffnungslos wie nie zuvor. Der Umzug in das Haus ihrer Freunde hatte ihre Lage nicht besser gemacht, als bei den Verwandten zu wohnen. In ihrer Verzweiflung nahmen sie das Angebot an, auf dem Dachboden eines Kirchenmitglieds zu wohnen. Auch zu anderen Jahreszeiten wäre dies eine Zumutung gewesen, aber jetzt war es mitten im Sommer, und die Hitze flimmerte über der Stadt! Die Luft auf dem Dachboden war stickig heiß. Es war für sie fast unmöglich, in der verschwitzten, am Körper klebenden Kleidung einzuschlafen. Auch der kleine Gabriel ließ sie lautstark wissen, dass er mit ihrer neuen Wohnsituation nicht zufrieden war. Was sollten sie nur tun? Wie lange mussten sie noch unter diesen unerträglichen Bedingungen leben?

Zu Pavels Elend kam hinzu, dass sein Gewissen ihn an das Geld ermahnte, das er ausgegeben hatte und das eigentlich Gott gehörte.

Er wollte es von der Unterstützung zurückzahlen, die im nächsten Monat kommen sollte. Doch es war kein Geld gekommen, und sie würden auch keins mehr erhalten. Mit dem Tod seines Vaters mussten sie jede Hoffnung auf Unterstützung von Zuhause begraben.

Auf Schritt und Tritt verfolgten ihn düstere Gedanken. Sicherlich bestrafte Gott ihn nun dafür, dass er Geld, das ihm gehörte, für Lebensmittel verwendet hatte. Die kleine Familie Goia war am Ende ihrer Kräfte angelangt. Ihr Gelübde am Tag ihrer Hochzeit „In guten wie in schlechten Zeiten" hatte sie von den guten nun zu den schlechten Tagen geführt! Es fühlte sich an, als ob Gott sie vergessen hätte.

Pavel und Dana knieten auf dem brütend heißen Dachboden nieder und baten Gott, ihnen zu zeigen, was sie tun sollten. Sie erinnerten ihn daran, dass er versprochen hatte, sie niemals zu verlassen und sie nicht im Stich zu lassen. Sie baten ihn um Mut, im Glauben nicht zu verzweifeln, während sie auf seine Antwort warten mussten. Als sie vom Gebet aufstanden, kamen sie überein, dass sie niemandem von ihrer Not erzählen würden. Warum sollten sie auch? Sie hatten ihre Sorgen gerade Gott übergeben.

Als sie kurz darauf die Kirche betraten, wurden sie von Titus, einem der Gemeindeältesten, herzlich begrüßt. Dann fragte er: „Pavel, kann ich kurz mit euch reden?"

Neugierig folgten sie Titus in eine ruhige Ecke im Kirchengebäude. Mit ernstem Blick sah der ältere Mann sie an und begann zu erzählen:

„Vor ein paar Tagen hatte ich einen Traum. In meinem Traum kamst du weinend zu mir. Als ich dich fragte, worüber du so traurig bist, sagtest du mir, dass ihr keine Unterkunft habt." Titus hielt kurz inne, um die Gesichter des jungen Paares vor ihm zu studieren, und fragte: „Ist das wahr? Habt ihr um eine Wohnung gebetet?"

„Ja, es stimmt. Wir haben kein Geld mehr und haben in den letzten Wochen in einer stickigen Dachkammer gehaust."

„Nun, jetzt weiß ich, warum Gott mir diesen Traum gegeben hat. Schaut mal, ich habe eine große Wohnung, die leersteht. Sie liegt in einem schönen Stadtteil. Meine Frau und ich haben dort gelebt, bis sie vor ein paar Jahren gestorben ist. Seitdem hat dort niemand mehr gewohnt. Sie ist komplett möbliert und liegt in der Nähe eines der größten Einkaufszentren der Stadt. Ich denke, ihr würdet euch dort sehr wohl fühlen, nachdem ihr es ein wenig aufgeräumt habt. Wenn ihr bereit seid, die Reinigung zu übernehmen und die Nebenkosten zu bezahlen, könnt ihr dort umsonst wohnen, solange du noch studierst. Na, wie hört sich das an?"

Als Antwort auf seine Frage liefen Dana Freudentränen über die Wange. Gemeinsam dankten sie ihm für sein wunderbares Angebot. Es war die Antwort auf ihre Gebete.

„Ich hoffe, ihr habt heute eine schöne Zeit während des Gottesdienstes", sagte Titus mit einem Augenzwinkern. Dann drehte er sich um und kehrte in den Saal zurück.

Pavel brauchte Dana nicht zu überreden, ihre Sachen auf dem Dachboden zusammenzupacken und umzuziehen. Obwohl einige ungebetene „Gäste" in die leere Wohnung eingezogen waren, hatten sie nun wieder ein richtiges Zuhause.

Nachdem sie eine Woche lang die Wohnung aufgeräumt und von Ungeziefer befreit hatten, war alles schließlich blitzblank und sauber. Sie freuten sich riesig, endlich einen Platz zum Leben zu haben, aber sie hatten immer noch nicht genügend zu essen. Sicherlich hatte Gott ihr anderes Bedürfnis nicht vergessen. Er hatte einem Gemeindemitglied einen Traum geschenkt, damit sie eine Wohnung bekommen konnten. Das ermutigte sie, ihm weiter zu vertrauen.

Doch als aus Tagen Wochen wurden, in denen sie nur wenig zu essen hatten, litten sie unter so großem Hunger, wie sie ihn noch nie erlebt hatten. Mit den wenigen Dosen, die Pavel verkaufte, konnten sie den kleinen Gabriel gerade noch vom Verhungern bewahren. Doch das Geld reichte nicht, um das Knurren ihre Mägen zu lindern. Pavel und Dana erlitten Schwindelanfälle, weil sie manche Tage nichts gegessen hatten. Sie verhungerten allmählich! Um sich ein wenig zu erholen, konnten sie sich nur hinlegen und hoffen, dass der Schwindel vorbeigehen würde. Es musste bald etwas geschehen!

Als Pavel eines Tages von der Universität nach Hause ging, begann er zu beten: „Bitte vergib mir, dass ich dein Geld für uns verwendet habe. Ich verspreche dir, nie wieder einen Lei des Zehnten für mich zu verwenden, selbst wenn ich sterben sollte, wenn du mir hilfst, dein Geld zurückzuzahlen. Von diesem Tag an werde ich dir auch in Fragen des Geldes treu sein."

Er betete weiter, während er den Rest der etwa dreizehn Kilometer von der Universität nach Hause ging. Er sehnte sich nach Frieden mit Gott genauso wie nach Essen.

Als Pavel in seiner Wohnung ankam, fand er einen Brief von Zuhause vor. Darin befanden sich 50 Lei. Was für eine Antwort auf sein Gebet – Geld für Lebensmittel! Er fühlte sich hungriger als je zuvor in seinem Leben. Doch dann erinnerte er sich an das Versprechen, das er Gott gerade gegeben hatte. Trotz seines extremen Hungers beschloss er, sein Versprechen zu halten. Er schuldete Gott 40 Lei – Geld, das er sich zuvor von ihm geliehen hatte. Dazu kamen 5 Lei als Zehnten von den 50 Lei, die er gerade erhalten hatte. Pavel nahm 45 Lei aus dem Umschlag und schickte sie an den Schatzmeister der Kirche, bevor er in Versuchung kam, eine spätere Rückzahlung in Erwägung zu ziehen.

Jetzt hatten sie nur noch 5 Lei übrig. Gemeinsam gingen Pavel und Dana zum Laden. Sie kauften ein wenig Brot und etwas Joghurt. Das waren die beiden billigsten Lebensmittel, die sie finden konnten, um nicht zu verhungern. Es war eine ziemlich kleine Tüte mit Lebensmitteln, aber beide waren froh, dass sie Gottes Geld zurückgezahlt hatten.

Ein paar Tage später, als er von der Universität nach Hause ging, beschloss Pavel, eine kleine Abkürzung durch einen der Stadtparks zu nehmen. Ohne auf seine Umgebung zu achten, betete und weinte er bei jedem müden Schritt auf seinem Heimweg.

Plötzlich rief jemand seinen Namen. Erschrocken drehte er sich um. Ein sehr alter Mann saß auf einer Parkbank.

„Pavel, wie geht es Ihnen?", fragte der Mann.

„Oh, mir geht es gut."

„Sie sehen aber nicht gut aus. Sie weinen. Sie kennen mich nicht, aber ich kenne Sie. Jede Woche sehe und höre ich, wie Sie im Chor singen. Ich bin ein pensionierter Anwalt, schon zweiundneunzig Jahre alt. Ich genieße jede Woche in der Gemeinde Ihren Gesang. Jetzt sagen Sie mir, wohin Sie gehen."

„Ich bin von der Universität auf dem Weg nach Hause."

„Das ist ein langer Weg, um ihn jeden Tag zu laufen! Sicherlich haben Sie kein Geld für den Bus, nicht wahr?"

„Das ist okay. Laufen macht mir nichts aus."

„Sie sehen aber nicht okay aus. Im Gegenteil, Sie sehen elend aus. Bitte, setzen Sie sich einen Moment zu mir. Ich möchte mit Ihnen reden. Ich habe mich entschlossen, jemandem mit meinem Geld zu unterstützen. Ich habe nur darauf gewartet, dass Gott mir jemanden zeigt, der es wirklich braucht. Ich glaube, das hat er gerade getan. Ich werde Folgendes für Sie tun: Ich werde Ihnen jeden Monat 500 Lei geben, bis Sie Ihr Studium abgeschlossen haben. Ich habe außerdem einen sehr teuren Geschäftsanzug und einen Mantel, die ich nicht mehr brauche. Ich möchte, dass Sie die Kleidung bekommen. Vielleicht brauchen Sie diese jetzt nicht, aber im Winter werden Sie die Kleidung nötig haben", sagte er mit einem Lächeln.

Als Pavel sich bei seinem gütigen Wohltäter bedanken wollte, sagte der ältere Herr sehr ernst: „Denken Sie immer daran, dass Sie, wenn Sie etwas Geld erhalten, es immer mit anderen Bedürftigen teilen sollten. Sehen Sie, das Geld gehört uns nicht wirklich, wir verwalten es nur für Gott."

Pavel fühlte sich, als würde er während des restlichen Heimweges auf Wolken schweben. Er wusste, dass seine Braut bestimmt auch der Meinung war, dass ab nun die „besseren Zeiten" für sie anbrechen würden.

DER NEFFE DES PREMIERMINISTERS

Der Tag der Graduierung war gekommen. Aufgrund seines fleißigen Studiums und des Segen Gottes durfte Pavel nun nach vorne gehen, um sein Abschlusszeugnis als Ehrenstudent zu erhalten. Gott hatte ihn wirklich bei jedem Schritt auf seinem Weg gesegnet. Er hatte nicht nur das Gesetz über den Unterricht am Samstag für ihn geändert, sondern ihm auch in allen Vorlesungen den gleichen scharfen Verstand gegeben, wie ihn die gläubigen Hebräer in Babylon bekommen hatten. Pavel hatte von allen Ingenieurstudenten die höchste Punktzahl erreicht. Ihm war klar, dass er niemals diese ehrenvolle Position erreicht hätte, wenn Gott sich nicht für ihn eingesetzt hätte.

Doch seine Karriere als Ingenieur war schon zu Ende, bevor sie begann. Da brauchte er sich keine Hoffnung zu machen. Obwohl er als Bester seines Studiengangs abschloss, betrachtete die Regierung seine religiöse Mitgliedschaft als Sicherheitsrisiko. Projekte, für die Ingenieure eingesetzt wurden, waren nämlich von strategischer Bedeutung.

Enttäuscht, aber nicht am Boden zerstört, beschloss Pavel, Maler zu werden. Noch bevor er viel Farbe unter die Fingernägel bekam, wurde ihm jedoch klar, dass er dafür nicht geschaffen war. Er musste andere Berufsmöglichkeiten durchdenken.

Weil er während seiner letzten beiden Jahre an der Universität als Teilzeitfotograf gearbeitet hatte, beschloss er, Fotograf zu werden und ein Fotolabor aufzumachen. Vielleicht lag ihm das mehr als das Anstreichen von Wänden. Die Filme von Hand zu entwickeln, war eine langweilige, mühsame Arbeit. Dabei musste der Film in die richtige Lösung für eine genau festgelegte Zeit getaucht werden, damit die Farben hell und klar hervortraten. Doch schon bald konnte er sich gegen die anderen Fotolabore behaupten. Nach nur wenigen Monaten verdiente er etwa das Dreifache wie ein Handwerker.

Das Geld konnten sie gut gebrauchen, aber Pavel war es leid, nur Hochzeiten und Partys fotografieren zu müssen. Der Umgang mit alkoholisierten Kunden machte ihm keinen Spaß. Während einer nächtlichen Party wollten die Leute von allem ein Foto haben. Aber am nächsten Morgen kam die Ernüchterung, denn die Bilder waren teuer. Nach der Entwicklung der Negative von einer Abendveranstaltung konnte Pavel davon nur eine Handvoll verkaufen. Viel Zeit und Material wurden deshalb verschwendet. Immer wieder vergeblich Filme entwickeln zu müssen, wurde Pavel schnell langweilig. Er musste einfach die Augen offenhalten und sich nach anderen Möglichkeiten umsehen, Geld zu verdienen.

Die Mitarbeiter in der Verwaltung der Kirche in Rumänien begannen sich mehr und mehr auf Pavels Führungsqualitäten zu verlassen. Seine umfangreiche musikalische Ausbildung machte ihn zum gefragten Mann für Gemeinden, die Chöre gründen wollten. Weil er Kinder und Jugendliche sowie deren Aktivitäten liebte, wurde er Jugendleiter. Diese Arbeit lag ihm am Herzen. Wenn ein Campingausflug in die Berge oder eine Reise ans Schwarze Meer geplant wurde, bat die Kirchenleitung Pavel, bei der Organisation zu helfen. Aufgrund der positiven Rückmeldungen, die die Kirchenleitung von den Jugendlichen erhielt, wurde er immer wieder gebeten, mitzuarbeiten.

Die nächste Anfrage kam aus Caransebeș, einer Stadt im Westen Rumäniens. Pavel sollte dort die musikalische Leitung übernehmen. Die Gemeinde hatte viele musikalische Talente und brauchte nur ein wenig Anleitung und Koordination. Mehrere Wochen lang reiste er am Freitagnachmittag in den Westen des Landes, um die Gemeinde am Wochenende musikalisch zu begleiten. Sonntagmorgens trat er dann die Heimreise an. Nachdem sie mehrere Wochen lang versucht hatten, an zwei Orten gleichzeitig zu sein, beschlossen Pavel und Dana, dass es vielleicht das Beste wäre, das Fotolabor nach Caransebeș zu verlegen.

Das Timing ihres Umzugs hätte nicht perfekter sein können. Kurz nachdem sie umgezogen waren, wechselte der örtliche Pastor in eine andere Gemeinde. Damit wurde Pavel Laienpastor, Jugendleiter und Evangelist, und er übernahm dazu den Aufbau der Chorarbeit. Alles lief gut. Die Gemeinde wuchs und das Fotolabor warf einen beträchtlichen Gewinn ab.

Es muss doch einen besseren Weg geben, meinen Lebensunterhalt zu verdienen, dachte Pavel eines Morgens, als er von einer Party nach Hause kam, auf der die Betrunkenen ihn besonders genervt hatten. Er bat Dana, mit ihm darum zu beten, dass Gott eine andere Tür öffnen möge, wenn es sein Wille sei, dass sie eine andere Arbeit beginnen sollten.

Als einige Freunde aus der Gemeinde von ihrer Frustration erfuhren, ermutigten sie die beiden, die Herstellung von Textilwaren in Betracht zu ziehen. Sie könnten im eigenen Haus ihren Lebensunterhalt verdienen und bräuchten keine nächtlichen Partys mehr zu fotografieren. Für Pavel klang das nach einer echten Verbesserung.

„Herr, wenn wir nach deinem Willen einen solchen Betrieb eröffnen sollen, dann zeig es uns bitte deutlich. Wenn wir deine Führung nicht klar erkennen können, werden wir nicht weiter darüber nachdenken", beteten Pavel und Dana.

Für einen Betrieb zur Herstellung von Textilwaren bräuchten sie als Erstes einen großen Vorrat an Stoffen, Garnen, Knöpfen und Reißverschlüssen. Um Material von einer der Textilfabriken in Bukarest kaufen zu können, war schon ein Wunder nötig. Die Wirtschaft lag am Boden. Es fehlte an allem. Die Regale in den Geschäften waren leer. Lange Schlangen von Menschen standen auf den Straßen und warteten auf eine Lieferung. In solchen Krisenzeiten war es normalerweise nur ein Wunschtraum, als neuer Kunde größere Posten an Materialien direkt von den Fabriken kaufen zu können.

Es war nicht die angenehmste Zeit des Jahres, um in Bukarest zu Fuß von Fabrik zu Fabrik zu laufen und nach Materialien zu fragen. Zu Beginn des Winters regnete und graupelte es oft wochenlang ohne Unterbrechung. Manchmal vermischten sich Schnee und Regen, sodass die Straßen voller Schneematsch waren. Der machte es noch unangenehmer für die Fußgänger, durch die Straßen zu gehen, und das galt für fast alle Einwohner. Es war einfach kein Geld für Busfahrten da, schon gar nicht für den Kauf eines Autos. Zu Fuß gehen war für die meisten Menschen die einzige Möglichkeit.

Als Pavel in Bukarest ankam, notierte er sich die Adressen aller vierzehn Textilfabriken. Er ging zur nächstgelegenen und betrat den Bürotrakt in der Hoffnung, den Einkauf von Textilien aushandeln zu können. Als er schließlich das Büro des Verkaufsleiters fand, versuchte er dort sein Glück. Als der Verkaufsleiter den Grund für seinen Besuch erfuhr, informierte er Pavel darüber, dass er in der falschen Abteilung sei. Hier könne er kein Großhandelskonto einrichten. Er müsse einen Termin mit dem Leiter des Materiallagers vereinbaren, doch der war für den Rest des Tages nicht da. Es blieb Pavel nichts anderes übrig, als bis zum nächsten Tag zu warten.

Am nächsten Morgen kam Pavel früh zur Textilfabrik. Er hoffte, den Leiter des Materiallagers sprechen zu können, ohne lange warten zu müssen. Als er die Tür zum Büro öffnete, teilte ihm dessen Sekretärin mit, dass ihr Chef noch eine Weile beschäftigt sei. Wenn Pavel ihn sprechen wolle, müsse er ein wenig warten, bis er frei sei. Pavels „kurze" Wartezeit dauerte den ganzen Vormittag und einen Teil des Nachmittags.

Nachdem er sich Pavels Anliegen ein paar Minuten lang angehört hatte, teilte ihm der Leiter des Materiallagers mit, dass er ins falsche Büro gekommen sei, um ein Konto einzurichten. Er müsse sich an den Betriebsleiter wenden. Pavel betete um Geduld und suchte das Büro des Betriebsleiters auf, nur um zu erfahren, dass der Mann an diesem Tag nicht da war. Der Betriebsleiter hätte am nächsten Morgen eine Besprechung, könnte ihn aber möglicherweise am Nachmittag empfangen.

Das war ziemlich entmutigend, aber Pavel blieb keine andere Wahl, als bis zum nächsten Tag zu warten.

Am nächsten Nachmittag führte die Sekretärin Pavel in das Büro des Betriebsleiters. Nachdem der Mann Pavels Anliegen angehört hatte, informierte er ihn über die Engpässe im ganzen Land. Die Fabrik könne deshalb nicht einmal ihre bestehenden Aufträge erfüllen. Es gäbe dafür einfach nicht genügend Rohstoffe.

„Es tut mir leid", sagte der Betriebsleiter, „Sie werden es in einer der anderen Fabriken versuchen müssen."

„Ich habe gerade drei Tage vergeudet, nur um zu erfahren, dass es keine Textilen gibt", murmelte Pavel vor sich hin, während er durch einen Graupelschauer zur nächsten Fabrik lief. Bukarest dehnte sich immer weiter aus. Es brauchte viel Platz, um all die Geschäfte, Fabriken und die 2,5 Millionen Einwohner unterzubringen. Weil die Textilfabriken in verschiedenen Stadtteilen lagen, war es mühselig, diese nacheinander aufzusuchen.

Müde, nass und unglücklich kam Pavel im Bürogebäude der nächsten Fabrik an. Der Prozess begann wieder von vorne. Er wurde von Büro zu Büro geschickt und musste dabei oft lange Wartezeiten in Kauf nehmen. Nach zwei Tagen stand er wieder auf der Straße und begann die drei Kilometer zur nächsten Fabrik zu laufen.

Nach drei endlos langen Wochen, in denen Pavel bei Regen und Schneeregen durch die Straßen von Bukarest gelaufen war, hatte er von dreizehn der vierzehn Fabriken eine Absage erhalten. Völlig entmutigt rief er Dana an, um ihr zu sagen, dass er nach Hause kommen wolle. Es sei sinnlos, noch mehr Zeit damit zu verschwenden, quer durch die ganze Stadt zu einer weiteren Fabrik zu laufen. Dort würde man ihn zweifellos genauso behandeln, wie es die anderen getan hatten. Dana ermutigte ihn, nicht aufzugeben, ohne es wenigstens in der letzten Fabrik versucht zu haben. Pavel stimmte ihr nur zögernd zu.

Mit schweren Füßen schlurfte Pavel über den matschigen Bürgersteig in Richtung der letzten Fabrik. Er war enttäuscht, dass sein Plan für ein neues Geschäft nur ein Wunschtraum gewesen war. Ohne genügend Textilmaterial hatte ein neuer Betrieb kaum eine Chance, durchstarten zu können.

Als er die letzte Fabrik erreichte, war seine Stimmung auf dem gleichen Tiefpunkt wie die Temperaturen des nasskalten Wetters. Pavel war unglücklich und versuchte nicht, sich einzureden, dass es ihm gut ginge. Er hatte auch keine Lust mehr, Zeit zu verschwenden, und ging direkt zum Büro der Betriebsleiterin. Als er deren Büro betrat, begann er sogleich mit den Worten, die er sich zurechtgelegt hatte, während er die letzten drei Kilometer durch den eisigen Regen gelaufen war.

„Ich bin gekommen, um Material für meinen neuen Betrieb zu kaufen, der Textilwaren herstellen soll. Aber ich bin mir sicher, dass Sie mir nichts verkaufen werden. Warum sollten Sie auch? Niemand sonst ist bereit, mir etwas zu verkaufen! Ich bin in den letzten drei Wochen stundenlang durch eisigen Regen und Schnee gelaufen, habe in Warteschlangen gestanden, um mit Leuten zu sprechen, von denen einige nicht einmal existieren – nur um zu erfahren, dass es kein Textilmaterial gibt. Ich bin heute nicht in der Stimmung für ein weiteres Hin und Her mit den Abteilungsleitern in Ihrer Fabrik. Also verschwenden Sie nicht meine Zeit. Sagen Sie mir einfach gleich, dass Sie mir kein Material verkaufen werden, und ich gehe auf demselben Weg wieder zur Tür hinaus, auf dem ich hereingekommen bin."

Die überraschte Betriebsleiterin konnte nicht umhin, das Komische der Situation zu sehen, wie der unglückliche junge Mann mit seinem missglückten Verkaufsgespräch so vor ihr stand. Ihr Lächeln verwandelte sich in Gelächter, als seine Rede zu Ende war.

„Wer sind Sie und woher kommen Sie?", fragte sie, immer noch mit einem Lächeln auf den Lippen.

„Das ist doch nicht wirklich wichtig, oder? Wir wissen beide, dass Sie mir kein Textilmaterial geben werden, also warum wollen Sie das wissen? Ich habe Ihnen doch schon erklärt, dass ich mein eigenes Unternehmen gründen will, aber Sie haben nicht zugehört. Niemand hört mir zu! Warum sollten Sie denn zuhören? Alle kümmern sich um niemanden außer um sich selbst! Also sollte ich nicht überrascht sein, dass Sie mir nicht zugehört haben, oder?"

„Bitte beruhigen Sie sich erst einmal und atmen Sie durch. Es interessiert mich wirklich, woher Sie kommen", sagte sie immer noch lächelnd und winkte ihm, sich zu setzen.

Er ignorierte ihre Aufforderung und antwortete: „Ich komme aus dem Süden."

„Ja, aber wo im Süden?"

„Ich komme aus Turnu Severin."

Die Augen der Dame weiteten sich voller Interesse. „Dort bin ich aufgewachsen. Ich bin vor siebenundzwanzig Jahren weggezogen und seitdem nicht mehr in die Stadt zurückgekommen. Erzählen Sie mir, wie es sich dort inzwischen verhält", erkundigte sie sich.

Pavel war sich sicher, dass er wieder einmal seine Zeit vergeudet hatte, und antwortete halbherzig: „Alles ist in Ordnung."

„Wie heißen Sie?", beharrte sie.

„Mein Name ist Goia."

„Nun, wie schön, Sie kennenzulernen. Ich heiße auch Goia! Wie heißt Ihr Vater?"

„Er heißt genauso wie ich – Pavel."

„Wie interessant! Wir sind also verwandt. Ihr Vater ist mein Cousin. Also, fangen wir noch mal von vorne an. Warum setzen Sie sich nicht und sagen mir, was Sie wollen und was Ihr Problem ist?", sagte sie lächelnd. Mit dem Gefühl, dass endlich jemand zuhörte, setzte sich Pavel entspannt auf den angebotenen Stuhl.

Pavel begann mit seinem Erlebnis in der ersten Fabrik und schilderte jede Enttäuschung der letzten drei Wochen. Als er endete, verstand die Frau genau, warum Pavel so niedergeschlagen war.

„Herr Goia, heute ist Ihr Glückstag. Mein Freund ist der Premierminister von Rumänien. Bleiben Sie einfach ein oder zwei Minuten sitzen. Ich denke, wir können Ihr Problem in kürzester Zeit lösen", sagte sie mit einem Anflug von Zuversicht.

Sie nahm den Telefonhörer in die Hand und wählte die Durchwahlnummer des Premierministers. Nachdem sie ein paar nette Begrüßungen mit ihm ausgetauscht hatte, änderte sich der Tonfall in ihrer Stimme. Wie es nur eine Frau vermag, die in einer Beziehung lebt, stellte sie ihm ein deutliches Ultimatum.

„Ich schicke meinen Neffen vorbei. Wenn du mich heute Abend sehen willst, solltest du dich gut um ihn kümmern. Wenn du dich gut um ihn kümmerst, werde ich dich zu einem glücklichen Mann machen.

Aber wenn du das nicht tun willst, werde ich nie wieder mit dir sprechen."

Sichtlich motiviert wies der Premierminister sie an, Pavel gleich mit ihrem Fahrer zum Regierungsgebäude zu schicken, wo er auf ihn warten würde. Nachdem er sich bei seiner Wohltäterin bedankt hatte, fuhr Pavel mit deren Chauffeur los.

Der Premierminister lud ihn ein, sich zu setzen und sein Problem zu erklären. Nachdem er sich Pavels Dilemma angehört hatte, sagte er: „Ich denke, wir können das ohne große Schwierigkeiten regeln."

Er griff zum Telefon und rief die Fabriken nacheinander an, um den Betriebsleitern mitzuteilen, dass er seinen Neffen mit einem Lastwagen der Regierung vorbeischicken würde, um das beste Textilmaterial auszuwählen.

„Wenn Sie Ihren Job behalten wollen, werden Sie ihm geben, was er will. Wenn Sie ihn nicht vollständig zufriedenstellen, werden Sie sich morgen einen anderen Job suchen. Habe ich mich klar ausgedrückt?", sagte er im unmissverständlichen Ton.

Es ist erstaunlich, was ein einziger Anruf bewirken kann, dachte Pavel und versuchte, nicht allzu begeistert auszusehen. Er bedankte sich freudig beim Premierminister. Dann fuhr er mit dem Fahrer der Regierung in einem Lkw los, um jeder Fabrik einen weiteren Besuch abzustatten. Es war überraschend, wie anders Pavel dieses Mal empfangen wurde. In jeder Fabrik warteten die Betriebsleiter auf ihn. Alle schienen bestrebt zu sein, ihn zum Lächeln zu bringen. Pavel wurde zu den Abteilungen im Lager geführt, wo die besten Textilien für den Export gelagert wurden. Pavel war freudig erregt, als er aus Materialien auswählte, die die meisten Rumänen noch nicht einmal gesehen hatten, geschweige denn kaufen konnten. Diese Textilien waren zu wertvoll, um sie in Rumänien zu behalten. Deshalb wurden sie als Exportware ins Ausland verkauft – und jetzt lud er einen ganzen Lkw damit voll. Aufgrund der großen Aufmerksamkeit, die man ihm in jeder der Fabriken schenkte, nahm Pavel an, dass es den Betriebsleitern eine Freude war, ihm zu helfen. Sie taten sicher alles, um dem „Neffen" des Premierministers zu gefallen.

Nachdem er im letzten Lagerhaus seine Auswahl getroffen hatte, war der große Lastwagen nun mit mehr als 52.000 Metern der edelsten Textilien beladen. Er fühlte sich durch Gottes Fürsorge mehr als beschenkt und dankte ihm wiederholt, während sie mit der kostbaren Fracht nach Caransebeş fuhren.

Was würde Dana denken, wenn sie einen Lkw der Regierung auf ihrem Hof vorfahren sah? Der Premierminister hatte sogar für die 750 Kilometer lange Lieferfahrt von Bukarest nach Caransebeş bezahlt.

Pavel war Dana mehr als nur dankbar, weil sie darauf bestanden hatte, er solle nicht nach Hause zurückkehren, ohne sich in der letzten Fabrik erkundigt zu haben. Er war froh, dass ihr Glaube stark geblieben war. Seiner war dagegen in den drei Wochen, in denen er bei Schnee und Regen ergebnislos durch die Stadt gelaufen war, ziemlich gedämpft worden.

Nachdem sie einige gebrauchte Nähmaschinen und weiteres Material kaufen konnten, waren die Goias wieder im Geschäft. Von Anfang an erlebten sie Gottes Segen. Das Geschäft wuchs schnell und ermöglichte es ihnen, Gemeindemitglieder einzustellen, die ihre Arbeit verloren hatten, weil sie den Sabbat als Ruhetag hielten. Pavel hatte nun zwei Vollzeitstellen. Er leitete einen florierenden Betrieb und arbeitete als Laienpastor. Er brauchte sich nur selten Gedanken darüber zu machen, was er in seiner Freizeit tun sollte.

Fast über Nacht begann das neue Textilgeschäft zu boomen. Der monatliche Gewinn lag nun bei über 500.000 Lei.

Das ist ein beträchtlicher Gewinn im Wirtschaftssystem eines jeden Landes, dachte Pavel bei sich, als er die Lei in Dollar umrechnete. *Der Gewinn des letzten Monats betrug 500.000 Lei … das sind mehr als 55.000 Dollar.* Gott segnete sie mehr, als sie es sich jemals hätten vorstellen können.

Gerade als sie dachten, dass es nicht mehr besser werden könnte, erhielten sie das lukrativste Angebot ihres Lebens. Eine große Firma in Deutschland hatte das Wachstum ihres Unternehmens und die Qualität ihrer Produkte beobachtet. Sie bot ihnen zwei Millionen Lei pro Monat für eine Fusion mit ihrer Firma an.

Gemeinsam betete die Familie Goia, dass Gott ihnen zeigen möge, wie sie auf diese Geschäftsmöglichkeit reagieren sollten. Am nächsten Morgen stand Pavel etwas früher als sonst auf, um Weisheit und Führung von Gott zu erbitten. Er konnte einfach keine solch wichtige Entscheidung treffen, ohne Gottes Frieden zu spüren. Nachdem er ernsthaft gebetet hatte, entschied Pavel sich, zu warten, bis er Gottes Führung sehen konnte.

Die Antwort auf ihre Gebete kam auf eine höchst unerwartete Weise. Am folgenden Abend rief der Sekretär der örtlichen Kirchenverwaltung an und lud ihn ein, Vollzeitpastor zu werden. Die Mitarbeiter dort wussten, dass es für Pavel ein unglaubliches Opfer bedeuten würde, statt 500.000 Lei nur 2600 Lei monatlich zu erhalten. Sie wussten nichts von dem Angebot von zwei Millionen Lei im Monat. Weil ihnen klar war, dass es eine schwierige Entscheidung sein würde, baten sie Pavel einfach, darüber zu beten.

Ernsthaft legten Pavel und Dana ihre Zukunft Gott vor. Als der Morgen anbrach, wussten beide, dass Gott sie zu einem Vollzeitdienst berufen hatte. Nachdem sie die Pastorenstelle angenommen hatten, riefen sie die Firma in Deutschland an, um den Grund für die Ablehnung ihres großzügigen Angebots zu erklären. Danach übergaben sie den Betrieb an Pavels Schwester, um ihre Zeit und ihre Talente ganz dem Dienst für Gott zu widmen.

Sie mussten noch ein weiteres Hindernis überwinden, wenn sie den Mitgliedern ihrer Gemeinde, die unter extremer Unterdrückung und Armut litten, erfolgreich dienen wollten. Ihre Mitglieder könnten niemals eine vertrauensvolle Beziehung zu ihnen aufbauen, wenn sie weiterhin in ihrem anspruchsvollen, mit den feinsten Möbeln ausgestatteten Haus leben würden. Sie müssten auch ihr Luxusauto verkaufen und einen der Kleinwagen fahren, für deren Besitz die meisten Menschen der Arbeiterklasse äußerst dankbar waren. Sie würden leben müssen wie jeder andere auch. Innerhalb weniger Wochen hatten sie fast alles, was sie besaßen, verschenkt. Ohne ihre Entscheidung zu bereuen und einen Blick auf das zurückzuwerfen, was die Welt zu bieten hatte, schritten sie voran, dankbar für das Privileg, Gott und Menschen dienen zu dürfen.

Kurz nachdem Pavel seine Arbeit als Pastor aufgenommen hatte, rief ihn ein Mitarbeiter der Kirchenverwaltung an. Er hatte eine besondere Bitte: Seine Kollegen suchten händeringend jemanden, der bereit war, das Risiko einzugehen, eine große Ladung Bibeln von Bukarest in die umliegenden Städte von Pavels Bezirk zu transportieren. Weil Pavel mit dem Schmuggeln von Bibeln aus seiner Jugendzeit schon vertraut war, stimmte er zu, diese Aufgabe zu übernehmen.

Mit seinem klapprigen Kleinwagen würde es ein aufregendes Abenteuer werden, die Bibeln zu transportieren. Der Dacia hatte im Bodenblech Löcher, durch die Wasser von der Straße eindringen konnte. Die Familie hatte deshalb schnell gelernt, die Füße anzuheben, wenn sie sich einer Pfütze näherten. Die andere Herausforderung war der Platz. Wie viele Bibeln konnte er überhaupt mit seinem kleinen Auto transportieren? Mit einem stillen Gebet machte Pavel sich auf den Weg nach Bukarest.

Dort angekommen, fuhr er zu dem Gebäude, in dem die Bibeln lagerten. Schnell belud er damit sein kleines Auto und wickelte die Bibeln in Decken ein. Die Stoßdämpfer des Wagens ächzten unter der Last der vierhundert Bibeln. Ungefedert würde die Rückfahrt ohne Frage ziemlich unangenehm werden. Ohne eine Pause einzulegen, machte Pavel sich sofort auf den Heimweg. Eine lange Nacht ohne Schlaf lag vor ihm, aber mit Gottes Hilfe würde er es schaffen.

Als er mit seiner Ladung Bibeln sicher zu Hause ankam, war Pavel erleichtert, dass er kein einziges Mal an einem der vielen Kontrollpunkte entlang der Autobahn angehalten worden war. Weil in Bukarest noch einige Hundert Bibeln auf ihre Auslieferung warteten, setzte er sich sofort wieder ans Steuer, um eine weitere Ladung zu holen. Als er schließlich am Lagerhaus ankam, war Pavel ziemlich erschöpft. Auch diesmal belud er den kleinen Dacia bis zum Doppelten des zulässigen Gewichts. Genauso wie bei der ersten Fahrt wickelte er die Schmuggelware sorgfältig in Decken. Würde man ihn damit anhalten, wäre er in echten Schwierigkeiten.

Seine Heimreise war diesmal viel anstrengender, nachdem er schon zwei Tage und eine Nacht gefahren war, ohne sich auszuruhen. Seine Augenlider wurden schwer und verlangten nach ein paar Stunden Schlaf. Trotzdem fuhr Pavel weiter, denn er wusste, dass der Schutz der Dunkelheit der beste Freund für seine illegale Fracht war. Einige Stunden weiter begann sein müder Körper abzuschalten. Mehrmals fiel er während der Fahrt in einen Sekundenschlaf. Verzweifelt kämpfte Pavel darum, wach zu bleiben.

Der Neffe des Premierministers

Einige Kilometer weiter riss er die Augen auf und starrte auf die Stoßstange eines am Straßenrand geparkten Lkw-Anhängers. Pavel war mit seinem Wagen auf den Seitenstreifen einer vierspurigen Autobahn gedriftet, auf der er mit mehr als 130 km/h unterwegs war. In einer Sekunde würde er direkt auf den Anhänger vor ihm prallen und in seinem Kleinwagen zerquetscht werden. Blitzschnell riss Pavel das Lenkrad nach links. Der Wagen schleuderte zurück auf die Fahrbahn.

Doch als er an der Rückseite des Anhängers vorbeischrammte, verfing sich sein hinterer Kotflügel in dessen Stoßstange. Der Dacia schleuderte über die Autobahn, drehte sich im Kreis, prallte gegen die betonierte Mittelleitplanke und schleuderte weiter. Blechteile flogen in alle Richtungen. Immer wieder prallte der Wagen gegen die Betonmauer und drehte sich, bis er schließlich zum Stehen kam. Die Autobahn hinter ihm war auf zweihundert Metern mit Blechteilen, Glas und verbogenem Metall übersät. Von seinem Auto war kaum noch etwas übrig, sodass man nicht erkennen konnte, um welches Modell es sich handelte.

Als Pavel aus dem Trümmerhaufen kletterte, war ihm sofort klar, dass er in echten Schwierigkeiten steckte. Die Polizei würde in kürzester Zeit am Unfallort sein. Er fürchtete sich davor, auf den Rücksitz zu schauen. Pavel war sich sicher, dass die Bibeln den mehrfachen Aufprall auf die Betonwand nicht überstanden hatten. Seine kostbare Fracht war zweifellos über die ganze Fahrbahn verstreut worden. Doch zu seinem Erstaunen waren die Decken immer noch ordentlich um die Bibeln gewickelt. Kein einziges dieser kostbaren Bücher war auf die Fahrbahn geschleudert worden. Pavel atmete erleichtert auf und bat Gott, ihn weiter zu beschützen.

Als die Polizei eintraf, schätzten sie die Situation schnell ein. Die Beamten nahmen an, dass der Unfall für den Fahrer des total zertrümmerten Wagens tödlich ausgegangen war. Ungläubig schauten sie deshalb erst auf Pavel, dann auf das Autowrack. Dadurch abgelenkt, vergaßen sie die routinemäßige Untersuchung des Wagens auf seinen Inhalt. Sie forderten nur einen Abschleppdienst an, der das Wrack vom Unfallort zu Pavels Haus bringen sollte. Eifrig halfen die Polizisten dem Pannendienst beim Verladen und Festzurren des Autos auf dem Transporter.

Pavel, der vom Führerhaus des Abschleppwagens aus zusah, dachte bei sich: *Die Polizisten helfen mir, mein Auto auf den Anhänger zu laden, ohne zu wissen, dass sie dabei mithelfen, eine Ladung Bibeln sicher zu transportieren!*

Als sie schließlich auf der Autobahn in Richtung Heimat fuhren, atmete er erleichtert auf. Er war auf dem Weg nach Hause – natürlich nicht so, wie er es geplant hatte, aber dennoch unterwegs nach Hause.

Einige Stunden später als geplant trat Pavel durch die Haustür. Seine Frau, die schon auf ihn gewartet hatte, kam ihm entgegen. Ohne eine Erklärung abzuwarten, sagte Dana: „Du hattest einen Unfall, stimmt's?"

„Woher weißt du das?"

„Ich konnte nicht schlafen und hatte den starken Eindruck, für dich beten zu müssen. Ich wusste, dass du übermüdet und irgendwie in einen Unfall verwickelt worden warst."

„Ja, so ist es, Dana. Wir haben unser Auto verloren. Es ist ein Totalschaden. Wie soll ich jetzt ohne Auto meine Besuche machen und meiner Aufgabe als Pastor nachkommen?"

„Schau dir doch diesen völlig zertrümmerten Wagen an, Pavel! Du solltest dankbar sein, dass du nicht zerquetscht worden bist", erinnerte Dana ihn. „Und hast du vergessen, was passiert wäre, wenn die Polizei die Bibeln entdeckt hätte? Das Wichtigste ist doch, dass du und die Bibeln sicher hierhergekommen sind!"

Dana hatte Recht. Er hatte das Wunder vergessen, das Gott gerade für ihn getan hatte. Nachdem sie die Bibeln aus dem Autowrack geholt hatten, fiel Pavel ins Bett und schlief sofort erschöpft ein.

Während der nächsten Tage erinnerte Pavel Gott im Gebet daran, dass er sein Auto geopfert hatte, während er für ihn im Einsatz war. Wie sollte er seine Arbeit ohne Auto fortsetzen? Sie hatten keine Ersparnisse, um einen neuen Wagen zu kaufen. Deshalb musste er nun zu Gemeindeveranstaltungen und Hausbesuchen zu Fuß gehen.

Ein paar Tage später erhielt er einen Anruf von einer Frau in Deutschland. Sie drängte Pavel, sie in Deutschland zu besuchen. Nachdem er sich ihre ungewöhnliche Bitte angehört hatte, versicherte er ihr, dass es sehr unwahrscheinlich sei, dass er ausreisen dürfe. Weil er noch nie das Land verlassen hatte, besaß er weder einen Reisepass noch ein Visum, um nach Deutschland reisen zu können. In den meisten Fällen war es unmöglich, diese notwendigen Dokumente zu erhalten. Das andere Problem waren seine vier Kirchengemeinden. Er konnte nicht einfach in den Zug steigen und in Deutschland Urlaub machen, auch wenn sie seine Hilfe dringend brauchte. Die Frau verstand die Hindernisse, die ihm im Weg standen, bat ihn aber, darüber zu beten.

Pavel war der Überzeugung, wenn Gott wollte, dass er nach Deutschland fahren solle, dann müsste er den Weg dafür ebnen. Wenn Gott es nicht tat, würde Pavel sich darüber keine weiteren Gedanken machen. Er trug seine Bitte den Leitern der Kirchenverwaltung vor. Sie beschlossen, ihm das Geld für das Zugticket vorzustrecken und ihm zwei Wochen Urlaub zu geben – unter der Bedingung, dass er rechtzeitig für die in seiner Gemeinde geplante Evangelisationsreihe zurück sei.

Wenn Gott ihm den Weg nach Deutschland ebnen wollte, dann wäre ein Pass die erste große Hürde. Pässe wurden nur am Geburtsort ausgestellt. Um seinen Pass zu beantragen, musste Pavel also mehrere Hundert Kilometer nach Turnu Severin fahren.

Als Pavel dort im Polizeipräsidium ankam, lachte der Beamte über sein kühnes Ansinnen. Dann erklärte er, dass es allein schon mindestens sechs Monate dauern würde, um einen Antrag zu stellen. Pavel verstand das System nur allzu gut. Er hatte von Leuten gehört, die mehr als zwei Jahre ohne Erfolg auf einen Reisepass gewartet hatten.

„Ich weiß das alles, aber ich brauche trotzdem einen Pass", sagte Pavel und sah den Beamten ernst an. „Ich habe vierzehn Tage Urlaub. Der hat gestern schon begonnen. Deshalb brauche ich ihn jetzt und sofort. In sechs Monaten wird er mir nichts mehr nützen. Wenn Sie ihn mir jetzt nicht geben, können Sie den Pass genauso gut vergessen. Ich werde ihn dann nicht brauchen."

„Woher weiß ich denn, dass Sie zurückkommen werden?"

„Das wissen Sie nicht. Das Einzige, worauf Sie sich verlassen können, ist mein Wort, und ich habe gerade gesagt, dass ich zurückkommen werde."

„Was sind Sie von Beruf?", erkundigte sich der Beamte.

„Ich bin Pastor."

Mehrere Minuten lang starrte der Beamte den jungen Pastor an, der sich offensichtlich nicht so leicht abweisen ließ. Nachdem er einige Zeit schweigend über die Situation nachgedacht hatte, fragte der Beamte:

„Wenn ich Ihnen keinen Pass gebe, was werden Sie dann tun?"

„Nichts. Ich werde einfach nach Hause gehen und weiterarbeiten."

„Sie würden mir keine kleine Zuwendung geben, damit ich überzeugt werde, Ihnen den Pass auszustellen?"

„Nein. Wenn Gott will, dass ich nach Deutschland reise, werde ich das tun. Wenn er es nicht will, mache ich mir keine weiteren Gedanken darüber."

Mit einem Lächeln sagte der Beamte: „Sie sind ein verrückter Pastor."

„Geben Sie mir nun einen Reisepass oder nicht? Ich fahre entweder nach Bukarest, um ein Visum zu bekommen, oder ich kehre nach Caransebeș zurück, um mich um meine Kirchengemeinden zu kümmern. Wie werden Sie entscheiden?"

Das Lächeln verließ das Gesicht des Offiziers, während er zur Bürotür ging, um sie zu schließen. Leise flüsterte er selbst eine Bitte: „Meine Frau ist Christin. Seit vielen Jahren möchte ich ihr eine Bibel schenken. Haben Sie eine?"

Pavel öffnete seine Aktentasche und nahm seine eigene Bibel heraus. „Sie können ihr meine geben", sagte er und schob ihm die Bibel hinüber.

„Gehen Sie und lassen Sie von sich ein Passfoto machen. Kommen Sie in etwa einer Stunde wieder", sagte der Beamte und nahm Pavels Formulare an sich. Als Pavel vierzig Minuten später zurückkehrte, wartete schon der fertige Pass auf ihn. Es musste nur noch das Passbild eingeklebt und abgestempelt werden. Das war wirklich erstaunlich – in weniger als einer Stunde hatte Gott dafür gesorgt, dass er nun den Pass in seinen Händen halten konnte. Normalerweise dauerte die Ausstellung eines Passes Monate oder sogar Jahre! Seine nächste Station war nun Bukarest, um ein Visum zu erhalten.

In Bukarest musste er in einer langen Menschenschlange vor der deutschen Botschaft warten. Schließlich teilte ihm die Dame an der Registrierung mit, dass er in zehn Tagen wiederkommen müsse.

„Ich habe keine zehn Tage Zeit", erwiderte Pavel. „Ich habe vierzehn Tage Urlaub, der vor zwei Tagen begonnen hat, das heißt, ich habe nur noch zwölf Tage übrig. Wenn ich jetzt kein Visum bekomme, kann ich damit nichts mehr anfangen."

„Es tut mir leid, aber wir machen keine Ausnahmen. Die Regeln sind für alle gleich. Wenn Sie sich anmelden wollen, müssen Sie Ihren Namen hier in die Liste eintragen und warten, bis Sie dran sind.“

Verärgert ging Pavel zur Seite, trug seinen Namen in die lange Liste ein und gab diese der Frau zurück. Als er sich zum Gehen wandte, hörte er, wie sie ihn zurückrief: „Warten Sie einen Moment. Ich sehe, Ihr Name ist Goia?“

„Ja.“

„Jemand aus Deutschland hat Sie vorregistriert, inklusive aller Gebühren und Kautionen. Wenn Sie morgen früh wiederkommen, habe ich Ihr Visum schon ausgestellt.“

Am nächsten Morgen verließ Pavel mit seinem Visum fröhlich die Deutsche Botschaft. Ihm war klar, dass Gott dies alles eingefädelt hatte. Es war normalerweise unmöglich, einen Pass und ein Visum in nur zwei Tagen zu bekommen. Pavel wollte nur dann auf diese Reise gehen, wenn Gott ihm den Weg dafür ebnen würde, und das hatte er bis jetzt getan.

Als er kurz darauf in einer Menschenschlange auf sein Transitvisum durch Österreich wartete, betete er: „Herr, du willst doch sicher nicht, dass ich mich bei der Kirchenverwaltung wegen all dieser Reisekosten verschulde. Bitte hilf mir, einen Weg zu finden, wie ich nach Deutschland kommen kann, ohne dass ich mein ganzes geliehenes Geld ausgeben muss. Du hast mir bisher alle Türen geöffnet, und ich bin mir sicher, dass du auch einen Weg für mich hast, nach Deutschland zu kommen, ohne all mein Geld für die Bahnfahrt ausgeben zu müssen.“

Kaum hatte er sein Gebet beendet, verkündete ein älterer Herr den Wartenden: „Wenn jemand mit einem Führerschein nach Deutschland will, kann er mich in meinem Auto fahren. Ich werde dann alle Kosten für ihn übernehmen.“

Sofort ging Pavel auf den Mann zu und bot ihm an, ihn zu fahren. Der war darüber sehr erfreut, weil dies für beide zum Vorteil war. Er wolle gleich am Samstagmorgen losfahren.

„Ich fürchte, das wird ein Problem werden. Sehen Sie, Samstag ist der Tag, an dem ich Gott anbete, und ich möchte diesen Tag nicht mit Autofahren verbringen. Es schien wirklich für uns beide eine gute Sache zu sein. Schade, dass es nicht geklappt hat", sagte Pavel ein wenig enttäuscht. Dann kehrte er zu seinem Platz in der Warteschlange zurück.

Nur ein paar Minuten später kam der ältere Herr auf Pavel zu und bot ihm an, seinen Terminplan umzustellen.

„Wissen Sie", sagte er, „ich traue keinem von diesen Leuten. Sie könnten mich an einem einsamen Ort in den Wäldern aussetzen und mit meinem Auto und meinem Geld abhauen. Aber wenn Ihre Glaubensüberzeugung so stark ist, dass Sie Ihren Ruhetag nicht entheiligen wollen, kann ich Ihnen sicherlich vertrauen. Wir werden gleich am Sonntagmorgen aufbrechen."

Pavel fuhr den älteren Herrn zu seinem Ziel in Deutschland, teilte der Frau telefonisch seine Ankunftszeit mit und stieg dann in den Zug nach Frankfurt. Als er schließlich den Zug verließ, wartete die freundliche Frau schon auf ihn am Bahnsteig. Sie nahm ihn mit zu sich nach Hause und lud ihn ein, zu duschen und sich eine Weile auszuruhen. Wenn er sich erholt habe, würde sie ihn auf eine drei- oder viertägige Tour durch Deutschland mitnehmen. Wenn sie zurückkämen, würde sie ihm den Grund mitteilen, warum sie ihn eingeladen habe.

Ohne sich zu setzen, antwortete Pavel: „Ich fürchte, ich habe keine Zeit für irgendwelche Touren. Bitte, teile mir den Grund für meine Reise mit. Wenn ich dir in irgendeiner Weise helfen kann, werde ich das gerne tun. Wenn nicht, werde ich einfach wieder in den Zug nach Rumänien steigen, um mich auf unsere Evangelisation vorzubereiten."

„Du bist den ganzen Weg nach Deutschland gekommen. Ich wollte nur, dass du es ein paar Tage genießt, bevor du wieder abreist", sagte sie und lächelte über sein Engagement.

„Tut mir leid – ich habe im Moment einfach keine Zeit."

„Nun, dann kann ich dir auch den Grund meines Anrufs nennen. Gott hat uns dieses Jahr sehr gesegnet. Mein Mann und ich haben jeweils zwei Autos. Vor kurzem habe ich ein weiteres gekauft. Wir brauchen sie aber nicht alle. Als ich erfuhr, dass du deinen Wagen beim Transport der Bibeln, die wir nach Rumänien verschickt haben, zu Schrott gefahren hast, habe ich beschlossen, dir mein drittes Auto zu geben. Ich möchte also deinen Wagen ersetzen und dir auch ein paar Geschenke für deine Familie mitgeben."

Die Frau und ihr Mann nahmen Pavel zu Kfz-Zulassungsstelle mit, legten dort eine Versicherungsbestätigung vor und ließen seinen Namen in die Fahrzeugpapiere eintragen. Dann besorgten sie bei der Prägestelle das fertige Ausfuhrkennzeichen und ließen es bei der Behörde mit einem Zulassungsstempel bedrucken. Anschließend suchten sie das Büro der Versicherung auf und schlossen eine Kfz-Haftpflichtversicherung ab, die es Pavel ermöglichte, mit dem Auto nach Rumänien zurückzufahren. Innerhalb von ein paar Stunden war der Papierkram erledigt. Mit dem Ford Taunus besaß Pavel nun einen Wagen, der in Deutschland hergestellt worden war. Im Vergleich zu seinem rumänischen Kleinwagen mit den Löchern im Bodenblech war das Auto ein Luxuswagen. Mit weniger als 32.000 Kilometern auf dem Tacho war sein „neues" Auto wirklich so gut wie neu.

Nachdem er nur wenige Stunden mit seinen freundlichen Wohltätern verbracht hatte, machte Pavel sich wieder auf den langen Weg nach Hause. Kaum war er auf der Autobahn, hörte er eine innere Stimme, die ihn aufforderte, schneller zu fahren. Nachdem er den Wagen ein wenig beschleunigt hatte, forderte die Stimme ihn immer wieder auf, mehr Gas zu geben, bis er das Gefühl hatte, zu fliegen. Noch nie in seinem ganzen Leben war Pavel so schnell gefahren. Er war dankbar, dass er in diesem neuen Wagen saß, mit dem er problemlos 180 km/h fahren konnte. Jedes Mal, wenn er ein wenig langsamer wurde, drängte ihn die Stimme, schneller zu fahren. Er fühlte sich, als würde er durch Deutschland, Österreich und Ungarn fliegen.

Als er schließlich die rumänische Grenze erreichte, wartete dort eine Schlange von Autos auf die Einreise. Eine solch lange Autokolonne hatte Pavel noch nie gesehen.

Warum müssen alle diese Autos hier warten?, fragte er sich. Als er sich bei einem der wartenden Autofahrer erkundigte, erfuhr er, dass Rumänien an diesem Tag ein Gesetz verabschiedet hatte, dass Autos, die älter als acht Jahre waren, nach Mitternacht nicht mehr ins Land gelassen wurden. Es war inzwischen 21 Uhr. In nur drei Stunden würde es ihm unmöglich sein, sein Auto über die Grenze zu bringen. Es war nämlich acht Jahre und drei Monate alt.

Die Stimme, die ihn immer wieder ermahnt hatte, schneller zu fahren, sprach wieder zu ihm: *Das ist der Grund, warum du so schnell fahren solltest!*

Als er die Zeit berechnete, die jedes Auto brauchte, um die Grenze zu passieren, wusste Pavel, dass er keine Minute zu früh gekommen war. Um sieben Minuten vor Mitternacht hielt er in der mittleren Fahrspur an der Landesgrenze an. Als sein Papierkram erledigt war, fuhr er langsam weiter und beobachtete die Autos hinter ihm, die darauf warteten, ins Land gelassen zu werden. Nur zwei weitere Autos, die in den beiden Fahrspuren rechts und links von ihm gewartet hatten, durften passieren. Dann schlossen die Beamten das Tor. Die nachfolgenden Autofahrer weinten und flehten vergeblich, nach Rumänien einreisen zu dürfen. Gesetz war Gesetz. Es war eine pechschwarze Nacht für Hunderte von verzweifelten Autofahrern, die nicht mehr die Grenze überqueren konnten. Für sie als rumänische Staatsbürger waren ihre Autos nun wertlos.

Pavel spürte jetzt nicht mehr den Drang, mit halsbrecherischer Geschwindigkeit fahren zu müssen. Während der restlichen Heimfahrt dachte er noch einmal darüber nach, wie Gott dafür gesorgt hatte, dass er mit diesem Auto nach Hause fahren konnte, statt den Zug nehmen zu müssen. Spontan begann er laut ein Loblied zu singen.

„Danke, Vater", flüsterte er wieder und wieder. Gott hatte also sein Versprechen nicht vergessen, für ihn zu sorgen.

Obwohl es erst 4 Uhr morgens war, konnte Pavel nicht widerstehen, Dana zu überraschen und aus dem Bett zu holen. Er klopfte an die Tür und bat sie, ihm zu helfen, seine Sachen ins Haus zu tragen. Sie rieb sich die müden Augen und fragte: „Hast du deine Sachen draußen auf der Straße gelassen?"

„Nein, sie sind alle im Wagen", antwortete Pavel.

Mit wachsender Neugier fragte Dana: „Hast du dir von jemandem ein Auto geliehen?"

„Nein, es ist unser Auto. Es ist ein Geschenk. Es soll den Wagen ersetzen, den wir verloren haben."

Als sie den Ford Taunus vor dem Haus sah, sagte Dana mit Freudentränen im Gesicht: „Ist es nicht großartig, wie Gott unseren Verlust ersetzt hat?!"

MENE MENE

Am nächsten Morgen konnte sich Pavel ein Lächeln nicht verkneifen, als er aus dem Haus ging, um sein neues Auto mit Material für die Evangelisation zu beladen. Der geräumige Ford Taunus, den die freundliche Frau aus Deutschland ihnen geschenkt hatte, hätte zu keinem besseren Zeitpunkt kommen können. Als sich die Morgensonne auf dem glänzenden Lack des Autos spiegelte, schien es, als wäre es Licht vom Himmel.

Die Freude über die hell strahlende Sonne wurde schon bald nach der Evangelisation von einem Schatten verdunkelt, der über seinen Kirchengemeinden hing. Jahrelang war das Wachstum der Gemeinden gehemmt worden, und wenn sich nicht bald etwas änderte, würden sie niemals wachsen und mit Gottes Segen vorankommen. Der Hauptgrund dafür waren die Gemeindemitglieder selbst. Pavel war darüber nicht glücklich, aber seine Gemeindeglieder waren eben auch nur Menschen. Obwohl viele von ihnen schon seit Jahren Glieder der Kirchengemeinde waren, beherrschten sie immer noch Stolz und Eifersucht. Der Wunsch, die höchste Position in der Gemeinde innezuhaben, war eben nicht nur ein Problem der Jünger Jesu gewesen. Auch die Mitglieder in Pavels Kirchengemeinden taten alles dafür, um höchste Positionen besetzen zu können.

Jeder Leiter einer Abteilung in der Gemeinde war davon überzeugt, dass er vor Gott besser dastünde als die anderen. Folglich meinte jeder, er wäre logischerweise die beste Wahl für das Amt des Gemeindeleiters. Wenn jemand schließlich gewählt wurde, versuchten die anderen hinter seinem Rücken, seine Führung schlechtzureden. Und so verhielt es sich auch mit jedem der Gemeindeämter. Die überhebliche Gesinnung der Leiter prägte auch die restlichen Mitglieder und führte zu einer aggressiven Stimmung.

Oft diskutierten die Mitglieder in stundenlangen Sitzungen über die Gottesdienstordnung. So war ein Gemeindeglied davon überzeugt, es wäre angemessener, erst die Gaben einzusammeln und dann zu beten. Derjenige aber, der das Gebet sprechen sollte, meinte dagegen, es müsse zuerst gebetet werden. Dabei war er über die geistliche Unreife des anderen entrüstet, weil dieser nicht einsah, dass sein Gebet am wichtigsten war. Nachdem sie die geistliche Gesinnung der anderen Gemeindemitglieder untersucht hatten, waren viele davon überzeugt, dass allein sie geheiligt seien. Doch abgesehen von den Menschen war Pavels Aufgabe als Pastor eigentlich nicht so schwer.

Pavel war davon überzeugt, dass Gott niemals suchende Menschen in seine unbekehrte Gemeinde bringen würde. Weil er das Ausmaß des Problems erkannte, war es Pavel klar, dass es menschlich unmöglich sein würde, in der Gemeinde Einheit und Harmonie zu schaffen. Er wusste jedoch, was die Veränderung bewirken konnte. Sie mussten sich regelmäßig zu Zeiten des Gebets treffen.

Tatsächlich konnte Pavel die Gemeindeglieder ermutigen, sich in ihren Wohnungen zu Gebetsstunden zu treffen. Während sie gemeinsam im Gebet knieten, begannen sie, den wahren Zustand ihrer Herzen zu erkennen. Als ihre geistlichen Augen geöffnet wurden, erkannten sie, dass ihre vermeintliche „Rechtschaffenheit" in Wirklichkeit nur aus

„schmutzigen Lumpen" bestand. Die Veränderung ihrer Einstellung, die sie in ihren Kleingruppen erlebten, bewegte sie, auch als Gemeinde zusammenzukommen, um gemeinsam zu beten. Einmütig baten sie um die heilende Kraft des Heiligen Geistes. Er solle zum Segen der ganzen Gemeinde in ihrem persönlichen Leben herrschen. Voller Freude erlebten die Mitglieder, wie Liebe und Einheit in der Gemeinde wuchsen, während sie zu den Gebetsstunden zusammenkamen.

So vereint machten sich die Kirchengemeinden nun auf, das Evangelium von Jesus Christus weiterzugeben. Innerhalb von zwei Jahren hatte sich ihre Gliederzahl verdoppelt. Mit vereinten Kräften gründeten sie in ihrem Gebiet eine neue Gemeinde. Von dieser Erfahrung ermutigt, gingen sie in die Nachbargemeinden und gründeten zwei weitere Gemeinden. Das gemeinsame Gebet hatte tatsächlich eine positive Veränderung bewirkt.

Viele der Jugendlichen und jungen Erwachsenen waren mit der Religion ihrer Eltern unzufrieden geworden. Die Art von Christentum, die sie kennengelernt hatten, sprach sie nicht an. Anstatt so zu tun, als ob alles in Ordnung wäre, besuchten sie einfach nicht mehr die Gottesdienste der Gemeinde.

Pavel machte es sich zu einer seiner Hauptaufgaben, diese Jugendlichen aufzusuchen und sie zu Campingausflügen und anderen interessanten Unternehmungen einzuladen. Tatsächlich folgten manche zögernd dieser Einladung. Als Pavel seine eigenen Erlebnisse mit Gott am Lagerfeuer erzählte und die Jugendlichen in kleine Gruppen für Gebet und Gespräche einteilte, erlebten viele von ihnen zum ersten Mal Gottes Gegenwart.

Es war nicht ungewöhnlich, wenn das Telefon in den Tagen nach einem Campingausflug ständig klingelte. Die Eltern wollten wissen, was Pavel mit ihren Teenagern gemacht hatte. „Sie verhalten sich so ganz anders. Jetzt beten sie und lesen in der Bibel."

Pavel antwortete oft: „Ich habe nichts gemacht – Gott hat es getan."

Am Sabbat nach einem Zeltlager kamen gewöhnlich junge Leute wieder in die Gemeinde und nahmen begeistert am Gottesdienst teil. Jedes Mal, wenn das geschah, war es wie ein Fest. Ihre jugendliche Energie beflügelte die Gemeinde auf eine Weise, wie es kein Gemeindewachstum-Programm vermochte. Jung und Alt waren begeistert, wie gut es der Gemeinde nun ging.

Der Regierung jedoch ging es nicht besser. Wenn sie sich überhaupt verändert hatte, dann nur zum Schlechten. Weil die Wirtschaft wirklich marode war, mussten viele der Gemeindemitglieder Hunger leiden. Es war einfach nicht genug für alle da. Jeder Tag war für sie ein neuer Test für ihren Glauben und das Vertrauen in Gott.

Zu den Engpässen gehörte auch der Kraftstoff für ihre Autos. Lange Schlangen vor den Tankstellen gehörten deshalb zum Alltag. Wer mit seinem Wagen fahren wollte, musste so lange anstehen, bis er an der Reihe war. Es gab keine andere Möglichkeit. Manchmal musste man sogar ein oder zwei Tage in der Schlange warten und im Auto schlafen. Wenn man endlich an der Zapfsäule stand, konnte man für den ganzen Monat nur 38 Liter Treibstoff kaufen. Benzin war so kostbar, dass die Fahrer ihre Autos in der Warteschlange nur weiterschoben, anstatt dafür Kraftstoff zu verschwenden.

Weil Pavel am nächsten Tag eine Verabredung hatte, musste er zur Tankstelle außerhalb von Oțelu Roșu fahren. Er hoffte, dass er nicht länger als einen Tag in der Warteschlange stehen musste. Kurz nachdem er das Ortsschild passiert hatte, musste er hinter einer langen Kolonne von langsam fahrenden Autos abbremsen. Ein mit Brennholz beladener Pferdewagen gab das Tempo vor. Die kurvenreiche, zweispurige Landstraße hatte nur wenige Stellen, an denen man überholen konnte. Die Autoschlange hinter dem Pferdekarren wurde immer länger.

Doch nach einer Kurve öffnete sich ein gerades Stück Straße, das die genervten Fahrer nutzten, um das langsam fahrende Gespann zu überholen. Als Pavel den Pferdekarren erreichte, warf er einen Blick an dem Gespann vorbei auf den Gegenverkehr. Zwei Pkw und dahinter ein großer, mit Baumaterialien beladener Lkw näherten sich. Sie waren jedoch noch weit genug entfernt, um sicher überholen zu können. Pavel nutzte diese Lücke, überholte den Pferdewagen und beschleunigte den Wagen wieder auf Normalgeschwindigkeit. Er gab immer noch Gas, als der Gegenverkehr ohne Zwischenfall an ihm vorbeirauschte.

Doch hinter dem großen Lastwagen rannte plötzlich ein Jugendlicher, der offenbar am Straßenrand gewartet hatte, über die Straße –

direkt vor Pavels Wagen. Mit aller Kraft trat Pavel das Bremspedal ins Bodenblech. Doch entsetzt musste er zusehen, wie sein linker Kotflügel den Jugendlichen an Hüfte und Bein traf und nach vorne in die Luft schleuderte. Mit dem Fuß weiter auf der Bremse riss Pavel verzweifelt das Lenkrad nach links, um einen zweiten Aufprall des jungen Mannes auf seiner Motorhaube zu vermeiden. Mit quietschenden Reifen schleuderte der Wagen in die Mitte der Straße. Sekunden dehnten sich zur Ewigkeit. Geschockt sah Pavel, wie der schlaffe Körper des Jugendlichen vor der Beifahrerseite seines Autos herunterkam. Es war unmöglich, ihm auszuweichen. Mit einem lauten Knall prallte die rechte Seite seines Wagens gegen Kopf und Schulter des Jugendlichen und schleuderte ihn ein zweites Mal durch die Luft. Fassungslos musste Pavel zusehen, wie der junge Mann sich am Straßenrand mehrfach überschlug und schließlich bewegungslos liegen blieb. Es war wie in einem Albtraum!

Sofort sprang Pavel aus seinem Wagen und rannte zu dem reglosen Körper am Straßenrand. Er befürchtete das Schlimmste, als er sich über die zerschmetterte Gestalt beugte, aus deren Ohren, Nase, Augen und Mund Blut lief. Der Jugendliche war bewusstlos, aber zumindest atmete er noch. Vielleicht – nur vielleicht – gab es eine Chance, dass er überlebte. Pavel fühlte, wie ihm das Blut in den Adern gefror, während er hilflos auf den sterbenden Jugendlichen schaute.

Der Teenager war als Mene Mene bekannt – ein Spitzname, den man ihm gegeben hatte, weil er schwer stotterte. Weil er körperlich behindert und geistig zurückgeblieben war, kannte ihn jeder in der Gegend. Den ganzen Tag humpelte er mit schlackernden Beinen ziellos in der Stadt herum. Auch seine Arme konnte er nicht kontrollieren, sodass sie wahllos hin und her schlenkerten. Mene Mene hatte nie mit anderen Kindern spielen können, und jetzt, obwohl er neunzehn Jahre alt war, war es für ihn unmöglich, zu arbeiten. Unfähig, irgendetwas anderes zu tun, ging er betteln und hoffte auf genug Geld, um sich Essen kaufen zu können. Es war nicht das erste Mal, dass er einfach über die Straße lief, ohne nach rechts und links zu blicken. Bei seinen bisherigen Unfällen war er stets mit leichten Verletzungen davongekommen, aber dieses Mal hatte es ihn schwer getroffen und seinen Körper böse zugerichtet.

Ein Autofahrer, der den Unfall beobachte hatte, hielt an, um zu sehen, ob er helfen könnte. Ein kurzer Blick sagte alles. Die einzige Überlebenschance des Jugendlichen war, dass er sofort ins Krankenhaus gebracht wurde. Mit der Hilfe weiterer Autofahrer, die angehalten hatten, wurde Mene Mene auf den Rücksitz eines der Fahrzeuge geladen. Glücklicherweise lag das Krankenhaus in Oțelu Roșu nicht weit entfernt. Innerhalb weniger Minuten transportierte der Fahrer den jungen Mann in die Notaufnahme. Nach einer kurzen Untersuchung und einer Erstversorgung wurde er mit dem Krankenwagen in ein größeres Krankenhaus in Caransebeș transportiert, das für Trauma-Patienten besser ausgestattet war.

Nachdem alles mit der herbeigerufenen Polizei geklärt worden war, machte sich auch Pavel voller Sorgen und Vorwürfe auf den Weg zum Krankenhaus, um herauszufinden, wie es um den Jugendlichen stand. Er fühlte sich so elend wie nie zuvor.

Als das Krankenhauspersonal den Zustand des Unfallopfers sah, wurde es sofort aktiv und verabreichte ihm Sauerstoff und eine Infusion. Dann wurde er in die Röntgenabteilung gebracht. Mehrere Ärzte und Krankenschwestern versammelten sich im Behandlungszimmer, als die Röntgenbilder an den Leuchtkasten geheftet wurden. Auch Pavel gesellte sich zu ihnen.

Die Verletzungen des Jugendlichen waren so schwer, dass man nichts mehr für ihn tun konnte. Sein Gehirn blutete stark, seine Wirbelsäule war an zwei Stellen gebrochen, er hatte eine zerschmetterte Hüfte, einen gebrochenen Arm sowie ein gebrochenes Bein, und eine Lungenhälfte war stark punktiert, was die gurgelnden Geräusche aus seinem Mund erklärte.

Plötzlich, ohne Vorwarnung, wechselte das pulsierende Piepsen des Herzmonitors zu einem eindringlichen, gleichmäßigen Ton. Sein Herz stand still, sein Leben war zu Ende. Es wurden keine Wiederbelebungsversuche unternommen. Mene Mene wurde nur mit einem Laken zugedeckt, bis er in die Leichenhalle gebracht werden konnte.

Einer nach dem anderen verließen die Ärzte und Schwestern den Raum. Sie hatten alles getan, was in ihrer Macht stand – doch es war einfach nicht genug gewesen. Pavel blieb allein im Zimmer zurück mit der leblosen Gestalt unter dem Laken.

Er kniete an der Seite des Bettes und begann voller Verzweiflung zu beten: *Gott, was werden die Leute in Oțelu Roșu sagen, wenn sie hören, dass ich einen jungen Mann getötet habe, dessen Leben doch gerade erst begonnen hat? Sie wissen, dass ich Pastor bin. Was werden sie denken? Wenn es sein muss, bin ich bereit, mein Leben gegen seins zu tauschen. Ich weiß, dass du in der Lage bist, ihn ins Leben zurückzuholen, wenn du es willst. Ich bitte dich – bitte hole ihn zurück. Bitte, Gott, bitte!*

Während Pavel Gott anflehte, kam einer der Ärzte ins Zimmer zurück. Als er Pavel neben dem Bett knien sah, sagte er: „Pastor, er ist tot. Sehen Sie nicht, dass es jetzt zu spät ist, für ihn zu beten? Sie hätten daran denken sollen, als er noch am Leben war. Gehen Sie einfach nach Hause. Wir bringen ihn gleich in die Leichenhalle runter."

„Glauben Sie, ich bete zu jemandem, der so begrenzt ist wie wir?", erwiderte Pavel. „Ich spreche mit Gott. Er ist der Gott der Wunder. Für ihn ist nichts unmöglich. Die Bibel berichtet davon, dass er schon mehrere Menschen von den Toten auferweckt hat."

„Ich habe von diesen Geschichten gehört. Aber das war damals. Die Zeiten haben sich geändert. Ich fürchte, das ist eine schlechte Nachricht für Sie, Herr Pastor. Da keiner von uns in letzter Zeit gesehen hat, dass Tote wieder herumlaufen, können Sie genauso gut nach Hause gehen. Es war nicht Ihre Schuld! Sie hätten nichts tun können, um den Unfall zu verhindern. Sehen Sie es einfach ein – es ist vorbei."

Der Arzt beendete seinen tröstenden Zuspruch, drehte sich um und ging weg, während Pavel immer noch neben dem Bett kniete. Nachdem der Arzt das Zimmer verlassen hatte, erhob sich Pavel von seinen Knien und machte sich auf den Weg zur Tür. Er betete stumm, während er ein letztes Mal auf die leblose Gestalt des Jugendlichen unter dem Laken blickte.

Zu Hause war es für Pavel unmöglich, einzuschlafen. Jedes Mal, wenn er die Augen schloss, sah er wieder und wieder die schrecklichen Bilder des Unfalls. Mit roten und geschwollenen Augen schrien Pavel und Dana Stunde um Stunde zu Gott um neue Kraft. Sie waren völlig erschöpft, aber der Schlaf floh vor ihnen. Während sie beteten, wurde ihnen bewusst, dass sie in ihrer Not nicht allein gelassen waren. Sie konnten Gottes Gegenwart und seinen Trost spüren, da er ihnen leise sagte: „Meine Gnade ist alles, was du brauchst." (2. Korinther 12,9 NLB)

Gerade am Morgen hatten sie diesen Bibelvers gelesen. Genau jetzt brauchten sie seine Gnade. Die ganze Nacht hindurch beteten die beiden unter Tränen weiter. Gemeinsam flehten sie: „Lieber Gott, wir versuchen nicht, dir zu sagen, was du tun sollst. Aber wir wissen, dass du in der Lage bist, neues Leben zu geben. Du bist derjenige, der es am Anfang der Welt erschaffen hat. Und Herr, wenn es eine Möglichkeit gibt, dem jungen Mann das Leben wieder zu schenken, dann tu es bitte zu deiner Ehre und Herrlichkeit. Wenn du dich entscheidest, ihn nicht wieder vom Tod aufzuerwecken, dann werden wir lernen, damit zu leben, auch wenn es nicht leicht sein wird. Was auch immer du für das Beste hältst, wir werden es aus deiner Hand nehmen."

So schwer es ihnen auch fiel, so beteten sie dennoch: „Dein Wille geschehe."

Am nächsten Morgen kehrte Pavel ins Krankenhaus zurück, in der Hoffnung, mit der Familie von Mene Mene sprechen zu können. Als er die Tür zum Krankenzimmer öffnete, in dem er den jungen Mann zurückgelassen hatte, blieb er wie angewurzelt stehen. Mene Mene saß aufrecht im Bett und aß ein Frühstück! Ein unbeschreibliches Gefühl der Freude durchströmte ihn. Doch Pavel war nicht der Einzige, der überrascht war. Eine Schar von Ärzten, Krankenschwestern, Spezialisten und Leute von der Krankenhausverwaltung drängte sich in Mene Menes Zimmer. Aufgeregt verglichen sie zwei Sätze von Röntgenbildern. Auf der linken Seite des Leuchtkastens hingen die Röntgenbilder vom Vortag, auf der rechten Seite war ein neuer Satz von Bildern angeheftet worden.

Pavel stand hinter dem medizinischen Personal und hörte sich dessen verblüfften Äußerungen an: „Das Röntgenbild von gestern zeigt eindeutig eine massive Hirnblutung, aber auf dem von heute ist absolut nichts davon zu sehen. Auf dem ersten Röntgenbild kann man deutlich erkennen, dass die Wirbelsäule an zwei Stellen gebrochen ist, aber sehen Sie sich dieses an – seine Wirbelsäule ist absolut perfekt!"

„Und schauen Sie sich die Lunge an. Wir haben alle gehört, wie er nach Luft rang. Seine Lunge war voller Blut. Jetzt sehen Sie hier die Lungenflügel", sagte der Arzt und zeigte auf die Röntgenbilder. „Sie sind normal und gesund. Und betrachten Sie hier seine Schulter und seine Hüfte. Das sind keine leichten Frakturen – sie sind komplett zertrümmert. Aber bei den neuen Röntgenbildern ist nichts davon zu sehen. Die einzigen Röntgenbilder, die sich gleichen, betreffen seinen Arm und sein Bein. Wir müssen sie in Gips legen, aber ansonsten scheint er in perfekter Gesundheit zu sein."

Immer wieder starrten sie völlig perplex auf die beiden Sätze von Röntgenbildern, unfähig, eine vernünftige Erklärung zu finden. Keiner von ihnen hatte so etwas je gesehen. Sie konnten ihren Augen nicht trauen. Es sei denn, ihr Röntgengerät war gestern ernsthaft defekt gewesen. Dennoch konnten sie sich nicht erklären, wie ein Patient, der am Vortag offensichtlich tot war, in diesem Moment sehr lebendig im Bett saß und neben ihnen sein Frühstück verzehrte! Da jede wissenschaftliche Erklärung versagte, blieb nur noch ein Wunder, um das ein Pastor gebetet hatte. Der Arzt, der am Vortag noch gespottet hatte, musste plötzlich daran denken, dass schon bald ein ehemals Toter durch die Straßen der Stadt gehen würde.

Pavel musste lächeln, als er sich vorzustellen versuchte, wie der Bestatter an diesem Morgen die Leichenhalle betrat, um seine Arbeit zu verrichten. Vielleicht musste er sich selbst in den Arm zwicken, um herauszufinden, ob er träumte oder nicht, als er Mene Mene aufrecht auf dem Edelstahltisch sitzen sah. Noch nie war er von einem Toten fröhlich begrüßt worden! Er wusste doch, dass er ihn am Abend zuvor in Tüchern eingewickelt auf dem Tisch liegen gelassen hatte. Nun saß er hier und verlangte nach Frühstück!

Sicherlich hatte der Bestatter mit weit aufgerissenen Augen ins Telefon gestammelt, dass jemand in die Leichenhalle kommen und Mene Mene wieder nach oben bringen solle. Er gehöre nicht länger auf einen seiner Edelstahltische. Er atmete! Vielleicht hatte der Bestatter in diesem Moment sogar einen Berufswechsel in Erwägung gezogen.

Nachdem die Fachärzte die Röntgenbilder lange genug betrachtet hatten, begannen sie, den Patienten selbst zu untersuchen. Verblüfft machten sie eine weitere Entdeckung: Mene Mene stotterte überhaupt nicht mehr! Nicht die geringste Spur von seinem Sprachfehler war mehr zu hören. Er war zweifellos ihr rätselhaftester Fall!

Die Ärzte legten Mene Menes beiden Knochenbrüche in Gips und entließen ihn aus dem Krankenhaus. Ein paar Wochen später konnte der Gips abgenommen werden. Nachdem er schließlich wieder ohne Krücken gehen konnte, zeigte sich ein weiteres unerklärliches Phänomen. Seine Körperhaltung hatte sich total verändert, und er konnte seine Arme und Beine nun kontrolliert bewegen. Von da an ging er ganz normal wie jeder andere.

Wenn das Krankenhauspersonal Gott kennen würde, wären sie nicht überrascht, dachte Pavel. *Warum sollte Gott den jungen Mann mit seinen alten Behinderungen wieder ins Leben rufen? Sein Leben wäre dann genauso miserabel wie vorher gewesen. Dachten sie etwa, dass es für Gott schwieriger war, seine Arme und Beine wiederherzustellen, als ihm sein Leben zurückzugeben?*

Kurz nach Mene Menes Unfall betrat Pavel einen Lebensmittelladen in der Hoffnung, eine Flasche Speiseöl kaufen zu können. Er war nicht überrascht, dass die Regale leer waren. Er sprach eine Verkäuferin an und fragte sie, ob sie wüsste, wann eine weitere Lieferung Speiseöl eintreffen würde.

Sie musterte ihn eine Minute lang und rief dann in den hinteren Teil des Ladens: „Sandy! Der Adventistenpastor ist hier. Haben wir da hinten noch Speiseöl? Wenn ja, dann geben Sie ihm besser eine Flasche. Man kann nie wissen, vielleicht betet er für Ihre Familie!"

Menschen, die nie einen Gedanken an Gott verschwendet hatten, begannen nun die atheistischen Dogmen des Kommunismus zu bezweifeln.

Das Wunder von Mene Mene verbreitete sich wie ein Lauffeuer in der ganzen Kleinstadt. Als ein paar Wochen später die evangelistischen Vorträge begannen, war die Kirche rappelvoll. Viele der Besucher blieben nach den Vorträgen im Raum und baten darum, dass man für sie beten möge. Die Resonanz auf die Versammlungen war so gewaltig, wie sie keiner der Mitglieder der Gemeinde zuvor erlebt hatte.

Als die Serie von Vorträgen endete, verdoppelte sich die Mitgliederzahl der Gemeinde, denn viele der Zuhörer ließen sich anschließend taufen. Gemeinsam lobten die Mitglieder der Kirchengemeinde Gott dafür, dass er ein schlimmes Unglück benutzt hatte, um das Leben des jungen Mannes total zu verändern. Aber nicht nur Mene Mene hatte eine neue Chance im Leben bekommen. Auch alle, die dadurch zum Glauben an ein ewiges Leben gefunden hatten, fühlten sich unglaublich gesegnet.

Im Johannesevangelium lesen wir, dass Jesus die „Auferstehung und das Leben" ist. Jesus hatte damals Lazarus mit einem einfachen Befehl aus seinem staubigen Grab gerufen. Von diesem Tag an ging Lazarus als lebendiges Zeugnis für Jesu Kraft und Vollmacht durch die Straßen von Bethanien. Ganz ähnlich verkündete Mene Mene durch sein neues Leben den Menschen in der kleinen Stadt Oțelu Roșu die Macht Gottes, von dem alles Leben kommt. Mene Menes federnder Schritt und sein harmonischer Gang waren unwiderlegbare Beweise dafür, dass Gottes Macht auch heute noch dieselbe ist.

TAG FÜR TAG

Pavel war frustriert. Er arbeitete nun schon seit mehreren Jahren als Pastor, ohne jemals eine theologische Ausbildung erhalten zu haben. Es war ihm unangenehm, wenn Gemeindemitglieder ihm Fragen stellten, die er nicht beantworten konnte. Er mochte es auch nicht, wenn er ihre Bedürfnisse nicht erfüllen oder Gott so darstellen konnte, wie er es sollte. Wenn er weiterhin als Pastor arbeiten wollte, hielt Pavel es für notwendig, eine theologische Ausbildung zu haben.

Nachdem er darüber gebetet hatte, schickte er eine Bewerbung an fast jedes theologische Seminar in Europa und hoffte, dass eines von ihnen ihm helfen würde, eine Ausbildung zu erhalten. Jetzt musste er abwarten, welches Seminar ihm antworten würde. Als er mit Dana darüber sprach, wurde schnell klar, dass er etwas Geld für die Reisekosten brauchen würde, falls eine Einladung käme.

Da sie außer ihrem Auto keine weiteren Mittel hatten, beschlossen sie, den Ford Taurus zum Verkauf anzubieten und inserierten ihn in der Zeitung. Nachdem sie einige Zeit gewartet hatten, ohne dass sich jemand meldete, beschlossen sie, ihn bei einer Auto-Auktion anzubieten. Doch nur eine Person interessierte sich dafür.

Als Pavel mit dem Käufer zum Wagen ging, erzählte er dem Mann, wie glücklich sie mit dem Auto gewesen waren und erwähnte die vielen guten Eigenschaften des Wagens. Es sei eines der solidesten Autos, das sie je besessen hätten.

Mit einem Lächeln steckte Pavel den Schlüssel in das Zündschloss. Doch der Ford sprang nicht an. Nachdem alle Versuche, das Auto zu starten, fehlgeschlagen waren, gab er frustriert auf. Es wollte einfach nicht anspringen. Dem Mann gefiel zwar die hochwertige Lackierung, aber wenn der Motor nicht lief, konnte er mit dem Wagen nichts anfangen. Verärgert ging der Mann weg, und auch Pavel war sauer.

Kurz nachdem der potenzielle Käufer gegangen war, ging Pavel noch einmal zum Wagen. Er wollte herausfinden, was mit seinem Auto nicht stimmte. Als er diesmal den Schlüssel ins Zündschloss steckte, sprang der Ford Taunus auf Anhieb an. Der Motor schnurrte, als wäre er gerade in der Inspektion gewesen. Pavel war erleichtert und verärgert zugleich. Es schien, als wollte Gott nicht, dass sie ihr Auto verkauften.

Nachdem ein paar Monate vergangen waren, ohne dass eine einzige Universität auf seine Briefe geantwortet hatte, wollte Pavel entmutigt aufgeben. Er war nun dankbar, dass ihr Auto nicht angesprungen war – so hatten sie wenigstens noch ein Fahrzeug.

Pavel und Dana beschlossen, sich nicht länger um das theologische Studium zu kümmern. Wenn Gott wollte, dass Pavel eine Universität besuchte, war das allein sein Problem. Sie verbannten die ganze Idee aus ihren Köpfen und gingen wieder zurück an ihre Arbeit für Gott.

Einige Monate später erhielt Pavel einen Anruf von seinem Schwager, der in Deutschland lebte. Er ermutigte sie, ihr Auto zu verkaufen. Er hätte eine ausgezeichnete Beziehung zum Fahrzeug-Großhandel und wäre bereit, die Rabatte an sie weiterzugeben, wenn sie ein in Deutschland hergestelltes Auto kaufen würden. Pavel lehnte seinen Vorschlag freundlich ab, da sie ja gerade vergeblich versucht hatten, ihren Ford zu verkaufen. Für ihn wäre es eine Verschwendung von Zeit und Geld, es noch einmal zu versuchen. Warum noch einmal inserieren, warten, verhandeln, um doch enttäuscht zu werden?

Am nächsten Tag klopfte es an ihrer Tür. Ein Fremder stellte sich ihnen vor und fragte, ob er das Auto sehen könne, das sie verkaufen wollten.

„Es tut mir leid, aber es ist nicht mehr zu verkaufen. Wie haben Sie überhaupt davon erfahren?", wollte Pavel wissen.

„Meine Frau wollte neulich mit einer alten Zeitung Feuer machen", antwortete der Mann. „Kurz bevor sie das Feuer anzündete, blickte sie nach unten und erblickte Ihre Anzeige. Es war genau das Auto, das sie sich schon immer gewünscht hat – sogar der Lack hat ihre Lieblingsfarbe", fügte der Mann begeistert hinzu. „Ich bin den ganzen Weg von Timişoara gekommen, nur um es zu kaufen. Ich denke, das sollte Ihnen zeigen, wie sehr meine Frau Ihren Wagen haben möchte. Sehen Sie, sie hat mir sogar Bargeld mitgegeben, um sicherzugehen, dass es keine Probleme gibt", sagte er und hielt Pavel ein dickes Bündel Geldscheine hin.

„Es tut mir leid. Wir wollen ihn wirklich nicht mehr verkaufen. Wir müssten uns sonst nach einem anderen Wagen umsehen, wenn wir diesen verkaufen würden. Das Auto hat uns nie im Stich gelassen, und wir sind glücklich damit. Es tut mir leid, dass Sie den ganzen Weg von Timişoara umsonst gefahren sind", erklärte Pavel dem enttäuschten Mann.

An diesem Abend erhielt Pavel einen völlig unerwarteten Telefonanruf: „Hey, Pavel! Hier ist Loren aus den Vereinigten Staaten. Wie geht es dir?"

Verblüfft antwortete Pavel: „Ich glaube, ich weiß nicht, wer du bist, oder?"

„Doch, natürlich kennst du mich! Wir haben in Bukarest zusammen im Chor gesungen. Du solltest dich eigentlich an mich erinnern – wir sind nämlich jetzt verwandt. Ich habe deine Cousine geheiratet."

„Oh, ja, jetzt fällt mir wieder ein, wer du bist. Wie soll ich mich auch an dich erinnern, nachdem wir uns mehr als zwölf Jahre nicht gesehen haben?", antwortete Pavel, während viele schöne Erinnerungen in ihm auftauchten. „Wie geht es dir und deiner Familie?"

„Für uns läuft hier alles gut. Wir besitzen eine große Baufirma, die uns ganz schön auf Trab hält. Aber lass mich dir erst einmal sagen, warum ich angerufen habe. Meine Frau und ich konnten vor ein paar Nächten nicht schlafen. Wir mussten immer wieder an dich denken. Wir wälzten uns die ganze Nacht hin und her. Am nächsten Tag haben wir ein wenig nachgeforscht und herausgefunden, dass du inzwischen Pastor geworden bist. Das hat uns sehr beeindruckt. Deshalb möchten wir dich nach Tennessee einladen, um hier zu studieren. Ich verdiene eine Menge Geld und wäre froh, wenn ich die Kosten für deine Ausbildung übernehmen könnte."

Alles, was ihm in der Schule von der kommunistischen Regierung über das Leben in den Vereinigten Staaten beigebracht worden war, schoss Pavel plötzlich durch den Kopf. So hatte man davon erzählt, wie gefährlich es sei, dort zu leben. Menschen würden oft auf offener Straße erschossen oder erstochen. Regelmäßig würden Frauen und Kinder entführt. Da die meisten Menschen drogenabhängig seien, würde dort Sittenlosigkeit und Unmoral herrschen.

„Auf keinen Fall würde ich mit meiner Familie an einen so gefährlichen Ort ziehen", antwortete Pavel.

Loren versicherte ihm lachend, dass es ganz und gar nicht so sei, wie die kommunistische Propaganda es dargestellt habe.

„Einiges davon mag in den großen Städten stimmen, aber wir leben auf dem Land. Wir schließen nachts nicht einmal unsere Türen ab. Du weißt doch, was in Rumänien passiert, wenn du dein Fahrrad auch nur eine Minute unbeaufsichtigt in deinem Vorgarten stehen lässt. Hier steht mein Fahrrad schon seit Jahren vor meinem Haus und niemand hat es je angerührt. Ich kann dir versichern – deine Familie wäre hier in Sicherheit. Warum betest du nicht einfach darüber, um herauszufinden, ob Gott möchte, dass du hier deine Ausbildung machst?", schlug ihm sein Freund vor.

Nach Lorens Telefonat wurde Pavel und Dana klar, dass es Gott gewesen sein musste, der für den Anruf aus Deutschland gesorgt und den Mann geschickt hatte, um ihr Auto zu kaufen. Wenn sie in die Vereinigten Staaten ziehen wollten, brauchten sie Geld für die Reisekosten. Sie mussten also doch ihren Wagen verkaufen. Jetzt wünschten sie sich, sie hätten den Namen und die Adresse des Mannes notiert, der am Vortag gekommen war, um sich den Ford anzuschauen. Ohne seinen Namen wäre es unmöglich, ihn wiederzufinden. Er lebte in Timișoara, etwa 120 Kilometer westlich von Oțelu Roșu – einer Stadt mit 300.000 Einwohnern.

Wenn Gott wollte, dass sie in die Vereinigten Staaten ziehen sollten, würde er für sie viele Türen öffnen müssen! Die erste war der Verkauf ihres Autos. Gemeinsam knieten Pavel und Dana nieder und baten Gott, ihnen seinen Plan für ihr Leben zu offenbaren.

„Wenn du willst, dass wir unser Auto verkaufen, dann bringe bitte den Mann, der daran interessiert war, wieder zurück. Du weißt, dass wir keine Möglichkeit haben, Kontakt zu ihm aufzunehmen. Wir legen alle unsere Pläne in deine Hände", beteten sie.

Am nächsten Tag kehrte der Mann tatsächlich zurück. Er hoffte, Pavel und Dana überreden zu können, sich den Verkauf ihres Wagens noch einmal zu überlegen. Es war für ihn keine angenehme Erfahrung gewesen, als er ohne den Traumwagen seiner Frau nach Hause gekommen war. Er wusste, dass er keinen Moment Ruhe haben würde, wenn er den Ford Taunus nicht mitbrachte.

„Ich zahle Ihnen gerne mehr als den von Ihnen verlangten Preis. Es soll sich für Sie lohnen. Aber bitte, verlangen Sie nicht, dass ich noch einmal ohne Ihren Wagen meiner Frau unter die Augen trete", flehte er.

Sicherlich war die Rückfahrt nach Timișoara für den erleichterten Ehemann angenehmer als am Vortag. Diesmal brachte er seiner Frau das „Traumauto" mit.

Es sah ganz so aus, als würde Gott den Weg für Pavel ebnen, damit er in Amerika Theologie studieren konnte. Der Umzug würde nicht einfach sein, besonders für Gabriel, der in der vierten Klasse war, und ihren zweiten Sohn Ovidiu, der die erste Klasse besuchte. Ehrlich gesagt, auch Dana freute sich nicht darauf, wieder umziehen zu müssen. Sie war in Oțelu Roșu ziemlich glücklich.

Kurz nach Lorens Telefonat erhielten sie einen Brief von der Southern Adventist University in Collegedale, Tennessee. Darin stand, dass Pavel als Student für das kommende Semester, das im August begann, angenommen worden war. Am Ende des Briefes stand die Verheißung aus Jeremia 29,11.

Wenn Gott sie wirklich nach Tennessee bringen wollte, müssten sie zuerst die amerikanische Botschaft aufsuchen, um ein Visum für die

USA zu bekommen. Sie wussten, dass es einem Wunder gleichkäme, wenn sie zu den wenigen Glücklichen gehören würden, die tatsächlich ein Visum bekommen. Fast jeder, der ein Visum beantragt hatte, kehrte nämlich bitter enttäuscht mit einer Absage zurück.

Nachdem sie einen Termin mit der Botschaft vereinbart hatten, liehen sie sich ein Auto von einem guten Freund aus ihrer Kirchengemeinde und machten sich auf den Weg nach Bukarest. Während der Fahrt erklärte Dana ihre ablehnende Haltung. Sie war nicht dafür, in ein Land zu ziehen, in dem sie keine Freunde oder Familie hatten und die Sprache nicht verstanden. Sie machte Pavel klar, dass sie dafür betete, dass ihre Visum-Anträge abgelehnt werden würden.

Als sie spät in der Nacht an der amerikanischen Botschaft ankamen, parkten sie in der Nähe und schliefen ein paar Stunden. Um 3 Uhr am nächsten Morgen schlug Pavel wie jeden Tag sein Andachtsbuch auf, um ein paar Momente mit Gott zu verbringen, bevor er sich in die lange Warteschlange zur Beantragung der Visa begab. Als er die Seite für den Tag aufschlug, entdeckte er, dass der Bibeltext Jeremia 29,11 war – dieselbe Verheißung wie auf dem Brief mit der Zusage der Universität. War das ein Zufall oder wollte Gott ihm etwas sagen? Er würde es bald sehen.

Pavel stieg aus dem Auto und reihte sich in die Schlange der Wartenden ein, die sich bereits um den Block zog. Offenbar hatten die, die ganz vorne waren, schon die ganze Nacht dort gestanden. Als er sich kurz nach 3 Uhr morgens anmeldete, war er schon die Nummer 956.

Während er Stunde um Stunde wartete, sah er immer wieder Menschen mit enttäuschten Gesichtern die Botschaft verlassen. Ihre Hoffnungen waren ein Scherbenhaufen, ihre Träume wie eine Seifenblase zerplatzt. Viele weinten bitterlich, weil ihnen das Vorrecht, einen Freund oder Verwandten in den Vereinigten Staaten zu besuchen, verwehrt wurde. Von den Hunderten von Menschen, die ein Visum beantragt hatten, konnte Pavel nur vier oder fünf mit einem Lächeln im Gesicht wieder gehen sehen. Es schien, dass es für Gott nicht allzu schwierig sein würde, Danas Gebet zu beantworten, dass ihnen keine Visa genehmigt wurden.

Es war fast Mittag, bis Pavel an der Reihe war, mit einem Vertreter der Botschaft zu sprechen. Er trat an den ihm zugewiesenen Arbeitsplatz und stellte sich dem wartenden Beamten vor.

„Warum wollen Sie in die Vereinigten Staaten gehen?", begann der Mann wenig freundlich.

„Ich möchte an einem theologischen Seminar studieren", antwortete Pavel ruhig.

„Sie wissen doch, dass es auch in Rumänien Seminare gibt. Warum besuchen Sie nicht eines davon?"

„Ich weiß, dass wir hier theologische Seminare haben, aber sie sind nicht anerkannt. Ich möchte ein Seminar besuchen, das mir hilft, der beste Pastor zu werden, der ich sein kann", erklärte Pavel ihm.

„Sie sind doch genau wie alle anderen. Sie wollen nur in die USA, um viel Geld zu verdienen", erwiderte der Beamte der Botschaft streng.

„Nein, das ist nicht so. Ich habe eine Menge Geld aufgegeben, um Pastor zu werden. Geld hat damit nichts zu tun."

„Können Sie das nachweisen?"

„Sicher. Sie können meine früheren Geschäfte leicht überprüfen."

„Wenn ich Ihnen ein Visum gebe, woher weiß ich, dass Sie zurückkommen?"

„Das wissen Sie nicht."

„Dann kann ich Ihnen kein Visum geben."

„Das ist okay für mich", sagte Pavel und wandte sich zum Gehen.

„Warten Sie! Kommen Sie einen Moment zurück", rief der Beamte. „Sind Sie nicht traurig, dass Sie nicht Ihr Seminar besuchen können?"

„Nein. Der Besuch des theologischen Seminars liegt nicht in meiner Hand. Weil ich die Angelegenheit Gott im Gebet übergeben habe, liegt es ganz in seiner Hand. Ich bettle nicht darum, gehen zu dürfen. Es wäre viel einfacher, hierzubleiben. Wenn ich gehe, müsste ich wieder von vorne beginnen, sogar eine neue Sprache lernen. Wenn Gott also will, dass ich gehe, werde ich gehen. Wenn nicht, werde ich bleiben. Wenn er will, dass ich in einen abgelegenen Teil Afrikas gehe, werde ich gehen. Wenn er will, dass ich in das vom Krieg zerrissene Jugoslawien gehe, werde ich gehen."

„Nun, wenn ich Sie allein in die USA reisen ließe, könnten Sie dort das Seminar besuchen, und wir müssten uns keine Sorgen machen, dass Sie nicht zurückkommen, wenn Sie Ihren Abschluss haben. Wie klingt das für Sie?", bot der Beamte ihm als Kompromiss an.

„Mein Herr, haben Sie eine Familie?", fragte Pavel ernsthaft.

„Ja, habe ich."

„Würden Sie Frau und Kinder verlassen und für einige Jahre in ein anderes Land gehen?"

„Nein, das würde ich nicht tun", gab der Beamte zu.

„Nun, ich auch nicht. Wenn wir nicht alle zusammen gehen können, gehe ich überhaupt nicht."

„Dann fürchte ich, kann ich Sie nicht gehen lassen", erwiderte der Beamte ein wenig verärgert.

„Wie ich schon sagte, es ist mir wirklich egal, wie es kommt."

„Dann werden Sie Amerika nie zu Gesicht bekommen."

„Das ist mir auch egal. Das war sowieso nie der Grund für mich, dorthin zu wollen", antwortete Pavel desinteressiert.

„Wenn ich Ihrer Familie ein Visum gebe, versprechen Sie mir dann, dass Sie wieder zurückkommen?"

„Nein", antwortete Pavel dem verblüfften Beamten.

„Dann kann ich Ihrer Familie kein Visum geben."

„Das ist okay. Es ist mir ebenso egal. Sehen Sie, wenn Gott will, dass ich zurückkomme, werde ich zurückkommen. Wenn er will, dass ich bleibe, werde ich bleiben. Aber solange ich nicht weiß, was Gott mit mir vorhat, kann ich niemandem etwas versprechen", erklärte Pavel.

„Sie sind ein verrückter Pastor", antwortete der verdutzte Beamte der Botschaft. Dann starrte er mehrere Minuten lang schweigend vor sich hin, bevor er sagte: „Ich werde Ihnen und Ihrer Familie die Visa geben."

Nachdem er seine Dokumente abgeholt hatte, verließ Pavel die Botschaft und wusste nicht, ob er glücklich oder traurig sein sollte. Doch als ihm klar wurde, dass er gerade als einer der wenigen von fast tausend Bewerbern ein Visum erhalten hatte, wusste er, dass ein Umzug in die Vereinigten Staaten ein Teil von Gottes Plan sein musste. Er war sich auch ziemlich sicher, dass wenigstens eine Person sich nicht darüber freuen würde. Danas Gebete hatten alle nichts an Gottes Plan für ihre Familie geändert.

Als Pavel seiner Frau die Visa zeigte, die für jedes Familienmitglied ausgestellt worden waren, konnte sie es nicht glauben. Dana hatte auch die vielen Menschen gesehen, die abgewiesen worden waren. Die Wahrscheinlichkeit, dass Pavel mit den Visa zurückkam, war so gering, dass sie sich nicht wirklich Sorgen machte, obwohl sie weiterhin darum betete, in Rumänien bleiben zu können. Als Pavel mit den Dokumenten in der Hand zurückkehrte, war es klar, dass Gott andere Pläne gehabt hatte als sie.

Nachdem sie ein zweites Mal alles verschenkt hatten, was sie besaßen, machten sie sich auf den Weg zum Flughafen. Dana hatte bereits Heimweh. Aber trotz ihrer Gefühle wollte auch sie Gott folgen, wohin er sie auch führen würde. Die kleine Familie bestieg das Flugzeug, um in die USA zu fliegen und von dort nach Collegedale, Tennessee.

Loren half ihnen, eine Wohnung zu finden und sich für das theologische Seminar anzumelden. Er bezahlte auch für die ersten zwei Monate alle Ausgaben. Als danach ihre Rechnungen wieder fällig wurden, rief Loren an, um ihnen mitzuteilen, dass er die Stadt für ein paar Tage verlassen müsste. Er wollte die letzte Zahlung für ein großes Bauprojekt abholen, das einer seiner Mitarbeiter gerade beendet hatte. Nach seiner Rückkehr würde er ihre Ausgaben für den Rest des Jahres begleichen, wie er es vorher schon versprochen hatte.

Ein oder zwei Tage später erhielten Pavel und Dana einen Anruf, der sie darüber informierte, dass Loren auf seiner Geschäftsreise einen Herzstillstand erlitten hatte. Zwar konnten die Ärzte sein Leben retten, mussten aber feststellen, dass Loren an einem akuten Fall von Amnesie litt. Er wusste nicht einmal, wer seine Frau war, geschweige denn Pavel und Dana. Weil er keine Krankenversicherung besaß, musste Loren alle Arztrechnungen selbst begleichen. Da hätte es auch keine Rolle gespielt, wenn er sich an sein Versprechen gegenüber Pavel erinnert hätte, für ihre Kosten aufzukommen.

Jetzt waren sie allein in einem fremden Land, ohne Freunde. Sie konnten sich nur schlecht in Englisch verständigen und hatten wenige Lebensmittelvorräte. Zu allem Übel war auch noch ihre Miete fällig. Sie fühlten sich so hilflos und allein wie noch nie zuvor.

Unter Tränen rief Dana im Gebet: „Lieber Gott, du weißt, dass wir nicht darum gebeten haben, hierher zu kommen, und ich habe sogar gebetet, dass wir daheim bleiben können. Aber du hast ein Wunder nach dem anderen getan, um uns hierherzubringen. Warum lässt du das jetzt geschehen? Sicherlich war es nicht dein Plan, uns hierherzubringen und dann verhungern zu lassen."

Nachdem sie Gott ihre Notlage geschildert hatten, beschlossen sie, niemandem von ihrer schrecklichen Not zu erzählen. Gott verstand das alles. Er hatte sicherlich eine Lösung für ihr Dilemma.

Als Pavel am nächsten Tag über den Campus der Universität ging, beschloss er, mit Gott über seine Not zu sprechen, und zwar an einem besonderen Ort, der als Gebetsgarten bekannt war. Er lehnte sich an einen großen Ahornbaum und betete, während ihm die Tränen über die Wangen liefen: „Herr, ich weiß, dass du uns hierhergebracht hast. Bitte lass uns jetzt nicht im Stich."

Jemand schlug ihm freundschaftlich auf die Schulter und unterbrach damit sein von Tränen begleitetes Gebet. Es war der Dekan des theologischen Seminars.

„Was ist los, Pavel?", fragte er. „Es sieht so aus, als liefen die Dinge nicht so gut für dich."

Mit den wenigen englischen Worten, die er kannte, antwortete Pavel: „Wir stehen vor einigen Herausforderungen, so wie alle Studenten, und ich habe Gott um Hilfe gebeten."

„Bitte komm mit in mein Büro. Ich möchte mehr von deiner Geschichte hören", drängte ihn der Dekan.

Als sie in seinem Büro ankamen, erklärte Pavel die unglücklichen Umstände, die sich gerade ereignet hatten. Dana und er wüssten nicht, was sie nun machen sollten.

„Wir verlangen von niemandem etwas", sagte er, „aber du hast mich gefragt. Jetzt weißt du ein wenig von dem, was auf uns zukommt. Wir wissen nur nicht, was wir als Nächstes tun sollen."

„Nun, wenn Gott euch hierhergebracht hat, wird er sicher auch für eure Bedürfnisse sorgen. Ich bin sicher, dass dir das inzwischen klar ist", erinnerte ihn der Dekan. Am nächsten Sabbat hielt der Pastor des Campus seine Predigt über den Bibeltext Jeremia 29,11: „Denn ich weiß genau, welche Pläne ich für euch gefasst habe ..."

Die ermutigenden Worte aus diesem Bibeltext waren genau das, was Pavel und Dana gerade brauchten. Er beugte sich zu ihr hinüber und flüsterte: „Dana, er predigt über unseren Vers."

Sie hörten aufmerksam zu, als der Pastor die vielen Herausforderungen schilderte, denen Mose gegenüberstand, als Gott ihn berief, die

Israeliten aus Ägypten zu führen. Es waren nicht Moses Fähigkeiten, die Gott brauchte, sondern vielmehr seine Bereitschaft, ihm zu folgen. Wichtig war nicht der Stab, den Mose in der Hand hielt, sondern das, was Gott damit tun konnte. Im weiteren Verlauf seiner Predigt erinnerte der Pastor die Gemeinde daran, wie unzulänglich sich Mose fühlte, als Gottes Plan vorsah, in ein Land zu gehen, dessen Sprache er nicht einmal beherrschte.

Als sich ihre Blicke kreuzten, wussten Pavel und Dana, dass Gott direkt zu ihnen sprach. Während sie in der Kirchenbank saßen und ihnen die Tränen über die Wangen liefen, baten sie Gott, ihnen zu vergeben, dass sie immer wieder an ihm gezweifelt hatten. Noch einmal beschlossen sie, ihm in Bezug auf alle ihre Bedürfnisse zu vertrauen.

Als sie dem Pastor am Ausgang der Kirche die Hand schüttelten, dankten sie ihm dafür, dass er mit Gottes Hilfe genau die Worte gefunden hatte, die für sie bestimmt waren.

„Wer seid ihr?", erkundigte sich der Pastor mit einem freundlichen Lächeln.

„Wir sind Studenten des theologischen Seminars aus Rumänien", sagten sie, während sie ihm erneut dankten.

Die Regale in ihrer Wohnung waren immer noch leer, aber die dunkle Wolke, die ihnen an diesem Morgen in die Kirche gefolgt war, hatte sich verzogen. In Gottes Gegenwart war das Sonnenlicht des Himmels durchgebrochen. Ihre Lebensumstände hatten sich nicht geändert, aber sie waren Gottes Kinder! Sie wussten, dass er sich um sie kümmern würde.

Am folgenden Donnerstagabend klopfte es an der Tür. Pavel ging hin, um sie zu öffnen. Es war der Pastor. Er fragte, ob er hereinkommen könne, um ein paar Minuten mit ihnen zu reden. Er teilte ihnen mit, dass der Dekan ihm bereits einen Teil ihrer Geschichte erzählt hatte. Nun wollte er gerne den Rest hören.

Als sie ihm ihre Situation geschildert hatten, erzählte ihnen der Pastor, dass der Dekan bereits angeboten hatte, die gesamten Studiengebühren für Pavel zu übernehmen, allerdings unter einer Bedingung: Er müsse den zweijährigen Kurs in einem Jahr abschließen und dabei einen hervorragenden Notendurchschnitt erzielen. Der Pastor sagte dann, er würde mit der Gemeinde über die Übernahme der Kosten für

Unterkunft und Versicherung sprechen. Nur das Essen, die Nebenkosten und die Lehrbücher für Pavel müssten sie selbst bezahlen. Ein Stein fiel ihnen vom Herzen, als sie das hörten. Dankbar und voller Freude verabschiedeten sie den Pastor.

Bald darauf konnte Dana drei Häuser putzen. Dazu kümmerte sie sich tagsüber um die Pflege einer älteren Frau sowie um einen älteren Mann während der Nacht. Zusammen mit Pavels Einkommen, der ein paar Klaviere stimmte, konnten sie sich gerade so durchschlagen.

Um sein Studium in einem Jahr abschließen zu können, musste Pavel im ersten Semester einundzwanzig und im zweiten neunzehn Kurse belegen, gefolgt von siebzehn Kursen im Sommer. In seiner „Freizeit" musste er dazu Englisch lernen und einen Computerkurs belegen. Er fühlte sich in beiden Kursen gleichermaßen verloren, wusste er bisher noch nicht einmal, wie man einen Computer startet.

Er verbrachte viele Nächte betend mit einem Wörterbuch in der Hand, während er außerdem herauszufinden versuchte, wie man auf der Computer-Tastatur Texte, Formeln und Befehle eingeben konnte. Für seine Aufgaben brauchte er in der Regel bis etwa 3 Uhr morgens. Nach nur einer Stunde Schlaf stand er schon wieder auf, um Zeit zum Beten zu haben, bevor er den neuen Tag begann. Sein Zeitplan war unglaublich, aber er schaffte es mit Gottes Hilfe tatsächlich. Als das Studienjahr zu Ende war, schloss Pavel mit magna cum laude ab.

Nur wenige Wochen vor dem Abschluss kam der Dekan des Seminars auf Pavel zu und bot ihm an, seinen Master of Divinity zu sponsern. Wenn er seinen Master an der Andrews University in Berrien Springs, Michigan, in der Hälfte der Zeit unter Beibehaltung seines Notendurchschnitts abschließen könnte, würde der Dekan wieder die Studiengebühren übernehmen. Das war für Pavel eine großartige Chance, die er sofort ergriff.

Zwei Wochen vor Beginn des Herbstsemesters an der Andrews University hatte Pavel kein Geld und auch keine Möglichkeit, mit seiner Familie umzuziehen. Nach dem Abschluss des theologischen Seminars mussten sie sowieso aus dem Studentenwohnheim ausziehen, in dem sie bisher gelebt hatten. Wieder einmal konnten sie weder umziehen, noch in der alten Wohnung bleiben.

Der Sohn des Rentners, den Dana nachts betreute, kam ihnen zur Rettung, als er von ihrer misslichen Lage erfuhr. Er hatte ihnen schon öfters aus Notlagen geholfen. Die gesamte Familie Goia war diesem freundlichen Mann äußerst dankbar. Er hatte ihnen das Gefühl gegeben, Teil seiner eigenen Familie zu sein. Deshalb lud er sie ein, bei ihm einzuziehen, bis sie sich entschieden hatten, was sie tun wollten.

Obwohl nicht klar war, wie sie den Umzug zur Andrews University schaffen sollten oder wo sie dann dort wohnen konnten, meldete der Dekan Pavel an und bezahlte dessen Studiengebühren. Pavel rief wiederholt bei der Verwaltung der Studentenwohnheime an, in der Hoffnung, dass eine Wohnung frei geworden war, aber bisher war alles immer noch voll. Da es nur noch zwei Tage bis zum Beginn der Vorlesungen waren, schien der Umzug unmöglich zu sein. Selbst wenn sie einen Weg finden würden, zur Andrews University zu kommen, hätten sie dort keine Wohnung.

Später an diesem Tag rief ein Lkw-Fahrer bei dem Hausbesitzer an, der die Familie Goia aufgenommen hatte, um sich zu vergewissern, dass jemand zu Hause war. Er sollte einen Tisch von einer Tante in Florida ausliefern. Sie hatte den Fahrer gebeten, den Tisch mitzunehmen, weil das Haus des Mannes nicht allzu weit von der normalen Route des Lkws lag. Von Tennessee sollte er anschließend mit einer Ladung Möbel für einen Studenten zur Andrews University fahren.

Nachdem der Fahrer den Tisch ausgeladen hatte, fragte Pavels und Danas Gastgeber, ob es eine Möglichkeit gäbe, dass der Mann die Sachen der Familie Goia in seinem Lkw zur Andrews University mitnehmen könnte.

„Ich würde das machen, wenn ich Platz hätte", sagte er bedauernd. „Aber ich muss eine ganze Ladung Möbel von einem Studenten hier in Tennessee mitnehmen, die gerade so eben in den Lkw passt."

Ein paar Stunden später rief der Lkw-Fahrer wieder an. Er hatte eine gute Nachricht für Pavel und Dana. Der Student aus Tennessee hatte beschlossen, seinen Umzug auf das nächste Semester zu verschieben. Deshalb war der Lkw-Fahrer auf dem Rückweg, um die Sachen der Goias zu holen. Pavel und Dana waren darüber genauso begeistert wie über die Nachricht, dass die Kosten für die Reise der Familie von den beiden Kirchenverwaltungen, die Studenten sponserten, übernommen worden waren. Dazu war der Fahrer bereit, ihre Möbel und Kisten kostenlos mitzunehmen. Nachdem alles verladen war, wollte der Fahrer wissen, wo er die Sachen an der Andrews University abladen sollte. Das war ein weiteres Problem. Pavel und Dana hatten immer noch keine Wohnung. Deshalb beschlossen sie, ein Lager für ihre Möbel zu mieten, bis sie eine Wohnung gefunden hatten.

Kaum eine Stunde später, nachdem der Lastwagen schon nach Norden unterwegs war, klingelte das Telefon erneut. Es war die Verwaltung der Studentenwohnheime der Andrews University. Eine Wohnung sei gerade frei geworden. Sofort rief Pavel den Fahrer an und gab ihm ihre neue Adresse durch. In nur zwei Stunden hatten sie den Umzug und die Anmietung einer Wohnung geklärt, für die alle Kosten übernommen worden waren. Gott hatte gerade Berge von Unmöglichkeiten versetzt, sodass Pavel seine Ausbildung zum Pastor fortsetzen konnte. Auf allen seinen Wegen hatte er sich Gottes Führung anvertraut, und jetzt würde endlich sein Herzenswunsch wahr werden.

Als Pavel sein Studium am theologischen Seminar der Andrews University begann, standen er und seine Familie wieder vor einer Vielzahl neuer Herausforderungen. Aber sie waren davon überzeugt, dass Gott sie nicht so weit gebracht hatte, um sie dann sich selbst zu überlassen. Deshalb glaubten sie voller Zuversicht, dass Gott auch weiterhin für sie eintreten würde. Jedes Mal, wenn die Familie Goia sah, wie Gott ein unüberwindbares Hindernis aus dem Weg räumte, wuchs ihr Glaube und wurde stärker. Sie bewältigten schließlich jede Notlage – wenn auch oft in letzter Minute. Benötigtes Geld kam genau zum Höhepunkt der Krise, der nötige und der erhaltene Betrag stimmten oft bis auf den Cent überein.

Im vollen Vertrauen auf Gottes Fürsorge beschlossen Pavel und Dana, sich nicht länger auf ihre Probleme zu konzentrieren. Sie wollten vielmehr andere Menschen ermutigen, deren Nöte größer als ihre eigenen waren. Wenn sie auf wundersame Weise Lebensmittel erhielten, teilten sie diese mit Menschen, von denen sie wussten, dass sie in extremer Not waren. Jedes Mal, wenn sie mit anderen teilten, füllte Gott ihre Vorräte wieder auf. Immer wieder wurden sie daran erinnert, dass es mehr begeistert, wenn man Gottes Segen weitergibt, als wenn man ihn nur empfängt.

Nachdem sie erlebt hatten, wie Gott sich um ihre Bedürfnisse kümmert, begann die Familie Goia, ihm zu danken, bevor sie einen Beweis für seine Antwort sahen. Ihre Freude dabei war ansteckend. Viele andere Studenten, die in Schwierigkeiten steckten, wurden ermutigt, sich ihren Problemen zu stellen, indem sie Gott lobten, anstatt um seine Hilfe zu bitten.

Als Pavel über die vielen Wohltaten Gottes für ihn und seine Familie seit ihrer Abreise aus Rumänien nachdachte, musste er lächeln. Obwohl er vom Dienst als Pastor beurlaubt worden war, um sich weiterzubilden, hatte sein Dienst nicht aufgehört. In seinem neuen Leben als Student hatte Gott ihn benutzt, um unzählige andere Studenten und Lehrer auf ihren Wegen zu ermutigen. Sie waren seine neue „Gemeinde" geworden.

Als das Studium am theologischen Seminar sich seinem Ende näherte, fragte Pavel sich, wohin Gottes Plan ihn als Nächstes führen würde. Er erinnerte Gott daran, dass er immer noch ernst meinte, was er dem Zollbeamten in Rumänien gesagt hatte. Er würde dorthin gehen, wo Gott ihn haben wollte, wenn seine Ausbildung abgeschlossen war.

Während er betete, um Gottes Willen zu erfahren, kam ihm sein Gebet als Fünfjähriger unter dem Apfelbaum auf dem Hof vor der Kirche wieder in den Sinn. Die ersten Verse im Buch des Jeremia – „Ich sonderte dich aus, ehe du von der Mutter geboren wurdest, und ich bestellte dich zum Propheten für die Völker" – hatten ihm gesagt, dass auch er für Gott reden würde. Weil sich seine Universitätsausbildung nun dem Ende näherte, beschloss er, dass er tatsächlich Gottes Prediger sein wollte, wohin auch immer Gottes Plan ihn führen würde.

SCHLUSSWORT

„Schlusswort" ist vielleicht ein unpassendes Wort, um die Geschichte von Pavel Goia zu beenden, weil er Tag für Tag weitere Gebetserfahrungen macht. Die vorangegangenen Geschichten aus Pavels früheren Jahren stellen nur einen kleinen Teil der Wunder dar, die er erlebt hat. Genauso ist es unmöglich, alle weiteren Wunder im Detail zu beschreiben. Seine innige Freundschaft mit Gott lässt ihn jeden Tag in einer Atmosphäre von Licht und Gnade leben. Pavels Leben ist weiterhin ein Beispiel für die Verheißung in Gottes Wort, „... dass er die, die ihn aufrichtig suchen, belohnt." (Hebräer 11,6 NLB)

Eine Woche nach seinem Abschluss an der Andrews University erhielten Pavel und Dana eine Berufung von der Wisconsin Conference. Pavel sollte dort als Pastor arbeiten. Im Vertrauen auf Gottes Führung nahm Pavel diese Berufung an. Er sollte einen Bezirk leiten, der aus mehreren Gemeinden bestand und seinem ehemaligen Bezirk in Rumänien sehr ähnlich war. Deshalb erwarteten ihn dort auch die gleichen Herausforderungen. Durch seine Predigten und sein Beispiel wies er seine Gemeindemitglieder darauf hin, dass ihre Probleme nur durch das Gebet gelöst werden können. Einige folgten seinem Beispiel und erlebten selbst viele Wunder.

Pavel hat eine Leidenschaft, andere zu ermutigen und ihnen seine Gebetserfahrungen mitzuteilen. Er ist ein weltweit gefragter Seminar-Redner. Manchmal haben seine Seminare mit nur ein paar Hundert Teilnehmern begonnen, wuchsen aber dann auf Tausende von Zuhörern an. Aufnahmen seiner Vorträge wurden auf DVD rund um den Globus verschickt und über YouTube verbreitet. Alle, die sich entschieden haben, Pavels Grundsätze umzusetzen, erlebten, wie sich ihr Leben veränderte. Überall, wo Menschen ihr Leben Gott übergaben, geschahen große und kleine Wunder. Einzelne Zuhörer sowie ganze Gemeinden fanden zu einem lebendigen Glauben. Die Verheißung, die sein Vater ihm als kleiner Junge auf dem Hof vor der Kirche vorgelesen hatte, ermutigt Pavel weiterhin:

„Du sollst hingehen, wohin ich dich sende, und sagen, was auch immer ich dir auftragen werde." (Jeremia 1,7 NLB)

Gottes prophetisches Wort wird auch heute noch wahr.

—

Hier noch ein Beispiel für all die Wunder, die Pavels Gemeinde gegenwärtig erlebt, während sie lernt, im Glauben mit Gott zu leben.

Jahrelang hatte Pavels Kirchengemeinde in Janesville, Wisconsin, den Bau eines neuen Kirchengebäudes aufgeschoben. Ein unüberwindbares Hindernis nach dem anderen hatte sie davon abgehalten, den Bau in Angriff zu nehmen. Nachdem sie lange und ernsthaft darum gebetet hatten, spürten die Gemeindeglieder, dass sie trotz der vielen Herausforderungen vorangehen sollten. Sie waren eine kleine Gemeinde mit sehr begrenzten Mitteln, aber sobald sich vor ihnen eine Tür öffnete, gingen sie vorwärts.

SCHLUSSWORT

Kurz vor Thanksgiving waren das Fundament und die Grundmauern fertig. Jetzt sollten die Doppel-T-Träger für den Fußboden auf die Grundmauer gesetzt werden. Weil der Fußboden von einer Seite des Fundaments bis zur anderen reichte, wurden sehr schwere Stahlträger benötigt. Dazu brauchten sie einen großen Industriekran.

Der Bauausschuss traf sich und beschloss, die Doppel-T-Träger liefern zu lassen, obwohl die Kosten für den Kran in Höhe von 4500 Dollar fehlten. Frank, ein Mitglied des Bauausschusses und auch Schweißer, war bereit, seinen Schneidbrenner zur Baustelle mitzubringen, um die Träger nach der Anlieferung abzulängen. Es war ein großes Projekt, die vielen schweren Stahlträger auf Länge zu schneiden. Wegen der Dicke des Stahls musste der Druck der Regler an den Sauerstoff- und Acetylenflaschen erhöht werden, um die Schnitte sauber durchführen zu können. Als der Acetylendruckmesser nach dem letzten Schnitt auf Null fiel, waren die Männer dankbar, dass genug Gas vorhanden gewesen war, um das Projekt zu beenden. Nachdem die Doppel-T-Träger auf Länge geschnitten waren, waren sie bereit für den Kran, um sie in die Betonaussparungen entlang der Grundmauer zu heben.

Da alle Mitglieder des Baukomitees am Thanksgiving Day Zeit hatten, beschlossen sie, sich morgens auf der Baustelle zu treffen. Nachdem sie das Problem der Krangebühr für das Setzen der Stahlträger besprochen hatten, beschloss eines der Bauausschussmitglieder, Pastor Goia anzurufen. Nachdem er sich den Bericht über ihr Problem angehört hatte, fragte Pavel: „Habt ihr gebetet und dieses Problem Gott übergeben?"

„Natürlich haben wir das", versicherten sie ihm.

„Ihr sagt, ihr habt gebetet, aber wie intensiv habt ihr gebetet? Wenn Elia auf dem Berg Karmel so gebetet hätte, wie wir dies heute machen, würde er immer noch auf Regen warten. Wir müssen ernsthaft dafür beten, dass Gott verherrlicht wird. Dies ist seine Gemeinde, und er ist in der Lage, jedes Problem zu lösen, dem wir gegenüberstehen. Er hat uns aufgefordert, ihn zu prüfen – und ihm dabei zuzusehen, wenn er aktiv wird. Lasst uns Gott jetzt sagen, was uns auf dem Herzen liegt und sehen, was er tun wird", forderte Pavel die Männer auf.

Als sie erkannten, wie Recht ihr Pastor hatte, bildeten sie einen Gebetskreis auf der Baustelle. Mit ernstem Herzen begannen sie, ihre Not vor Gott auszuschütten. Nachdem jeder von ihnen gebetet hatte, beendeten sie ihre Gebetszeit nicht, sondern brachten ihre Bitten weiter vor Gott, bis jeder drei- bis viermal gebetet hatte. Je länger sie mit Gott sprachen, desto stärker wurde ihr Glaube, und ihre Gebete gewannen an Kraft.

Während sie noch beteten, spürte Lenny, wie sein Handy in der Hosentasche zu vibrieren begann. Sofort holte er es heraus und begann zu telefonieren. Die Neugierde der wartenden Männer wuchs, als sie hörten, was Lenny sagte und sie die Freude in seinem Gesicht sahen. Nachdem er sich bei dem Anrufer bedankt und das Gespräch beendet hatte, waren alle begierig, die Details des Anrufs zu erfahren, der ihr Gebet unterbrochen hatte.

Lenny wandte sich aufgeregt den anderen zu. „Das war der Kranführer, den wir kontaktiert hatten, um die Stahlträger zu setzen. Er sagte, es gäbe keine Möglichkeit, sein Honorar für die Kranarbeiten zu reduzieren, aber er würde heute gerne etwas Besonderes für uns tun. Er erinnerte mich an seine Bitte, als er im letzten Frühjahr hier war, dass wir für die Sicherheit seines Sohnes beten sollten, während dieser bei der Armee im Irak war. Nun ist sein Sohn diese Woche wohlbehalten nach Hause zurückgekehrt. Deshalb bietet er uns an, heute unentgeltlich zu kommen. Er sagte, weil es Feiertag ist und er sowieso nicht arbeitet, würde er kein Geld verlieren. Er ist gerade auf dem Weg hierher", erklärte Lenny freudig erregt.

Bevor sie ihren Gebetskreis auflösten, lobten und dankten die Männer Gott für das Wunder, das er gerade für sie getan hatte. Mit dankbaren Herzen machten sie sich an die Arbeit, um die baldige Ankunft des Krans vorzubereiten.

Sobald der Kran an der Baustelle ankam, wurde er in Position gebracht, um die Doppel-T-Träger zu setzen. In weniger als einer Stunde, nachdem die Männer zu beten begonnen hatten, sahen sie zu, wie der erste Stahlträger vom Boden abhob und über die erste Reihe der Betonaussparungen entlang der Grundmauer schwang. Die Männer standen auf beiden Seiten der Mauer und richteten den Träger aus, während der Kranführer ihn in die Betonaussparungen absetzte.

Doch in diesem Moment mussten sie feststellen, dass der Stahlträger fünf Zentimeter länger war als die Aussparung. Als die Männer die

Doppel-T-Träger nachmaßen, mussten sie feststellen, dass alle fünf Zentimeter länger geschnitten worden waren als vorgesehen. Das bedeutet mehr als nur eine kleine Verzögerung, zumal Frank sie daran erinnerte, dass er vor ein paar Tagen das letzte Acetylen verbraucht hatte und dass auch die Sauerstoffflasche fast leer war. Da heute Thanksgiving sei, würde es unmöglich sein, die leeren Flaschen im Laden für Schweißtechnik auszutauschen.

Frank rief jeden an, der ihm einfiel, um Gasflaschen auszuleihen, doch ohne Erfolg. So sahen sich die Männer mit einer sehr nüchternen Realität konfrontiert: Wenn die Stahlträger nicht auf die richtige Länge geschnitten werden konnten, hatten sie keine andere Wahl, als das Projekt auf einen anderen Tag zu verschieben.

Sie konnten nicht glauben, dass Gott ihre Gebete nur wenige Augenblicke zuvor auf so wunderbare Weise erhört hatte, was aber jetzt völlig sinnlos war. Sicherlich hatte er den Kranführer nicht bewogen, ihnen eine so großzügige Spende zu geben, nur um ihn dann wieder nach Hause zurückfahren zu lassen, ohne einen einzigen Stahlträger gesetzt zu haben. Erneut riefen die Männer Pavel an, um ihn über das Problem der zu langen Stahlträger und der leeren Gasflaschen zu informieren.

„Ihr müsst wieder ernsthaft beten. Leere Gasflaschen sind für Gott kein Problem. Er kann für den Sauerstoff und das Acetylen genauso einfach sorgen, wie er euch den Kran geschickt hat", erinnerte Pavel sie.

Während der Kranführer zusah, versammelten sich die Männer erneut zum Gebet. Nachdem sie das Gebet beendet hatten, schlug einer der Männer vor, den Schneidbrenner anzuzünden, obwohl die Manometer der Gasflaschen anzeigten, dass sie immer noch leer waren. Alle Augen waren auf Frank gerichtet, als er die Ventile der Gasflaschen öffnete. Als Sauerstoff und Acetylen aus der Düse des Schneidbrenners zischte, nahm Frank schnell ein Streichholz, um das Gasgemisch anzuzünden. Sobald das Streichholz aufflammte, schoss eine blaugelbe Flamme aus dem Schneidbrenner, die schon bald gerade und ohne zu flackern aus der Düse zischte.

Weil er nicht wusste, wie lange das Gas reichen würde, begann Frank sofort, den ersten Stahlträger abzulängen. Als er mit dem ersten Träger fertig war, ging er zum nächsten über. Die Männer hielten den Atem an, als sie die lange Reihe der Doppel-T-Träger sahen, die noch geschnitten werden mussten. Sie hofften und beteten, dass dieses Wundergas so lange reichen würde, bis auch der letzte Träger gekürzt worden war.

Schließlich begann Frank den letzten Stahlträger abzulängen, wobei der Schneidbrenner immer noch perfekt funktionierte. Aufgeregt sahen die Männer zu, wie sich das letzte Stück Stahl vom Träger löste und auf den Boden fiel. In diesem Moment erlosch die Flamme! Die Gasflaschen waren leer. Was für ein Erntedankfest! Der Schöpfer aller chemischen Elemente der Natur hatte gerade das Gas erzeugt, das für den Weiterbau seines Gotteshauses benötigt wurde.

Während die Stahlträger gesetzt wurden, ging es nicht wie auf einer Baustelle zu. Es war eher wie ein Lobpreis- und Anbetungsgottesdienst. Jeder der Männer brannte darauf, seiner zu Hause wartenden Familie die Geschichte von den leeren Gasflaschen zu erzählen, und es war klar, dass auch der Kranführer bei sich zu Hause darüber berichten würde. Fassungslos hatte er diesem Wunder zugesehen. So etwas hatte er noch nie erlebt! Jeder Cent seiner 4500 Dollar-Spende war es wert, zusehen zu können, wie Gott die Gebete dieser Gruppe von demütigen Männern erhört hatte, die sich für ihn einsetzten und seinen Namen ehren wollten.

Das Bauprojekt der Gemeinde war damit noch nicht abgeschlossen. Viele weitere Herausforderungen mussten bewältigt werden. Doch nach und nach lernten die Mitglieder, dass es einen Unterschied macht, ob unsere Gebete nur Pflichtübungen sind, oder ob wir so beten, wie Elia es auf dem Berg Karmel tat.

Obwohl wir am Ende dieses gekürzten Berichts über die Erfahrungen eines aufrichtigen Mannes des Gebets angelangt sind, wirst du, liebe Leserin und lieber Leser, wahrscheinlich zustimmen, dass damit Pavels Gebete und Gottes Eingreifen nicht enden. Für jede neue Herausforderung hat Gott schließlich eine Lösung.

Viele Leser werden jetzt dieses Buch nicht einfach zuklappen und zur Seite legen, sondern über einen neuen Anfang in ihrem Leben nach-

denken. Für alle, die sich nicht mit dem bloßen Lesen von spannen-
den Erlebnissen eines anderen Menschen zufriedengeben, ist dies eine
Gelegenheit, selbst ein ganz neues Gebetsleben zu beginnen! Warum
warten? Gott lädt dich ein, deinen eigenen Weg mit ihm genau jetzt zu
beginnen!

Liebe Leserin, lieber Leser, während du dieses Buch in der Hand
hältst, kannst du sicher sein, dass Pavel auch für dich gebetet hat. Sein
tiefster Wunsch ist nicht, dass seine Erfahrungen mit Gott für dich
faszinierend und spannend waren, sondern dass du Gottes Stimme gehört hast, die dich einlädt, durch das Gebet in den inneren Kreis seines
Lichts und seiner Gnade einzutreten. Alle, die dieser besonderen Einladung folgen, können sicher sein, dass dort auf sie eine große Freude und
eine tiefe Beziehung zu Gott warten, die man sich nie zuvor vorstellen
konnte.

Von Tag zu Tag segnet Gott Pavel und seine Familie weiter. Er hat
sich immer an das Versprechen gehalten, das er ihm gab, als Pavel als
junger Mann neben seinem Bett kniete: „Wenn du mich an die erste
Stelle setzt, werde ich mich um dich kümmern."

Wenn du Pavel fragen würdest, warum Gott so viele Wunder für
ihn tun konnte, würde er dir antworten, dass es nicht daran liegt, dass
Gott ihn bevorzugt hat. Vielleicht steht neben Pavels Namen im himmlischen Register nur: „Weil du gebetet hast."

Was würde passieren, wenn jeder von uns mit Pavel auf die Knie
geht?

PAVELS APPELL

ast du dich jemals gefragt, welche Pläne Gott für dich haben könnte? In Jeremia 29,11 sagt Gott: „Denn ich weiß wohl, was ich für Gedanken über euch habe, spricht der HERR: Gedanken des Friedens und nicht des Leides, dass ich euch gebe Zukunft und Hoffnung."

Gott hat tatsächlich einen Plan für jeden einzelnen Menschen. Und zwar nicht nur einen allgemeinen Plan, sondern auch Pläne für jeden Tag. Jesus wachte früh auf, um zu beten, um Gottes Pläne für den Tag herauszufinden und um Kraft zu erhalten, ihnen ständig zu folgen. David sagte in den Psalmen, dass Gott alle unsere Tage kennt, bevor wir überhaupt geboren wurden. Mit Sicherheit kennt er unsere Bedürfnisse, unsere Stärken und Schwächen, Sünden und Siege. Er kennt unsere Probleme, bevor wir sie überhaupt haben. Mehr noch, er hat auch schon eine Lösung vorbereitet.

Wir beten und sagen: „Dein Wille geschehe!" Aber kennen wir seinen Willen? Oft beten wir und bitten um Vergebung, um Hilfe in verschiedenen Situationen und um Segen, aber wie oft bitten wir ihn um seine Gegenwart und um seine Pläne?

In Römer 8,32 sagt Paulus, wenn Gott uns Jesus gegeben hat, wie sollte er uns dann nicht auch *alles in Jesus* schenken? Das heißt, alles Notwendige – *in* Jesus. Wenn wir Jesus haben, wenn er in unserem Leben gegenwärtig und real ist, hat er die Macht, die Weisheit, die Liebe und den Wunsch, uns alles zu geben – und alles Gute ist tatsächlich in ihm.

Aber sollten wir uns nicht mehr nach ihm sehnen als nach seinen Gaben? Gott bat das alte Israel, ein Heiligtum zu bauen, damit er bei ihnen wohnen konnte. Jesus kam, um bei uns zu sein, und er wurde Emmanuel genannt, was „Gott mit uns" bedeutet. Johannes sagt, dass das ewige Leben darin besteht, ihn zu kennen. In Psalm 63 schreibt David, dass er sich Gottes Gegenwart mehr wünscht als Wasser – mehr als alles andere. Wie anders könnte unser Leben sein, wenn wir – anstatt verkrampft zu versuchen, unsere Probleme zu lösen und alle unsere Bedürfnisse zu befriedigen – lieber versuchen würden, Gott kennenzulernen, ihn täglich zu erfahren, seine wirkliche und ständige Gegenwart zu erleben – und dann unsere Bedürfnisse ihm und seiner Führung anzuvertrauen.

Immer wieder beten wir um seine Hilfe. Doch dann versuchen wir, das, worum wir bitten, selbst zu tun, statt auf den Herrn zu warten. Wir versuchen, die Lösung zu finden, anstatt zu tun, was er uns sagt und seiner Lösung zu folgen. Sollten wir nicht darauf vertrauen, dass es besser ist, ihn die Dinge regeln zu lassen, als zu versuchen, sie selbst zu regeln?

Meistens beten wir nur für uns selbst und unsere Bedürfnisse – was uns in den Mittelpunkt unserer Gebete und unseres Lebens stellt, anstatt ihn in den Mittelpunkt zu stellen. Als Israel sündigte und Mose für sie betete, stellte er nicht Israel in den Mittelpunkt, sondern Gottes Namen und seine Herrlichkeit.

Im Grunde sagte Mose zu Gott: „Ja, sie haben gesündigt und sie verdienen den Tod, aber was werden die Nationen über dich sagen? Auch wenn sie es nicht verdienen, bitte handle so, dass dein Name verherr-licht wird."

Der Apostel Paulus vertrat die gleiche Einstellung: „Was mit mir ge-schieht, ist nicht wichtig. Ob ich lebe oder sterbe, ist nicht wichtig. Was zählt, ist, dass ich ihm diene, dass er das Ziel und der Mittelpunkt mei-nes Lebens ist. Herr, tu mit mir, was immer zu deiner Ehre ist."

Je mehr wir mit uns selbst beschäftigt sind und versuchen, Proble-me zu lösen, etwas zu bekommen und Schwierigkeiten zu überwinden, desto mehr verlieren wir. Aber wenn wir uns mit seiner Ehre und sei-nen Plänen beschäftigen und uns selbst aufgeben, dann bringt seine Gegenwart in unserem Leben Frieden, Wachstum, Sieg und die besten Lösungen für unsere täglichen Bedürfnisse.

Jesus sagt, dass jeder, der sein Leben retten möchte, es verlieren wird, und wer sein Leben für ihn verliert, es rettet. Denke daran: Jesus sagt, was immer wir Gott in seinem Namen bitten, wird er für uns tun. Er sagt auch, dass wir alles tun können, wenn wir einen Glauben haben, der so groß ist wie ein Senfkorn, und dass wir größere Dinge tun wer-den, als er getan hat.

Übertreibt Jesus mit diesen Aussagen? Oder ist etwas falsch daran, wie wir an das Gebet herangehen? Könnte es sein, dass wir nicht wirk-lich wissen, wie man betet, dass wir nicht genug beten, oder dass wir vielleicht falsche Prioritäten im Gebet haben? Könnte es sein, dass wir viel über Gott reden, ihn aber nicht wirklich kennen und deshalb seine Gegenwart nur sporadisch in unserem Leben erfahren? Könnte es sein, dass wir ihn viel mehr brauchen als die Dinge, die wir von ihm erbitten?

Wir können uns nicht einmal vorstellen, wie groß Gottes Pläne für uns sind. Unsere Vorstellungskraft ist arm, wenn es um seine Macht und Liebe geht. Wir beten um kleine Dinge, Dinge, die wir normalerwei-se selbst tun können. Wir wagen es oft nicht, um große Dinge zu beten oder an sie zu denken, und wir vergessen, dass er der Gott des Unmögli-chen ist. Kann es sein, dass wir Gott und seine Pläne für uns begrenzen?

Gott ändert sich nie! Seine Macht ist unbegrenzt und seine Liebe ist unendlich. Er möchte mit uns leben, für uns arbeiten, uns segnen und uns zu seiner Ehre gebrauchen, um die Pläne zu erfüllen, die er für uns hat.

Was wäre, wenn wir, bevor wir jeden Tag beginnen, ihn und seine Gegenwart suchen würden, nach seinen Plänen für den Tag fragen und uns ihm dann zur Verfügung stellen würden? Kannst du dir vorstellen, was er täglich in dir und durch dich tun kann?

Die Bibel sagt, wenn wir ihn von ganzem Herzen suchen, werden wir ihn finden, und in ihm werden wir Kraft, Frieden, Erlösung, Antworten, Sieg und Freude ohne Ende finden.

Und das kann nur der Anfang sein.

DIE FAMILIE GOIA

Pavels Eltern, Pavel und Eugenia, an ihrem Hochzeitstag

Der einjährige Pavel mit Mutter Eugenia (1965)

Pavel (rechts) mit den Schwestern Ligia (links) und dem 8 Monate alten Dani (Mitte)

Pavel, drei Jahre alt (1967)

Die Taschen sind voll mit Süßigkeiten!
(1968)

Schüler in der Grundschule, die Pavel besuchte, als er Zweit-
klässler war. Er nahm alle seine Klassenkameraden an einem
Sabbat mit in die Kirche. (Pavel befindet sich in der ersten
Reihe, Erster von links.)

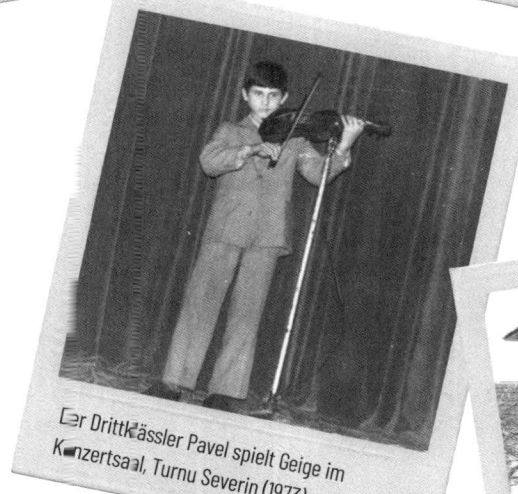

Der Drittklässler Pavel spielt Geige im
Konzertsaal, Turnu Severin (1973).

Die Kirche in Turnu Severin, wo Pavel und
seine Frau Dana aufgewachsen sind.

Pavel, Zweiter von rechts, nimmt an einem Kinderprogramm in der Kirche der Sieben-ten-Tags-Adventisten in Turnu Severin teil.

Pastor Emilian Niculescu führt Danas Taufe in Turnu Severin im Jahr 1982 durch. (Sie ist die Dritte von links.)

Pavel (Erster von links) wurde 1980 in Turnu Severin von Pastor Traian Aldea (Mitte) getauft.

Dana im Alter von 18 Jahren

Mit Freunden aus der Kirche in Turnu Severin nach der Fertig-stellung des neuen Kirchenbaus (1981). Die Polizei kam, um die Kirche zu schließen und die Mitglieder zu verhaften, aber Gott beschützte sie. (Pavel sitzt auf der Motorhaube des Autos.)

In der Armee (1982–1983)

Das Museum und die römischen Ruinen in Turnu Severin, wohin Pavel und Dana gingen, um gemeinsam zu beten und die Bibel zu studieren.

Dana und Pavel heirateten im Januar 1985.

Pavel und Dana (sitzend, Mitte) sind bei ihrer Verlobungsfeier von Familie und Freunden umgeben. (Pavels Vater steht in der hinteren Reihe, Vierter von rechts.)

Pavel (hintere Reihe, Zweiter von links) sang mit dem Männerchor in der Kirche in Bukarest, als er die Building University besuchte.

Mitglieder desselben Männerchors bei ihrem zwanzigjährigen Jubiläumstreffen (Pavel ist der Vierte von links.)

Ein Dacia 110C, wie der Kleinwagen, mit dem Pavel verunglückte, als er eine große Ladung Bibeln von Bukarest in die Städte rund um seinen Bezirk transportierte

Der Ford Taunus, den die Goias als Geschenk aus Deutschland erhielten, um den demolierten Dacia 1100 zu ersetzen

Pavel (vordere Reihe, Mitte) führt seine erste Taufe als Pastor in Obreja durch (1990).

Pastoren der Banat-Konferenz (1991). Pavel hält ein Plakat, vordere Reihe, links.

Abschlusstag an der Southern Adventist University, Collegedale, Tennessee, August 1998

Jack Blanco, Th. D., überbringt seine Glück-
wünsche.

Dana und ihre Söhne Gabriel (links) und Ovidiu
(Mitte) freuen sich gemeinsam.

Ein Familienurlaub in Washington, D.C. (2002)

Dana und Pavel im Urlaub an der Ostküste
(2006)

BITTE UM MEHR

Schlüssel zum lebensverändernden Gebet

Gebet ist für Christen selbstverständlich – und doch sehnen sich viele von uns nach einer viel tieferen Erfahrung von Gottes Nähe und Kraft. Wir möchten beten wie die grossen Männer und Frauen der Bibel, ja, wie Jesus selbst. Wir möchten erleben, was sie erlebten. Wir wissen, dass noch mehr im Gebet steckt, als wir momentan erfahren.

Wie kann Gebet eine lebensverändernde Begegnung mit Gott sein und nicht nur eine fromme Routine? Dieses überaus praktische Buch inspiriert dazu, Gebet neu für sich zu entdecken und im Glauben mehr zu wagen als je zuvor.

Autor: Melody Mason
Format: Softcover, 336 Seiten, 14 x 21 cm

Advent-Verlag
Schweiz

DER RETTENDE WEG –
JESUS CHRISTUS

Es gibt Literatur, die wie ein Fels in der Brandung aus der wachsenden Flut aktueller Informationen herausragt. Dieser internationale Klassiker gehört dazu. Er hat Millionen von Menschen tief bewegt. Was politische Parolen, philosophische Manifeste und moralische Appelle nicht vermögen, kann der Glaube an Jesus Christus: das Herz des Menschen zum Guten verändern. Er hat uns einen Gott gezeigt, der den Menschen unendlich liebt und wertschätzt. Einen barmherzigen Gott, der nicht verdammen will, sondern unter größtem Einsatz rettet und so unsere besten Kräfte weckt. Mit großer Feinfühligkeit nimmt uns die Autorin dieses Bestsellers an der Hand und führt uns auf den Weg zu einem frohen Leben mit Jesus Christus.

TEL. +41 33 511 11 99
E-MAIL info@advent-verlag.ch
WEB www.advent-verlag.ch

FASZINIERENDE GESCHICHTEN ADVENTISTISCHER PIONIERE, BAND 1

Von ihren Portraits blicken sie uns mit ernsten Gesichtern, gestärkten Kragen und schlichter Kleidung an. Für den Fotografen posierten sie steif und emotionslos. Aber wer waren sie wirklich, diese unbeugsamen adventistischen Pioniere? Keiner von ihnen war fehlerlos – aber alle taten ihr Bestes, um durch Gottes Gnade die Botschaft von der baldigen Wiederkunft Jesu und von Gottes Ruhetag, dem Sabbat, zu verbreiten.

Autor: Norma J. Collins
Format: Softcover, 240 Seiten, 14 x 21 cm

Advent-Verlag
Schweiz

FASZINIERENDE GESCHICHTEN ADVENTISTISCHER PIONIERE, BAND 2

Das Leben adventistischer Pioniere war geprägt von vielen Nöten und Sorgen, aber auch von Freuden, als sie ihr Bestes taten, um die Nachricht von der baldigen Wiederkunft Jesu Christi zu verbreiten. In diesem Buch werden faszinierende Geschichten von Ellen White, John Loughborough, Frederick Wheeler und neun weiteren weniger bekannten Wegbereitern der Adventgemeinde beschrieben. Sie machen auch uns Mut, Gott aus ganzem Herzen nachzufolgen und unser himmlisches Zuhause nicht aus den Augen zu verlieren.

Autor: Norma J. Collins
Format: Softcover, 228 Seiten, 14 x 21 cm

TEL. +41 33 511 11 99
E-MAIL info@advent-verlag.ch
WEB www.advent-verlag.ch

IM BANN DES BÖSEN – DURCH CHRISTUS BEFREIT

Die unfassbare Lebensgeschichte des Roger J. Morneau

Dieser fesselnde Bericht von Roger J. Morneaus Reise in das Übernatürliche gewährt einen flüchtigen Blick in die geheime Welt der Satansanbetung. Er warnt vor dem verführerischen Reiz des Spiritismus, der die Menschen in den Abgrund zieht. „Im Bann des Bösen – durch Christus befreit" (früher unter dem Titel: „Eine Reise in die Welt des Übernatürlichen") ist die vollständige Geschichte seiner wunderbaren Befreiung aus den Fängen Satans hin zu Gott.

———

Autor: Roger J. Morneau
Format: Softcover, 272 Seiten, 14 x 21 cm

Advent-Verlag
Schweiz

GROSSMUTTER MACHT GESCHICHTE(N)

Geschichten einer fast normalen Großmutter

Wie ist es wohl, wenn Gott zur eigenen Großmutter spricht? Ella M. Robinson hat es als En-
kelin von Ellen G. White persönlich erlebt und erzählt von ihr als einem Menschen wie du und
ich. Obwohl Gott Ellen als seine Botin erwählte und ihr damit eine große und arbeitsintensive
Aufgabe übertrug, war sie eine liebevolle und aufmerksame Großmutter, die gerne Zeit mit
ihren Enkeln verbrachte. Das Buch nimmt dich mit in manch spannendes Abenteuer aus den
Anfängen der Adventgemeinde.

Autor: Ella M. Robinson
Format: Hardcover, 200 Seiten, 14 x 21 cm

TEL. +41 33 511 11 99
E-MAIL info@advent-verlag.ch
WEB www.advent-verlag.ch